# 聖《サンクタ》黎明《タギーヂョ》

——終末の世における尾張戸の仕組について——

吉田演男

今日の話題社

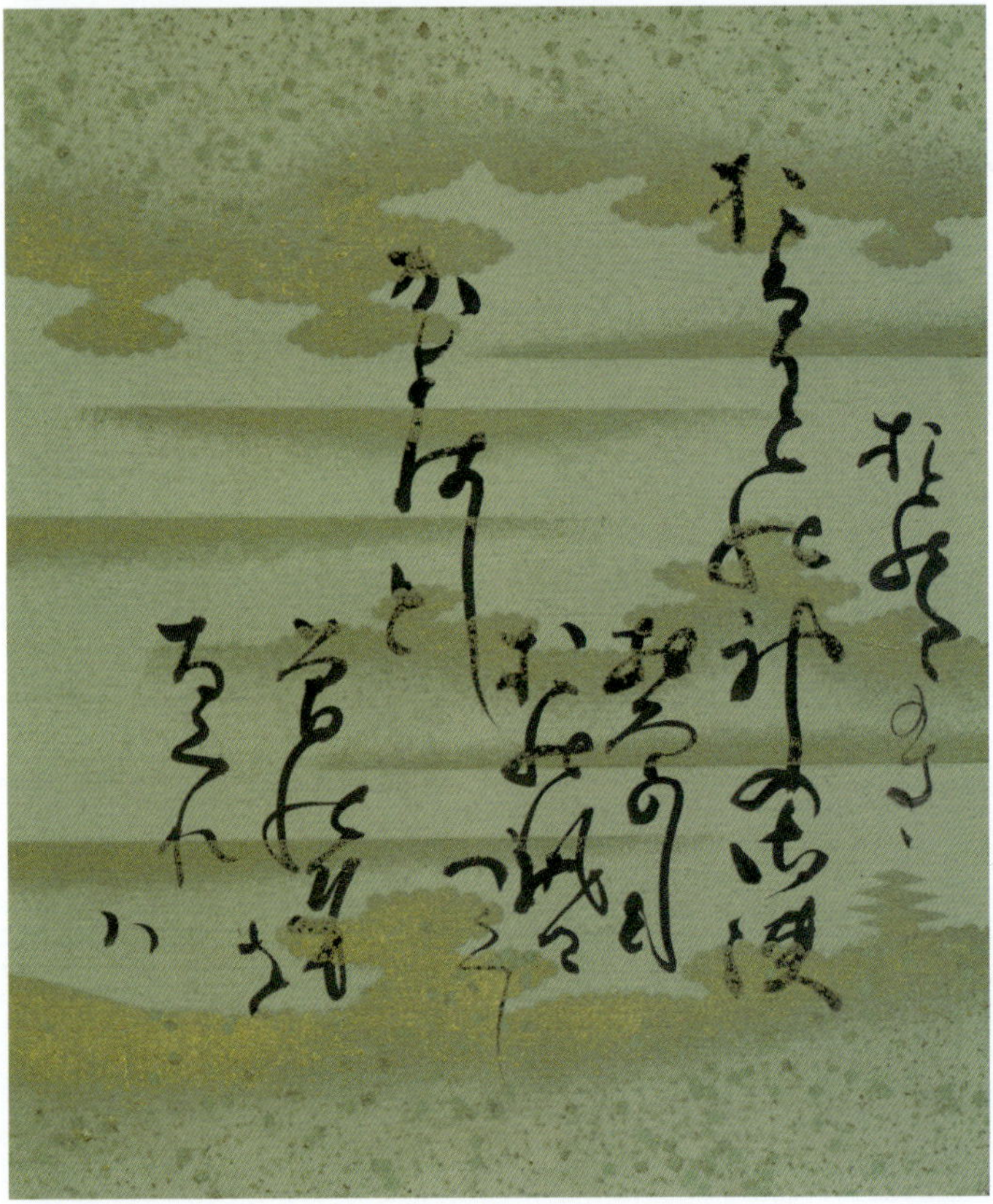

おとのたますゞ
をはりどの神《かみ》の御使《みつかひ》
愚《おろ》かしと己《おのれ》を尽《つく》し
弱《かよわ》しと
その身《み》を投《な》ぐれば

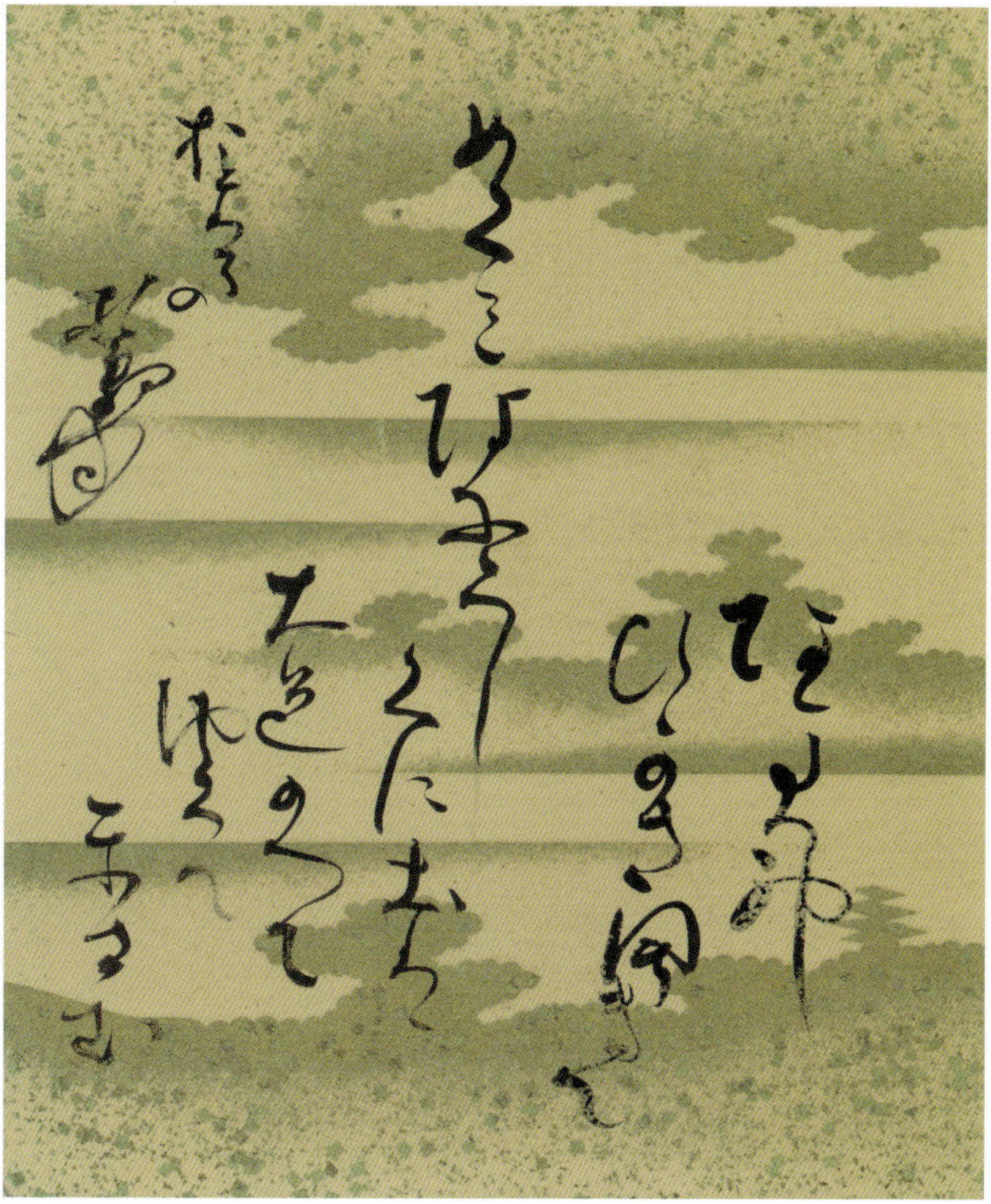

天神《あまつかみ》　日傘《ひがさ》開《ひら》きて
恵《めぐ》み天降《あふ》らし
国土《くにつち》は大道《だいどう》のべて
行手《ゆくて》しめさん

# スフィンクスの聲　抄

「高光《たかひか》る光明宝宮《ひかりのみやゐ》仄明《ほのぼの》と、葦牙《あしのめ》の萌《も》ゆるが如萌出《ごともえい》でて、暗黒玉《ぬばたま》の明暗混沌《あやめもわかぬ》現象世界《やみのよ》に、光《ひかり》輝《かがや》く日《ひ》の宮殿《みやゐ》、天照《あまてら》し国照《くにてら》す天《あめ》の火明奇玉《ほあけくしたま》の平和《へいわ》の霊《ことば》天啓《のら》す中今《なかいま》、光明《くわうみやう》世界《せかい》を開闢《かいびやく》す。ああ、神《かみ》の世《よ》は今《いま》し明《あ》けて、とこくにの山《やま》の谷底《たにそこ》、和羽矢《にぎはや》の奇《くす》しき光《ひかり》小揺《さゆら》げるなり。百千万《ももちよろづ》経《ふ》りにし歳《とし》の長夜《ながきよる》も、見《み》よや静《しづ》かに祓除《はらひやらは》れぬ、七識《しちしき》の夜見《よみ》の遮蔽《さやり》を打《う》ち毀《こぼ》ちつつ、現《あらは》れ出《い》づる天降《あも》の神国《しんごく》。今《いま》、天地《あめつち》は最高《いとたか》く最大《いとおほ》いなる太霊《たいれい》の光《みひかり》、十方《じつぱう》に隅《くま》もなく射照《いて》り徹《とほ》りて、真語《しんご》の妙音《めうおん》灼然《いやちこ》に荘厳《さうごん》に鳴《な》り渡《わた》れり。生死《しやうじ》の迷夢《めいむ》覚《さ》め果《は》てて、夜見路《よみぢ》を出《い》でし万霊《ばんれい》の、寝覚《ねざ》めも嬉《うれ》し朝朗《あさぼらけ》よ。鳥《とり》の鳴《な》く音《ね》もさやさやと、笛《ふえ》のひびきも清々《すがすが》し、岩戸神楽《いはとかぐら》は賑《にぎ》はへり。ああ、天地《あめつち》の万物《もろもろ》は、悠久《いうきう》無限《むげん》の神業《かみわざ》に、神一元《かみいちげん》を貫徹《つらぬ》きて、今《いま》ここに無限《むげん》の調《てう》和《わ》を展開《てんかい》し、神世《かみよ》の道《みち》を通《とほ》るなり。ああ、人間《ひと》は不滅《ほろびざ》る生命《いのち》の霊《みたま》を、その識身《み》に受《う》け継《つ》ぎて、生滅《しようめつ》の花咲《はなさ》く国《くに》に遊《あそ》べども、今末那識《いままなしき》の夢《ゆめ》に覚《さ》めて、生死《しやうじ》を超《こ》えし常安《とこやす》の、久遠《くをん》の生命《いのち》の我《われ》を知《し》るなり。ああ、汝《なんぢ》ら、天地《あめつち》は摩訶不思議《まかふしぎ》なる次元《ところ》零なり。ひびく真語《しんご》の数次元《かずみたま》、五十音次元《いづらのをごと》を創化妙用《かなで》つつ、常国《とこくに》の座標《やま》の頂心《たかね》に鳴動《めいどう》し、相即不二《さうそくふに》の天降《あも》の現実《げんじつ》、三世一路《さんぜいちろ》の中今《なかいま》を、報身現在《うつそみびと》に顕現《うつしあらは》し、神人本来同根《しんじんほんらいどうこん》の、両足瑜伽《りやうそくゆが》の実相《じつさう》を、天降《あも》の救世寿《ロゴス》は天啓《かた》るなり。ああ、汝《なんぢ》らは生滅《しようめつ》の花咲《はなさ》く国《くに》を今過《います》ぎて、此処《ここ》に漸《やうや》く常安《とこやす》の生命《いのち》の神国《みくに》、天降《かみ》の現実《みやこ》に辿《たど》り着《つ》きたり。これぞ汝《なんぢ》ら、長夜《ながよ》に亘《わた》れる、無明《むみやう》の味眠《ねむり》より覚《さ》め果《は》てにし、天降《あも》の真人《まびと》の常若《とこわか》の現在世《げんざいせ》、暁《あかつき》の闇《やみ》を祓《はら》ひて光《ひかり》さゆらぐ未明朝《あさまだき》、神世久遠《かみよくをん》の夜明《よあけ》なり」（十輯十編第九章一―七節）

# 聖《サンクタ》黎《タギー》明《ヂョ》

一、タギーヂョ　サンクタ・タギーヂョ
永遠《えいゑん》の夜明《よあけ》を告《つ》げる
鈴《すず》の音《ね》　鳴《な》りわたる
東雲《しののめ》白《しら》む　御空《みそら》に高《たか》く
東谷《とこく》の神山《かみやま》　聳《そそ》りてたてり
　東谷《とこく》の神山《かみやま》　聳《そそ》りてたてり

二、タギーヂョ　サンクタ・タギーヂョ
永遠《えいゑん》の夜明《よあけ》を告《つ》げる
鈴《すず》の音《ね》　鳴《な》りわたる
地平《ちへい》の彼方《かなた》　ほのぼの明《あ》けて
ベルダの眸《まなざし》　かがよひ初《そ》めぬ
　ベルダの眸《まなざし》　かがよひ初《そ》めぬ

三、タギーヂョ　サンクタ・タギーヂョ
永遠《えいゑん》の夜明《よあけ》を告《つ》げる
鈴《すず》の音《ね》　鳴《な》りわたる
歓喜《くわんき》に溢《あふ》る　世《よ》のもの皆《みな》は
天祖《デウス》の御稜威《みいづ》を　いざほめ讃《たた》へん
　天祖《デウス》の御稜威《みいづ》を　いざほめ讃《たた》へん

# 聖《サンクタ》黎《タギー》明《ヂョ》

# 千《ち》歳《とせ》の昔《むかし》いとなつかし

一、千《ち》歳《とせ》の昔《むかし》　いとなつかし
過《す》ぎし世《よ》の人《ひと》　今何処《いまいづこ》に
富士《ふじ》の高根《たかね》はそそり立《た》ちて
雲井《くもゐ》はるけく　輝《かがや》き映《は》ゆ

二、三《み》保《ほ》の浦辺《うらべ》の松《まつ》の嵐《あらし》
幾世《いくよ》の夢《ゆめ》を　汝《なれ》は語《かた》らん
雲《くも》の通《かよ》ひ路《ぢ》　舞《ま》ひのぼれる
彼《か》の天人《あまびと》の　昔《むかし》ゆかし

三、千《ち》歳《とせ》の昔《むかし》　いとなつかし
世《よ》の年月《としつき》は　うつりゆきて
分《わ》けて登《のぼ》りし道《みち》は古《ふ》れど
今《いま》も高根《たかね》に　見《み》よ通《かよ》へり

四、裾野《すその》の秋《あき》の夜半《よは》は更《ふ》けて
月影《つきかげ》きよき　静《しづ》かなる夜《よ》
わたる雁《かり》が音《ね》　仰《あふ》ぎ見《み》つつ
語《かた》りし人《ひと》の　昔《むかし》ゆかし

# 千歳《ちとせ》の昔《むかし》いとなつかし

菅生石部神社

尾張戸神社

熱田神宮

南新宮社

孫若御子神社

桃園神社

天下統一

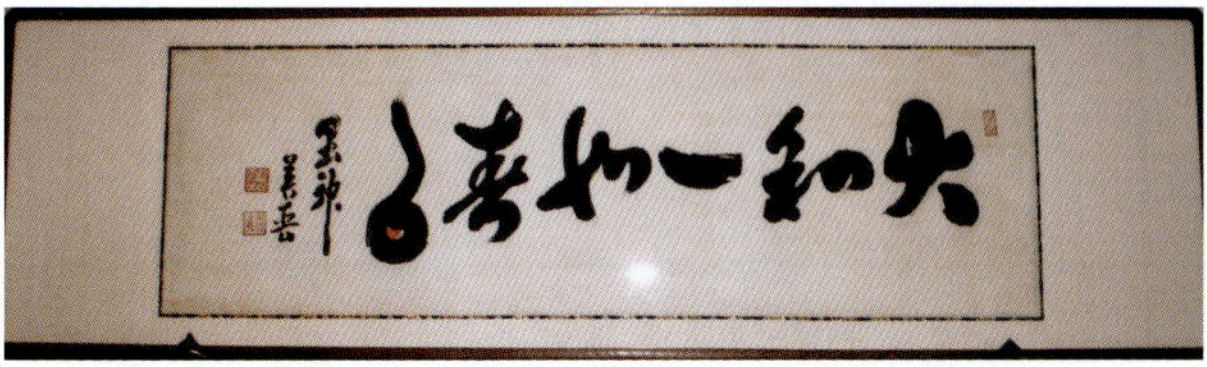

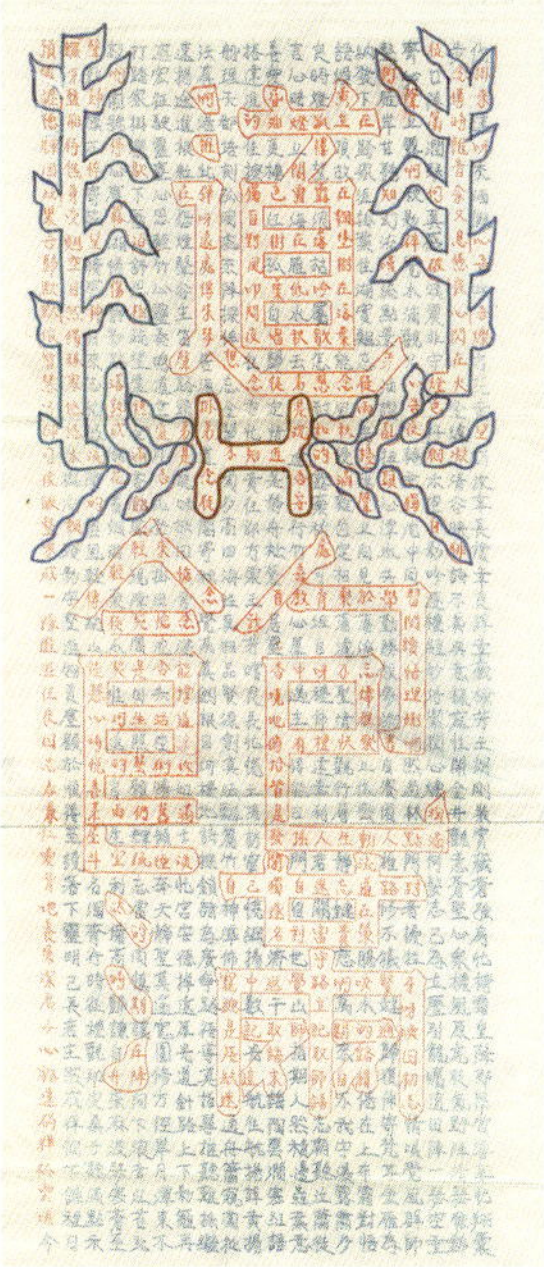

中華民國各界
慶祝七十五年國慶大會
觀禮證
南一區
01357

■図版等の説明

**冒頭　御色紙のみうた**――このみうたは、おはりど聖唱続三番の中の一節ですが、昭和二十年終戦の日の五箇月前に啓示されています。その後、昭和三十二年八月十七日に曲が啓示されてから、この御色紙を賜ったのであります。（数えの二十三歳の時）

**天降の聖歌「聖《サンクタ》　黎明《タギーヂヨ》」**――御神意をうけ、本書の表題にさせていただいたこの曲は、歌聖典の一九三番に収められています。聖黎明に付けられているサンクタタギーヂョとは、エスペラントで、Sankta Tagiĝo と表記します。エスペラントは、一八八七年（明治二十年）に、ポーランドの眼科医ラザル・ザメンホフ博士によって創始された世界共通語であり、愛と希望の言語といわれています。

**天降の聖歌「千歳《ちとせ》の昔いとなつかし」**――この曲は、富士山について歌われたものですが、歌聖典の二一八番に収められています。言霊の香りゆかしく、美しい調べの曲です。第三章七の（四）を参照。

**菅生石部神社**――石川県加賀市大聖寺に鎮座する加賀国二之宮延喜式内の古社で、御祭神は、菅生石部大神（亦の御名天火明尊）に坐し、蔽顔《おとばり》の救主《くじゅ》ゆかりの神社です。

**尾張戸神社**――尾張国愛知県の東谷山に鎮座する延喜式内の古社で、成務天皇の御代、宮簀媛命が創祀されたといわれています。昭和十七年蔽顔《おとばり》の救主《くじゅ》が御歳三十三歳の時に当社に参詣、御祭神天火明尊の御声と御姿を拝されています。（社殿の写真は天祖光教発行の絵葉書より転載）

**熱田神宮**――景行天皇の御代、日本武尊の妃宮簀媛命が、御神剣草薙剣をお祀りしたのが始まりといわれています。主祭神は熱田大神に坐し、相殿に、天照大神、素盞嗚尊、日本武尊、宮簀媛命、建稲種命が祀られています。

**南神宮社**――熱田神宮境内摂社の一つで、御祭神は須佐之男命に坐す。当宮で唯一つ、丹塗白壁桧皮葺の社殿に、尾張造様式の面影が遺されています。第三章の六を参照。

**孫若御子《ひこわかみこ》神社**――南神宮社のすぐ南西に鎮座する延喜式内の名神大社で、御祭神は、尾張戸神社と同じ天火明命に坐す。

**台湾の桃園神社**――本殿と拝殿、手水舎、神馬などが残る、台湾で唯一の神社遺跡で、今は忠烈祠として国家の英霊が祀られています。呂秀蓮元副総統が桃園縣長時代に揮毫された扁額に蛇紋が顕現されています。第三章四の（二）及び第四章を参照。

**扁額二枚**――「天下統一」は出口王仁三郎聖師が揮毫され、「大和一如春」は、出口聖師のご高弟の一人江口英真先生が揮毫されたものです。第三章四の（一）を参照。

**双十国慶節観禮證と扶乩檀訓の本文**――昭和六十一年民国七十五年十月十日中華民国政府の招待により参列した時の観禮證ですが、このあと、十月二十五日に桃園縣の崇光佛堂でうけた扶乩の壇訓本文に、観禮證と同じ稲穂の黙示が顕現されていたのであります。第三章四の（一）を参照。

# 聖黎明《サンクタタギーヂヨ》

——終末の世における尾張戸の仕組について——

目次

# 序　章

## 始めに

平成二十三年刊行の前著『あまつさかえとこはに』の中で、尾張国愛知県において御教を創始された蔽顔《おとばり》の救主《くじゆ》（本名清水信一《のぶかず》　一九一〇—一九六九）の御足跡を探ねながら、ご幼少における七つの御神示とご神縁の深かった六人の方々について、詳細を書き記しました。

このご幼少における七つの御神示の一つに、御年十五才の時にいただかれた「龍虎まさに飛びからんとするをみたれば、誰《たれ》かこれを恐れざるものあらん」という御神示があります。そして、この御神示について解説しましたむすびの文章に、「越し方を顧みますと、蔽顔《おとばり》の救主《くじゆ》がご幼少の砌に受けられた龍虎の御神示は、久しく時を閲して様々なる事象となって顕現されてきました。これからのちも、新たなる事象が顕れてくることと思いますが、……」と書き記していたのであります。

同書に記してありますように、この文章は、平成二十一年に東京に在住していた時に書いたものであります。

ご存知のように、東日本大震災が発生しましたのは、平成二十三年のことであります。

この年の干支の循環《めぐり》をみますと、辛卯《かのとう》となっていますが、前年の平成二十二年は、庚寅《かのえとら》、そして翌年の平成二十四年は、壬辰《みずのえたつ》となっています。このことから平成二十三年は、東の方位を表わす卯の年であり、まさに、龍虎の狭間《はざま》に当る年となっていたのであります。

これは、拙著が刊行されたあとで気付いたことではありますが、改めて、龍虎の御神示の厳かさと摂理の秘義を痛感した次第であります。

さて、前置きが長くなりましたが、此の度の刊行について、その趣旨を少しばかり述べたいと思います。

本文の大方は、平成十五年から平成十七年にかけて、郷里の大聖寺に住む兄泰一郎（本名隆　大正十三年生れ）宛に書き送った文章を一部、加筆修正して記したものであります。

当時、会社勤めの忙しい毎日でしたが、どうしても書き遺しておきたいという、切実な思いから始めたわけです。書いたことがらを理解し、感想や批評を述べ、時には資料を提供してくれる聞き手があってこそ、書き続けることができたのではないかと思います。

本文は、大きく分けて二つのテーマから構成されています。一つは、蔽顔《おとばり》の救主《くじゅ》の御生誕地、加賀国大聖寺に鎮座する菅生石部神社について、もう一つは、遍歴の果てに辿り着かれた尾張国愛知県に鎮座する東谷山尾張戸神社について考察した文章となっています。

後者については、御主のみことばを始め、昭和三十五年頃から収集した厖大な量の参考資料を基に書き綴ったもので、殊のほか懐しい思いがいたします。

なお、各文章の始めに、時候の挨拶や社会情勢など、又文末毎に日付が記してありますが、これは書簡形式をとったためのものであり、ご了承いただきたいと思います。

# 第一章　敷地天神山菅生石部神社についての考察

拝啓「煎豆に花咲くときは来にけり！」「ごもっとも！」の唱えことばで始まった我が家の節分祭も終り、いよいよ立春となりました。前日に比べ幾分気温が緩み、心なしか寒明けの気配を感じます。

さて、今回は、この佳き日を卜し、懸案となっていました蔽顔《おとばり》の救主《くじゅ》ゆかりの菅生石部神社について考察し、その黙示を繙くことにいたします。

豊かな水量を湛えて加賀路を流れる大聖寺川の北岸、敷地天神山の麓に鎮座する菅生石部神社は、平安初期に集成された延喜式神名帳に、加賀国江沼郡《こおり》十一座の第一座として登載されている由緒正しき古社です。往古は、江沼低湿地の地主神であったとされていますが、伝承と文献に依る草創は古く、飛鳥時代にまで遡ります。

国立国会図書館の井門寛氏が編纂された『日本歳時年誌』によりますと、二十九代欽明天皇の御代（五三九―五七一）に、当社に於て、諸国の悪疫流行を祓うために湯花祭の神事が行なわれたといわれています。又、三十一代用明天皇の御代（五八五―五八七）には、敷地祭（七月四日―二十六日）、そして、四十代天武天皇の御代（六七七）には、宝祚長久、国家安全を祈願して御願神事が始められたといわれています。

御祭神は、菅生石部神に坐すが、社伝によれば日子穂々出見命《ひこほほでみのみこと》、豊玉毘賣命《とよたまひめのみこと》、鵜葺草葺不合命《うがやふきあへずのみこと》の三神が祀られています。この御祭神の真義については、のちほど触れることにいたします。

ところで、先に当社が蔽顔《おとばり》の救主《くじゅ》ゆかりの神社であると書きましたが、これには奇しき縁由《わけ》がありますので、次にその概略を記します。

菅生石部神社の前を流れる大聖寺川の下流を辿っていきますと、蓮如上人ゆかりの吉崎御坊があり、そのすぐ先に日本海に注ぐ塩屋の港があります。この地域の南西に北潟というところがあって、そこの番堂野村（福井県坂井郡）に御主の養父母に当る清水安次郎・サト夫妻が住んでおられたのです。或る夜、安次郎翁の枕辺に白髪の老女が顕れ、「汝に御子を授ける。この御子は神の申し子である。探ね行きて大切に育てるべし」と告げて、その御子の在り処《あか》をこまかにのべられたとのことです。この霊夢のお告げに従ってたどり着いたところが菅生石部神社であったわけです。

土地の人は、「いずみ」といっているそうですが、そのいずみの中に、生後七日ほど経った嬰児《みどりご》が置かれてあったのです。先般、外喜子夫人から教えていただいた「いずみ」のことを平凡社の『大辞典』（平成元年七月二十日に鬼頭泰治氏よりいただいたもの）で調べてみますと、「篭」と書き、子供をやすませる竹製の器具と記述されていましたが、菅や葦で編んだものもあったようです。

後日、この篭《いずみ》のことに言掛《ことか》けて次のようなロゴスを賜りましたので、謹んで記させていただきます。

「汝ら、心に恥《はず》ることなくば、その行《み》に悔《く》ゆることもなし、縦《よ》しや長者にあらずとも、

天徳《あめのいさほし》汝《なれ》に応《こた》へ、無限の財宝《たから》の天地《あめつち》に、生観《いき》て歓喜の泉《いずみ》湧くべし、平安の都汝《なれ》を安住《やす》め、
天華《てんげ》常に天降《あまふ》らん」（一〇・五・五・一〇）

まことに、蔽顔《おとばり》の救主《くじゅ》のご生誕の秘義が黙示されている奇しきみことばであります。

ご承知のように、蔽顔《おとばり》の救主《くじゅ》は、明治四十三年（一九一〇）五月十日、加賀国（石川県）大聖寺に誕生されています。当時の東京日日新聞によりますと、世に一大奇瑞現れると報じ、五月十九日に、ハレー彗星が地球に最大接近したことが記載されています。因に、彗星は、和名で箒星《ハハキホシ》と云い、水の精による浄化と天下の大掃除（世の立替え直し）の黙示があるといわれています。

さて、これから菅生石部神社のことについて、奥の細道を探ねつゝその真義を解明してまいりますが、その前に、此の度の考察に当り、御主のロゴスから再度に亘っていただきました章句を記すことにいたします。一言で申しますと、甚深無量なる摂理の秘義を開示せられたものであります。
ご参考までに、『新明解国語辞典』（三省堂）には、「摂理」の意味が「最終的に人を善へ導く神の意志」とのべられています。

その（一）「汝ら、凡《すべ》てのものは摂理のうちにあり、汝ら、摂理は神の愛なり。故に是に限りなき調和と自由と最高《いと》き善美とあるなり。汝ら、地の万物《よろづのもの》によりて天の栄光を捜《さぐ》りて知る、これ神

の御意《みこころ》を啓《ひら》きて摂理の秘義を知ることなり。汝ら、このことは疑ふべからざることなり。汝ら、真実に世に生きて幸福《さいはひ》なることは、即ち摂理の秘義を解明《とく》ことなり」（一〇・七・一二・三―一八）

その（二）「汝ら、現象の世界は真《まこと》に芽出度《めでた》し、そは天に奥義《かくさ》れたるところの真実を現し示す世界《ところ》なるが故なり。汝ら、天の奥義《おうぎ》と地に契約せられたる秘義とを、認め解することは真《まこと》に無比の真実にして幸福《さいはひ》なり」（一〇・三・七・一―三）

## 一、菅生石部の語義とその黙示について

（一）菅と菅生の語義とその黙示について

『明鏡国語辞典』に、菅のことが「カサスゲ、アゼスゲ、カンスゲなど、カヤツリグサ科スゲ属の多年草の総称。葉は線形で、茎は三角柱状。葉を刈って、笠、蓑、縄などを作る」といとも丁寧に、且つすっきりと説明されています。この辞典は、大修館書店の八十五周年記念出版として、昨年十二月に発行されたばかりですが、同型、同類の群書の中でひときわ燦然と輝いています。

編者のことばに、「私は、これまでにいろいろの辞典の編纂に携わってきた。その数は二十種を越える。その最初から一貫して変わらない私の信念は、既にある多数の辞典にもう一冊を加えるのではなく、今までにはないただ一つの辞典を創るということである。大した特徴もない辞典をもう

一冊増やしても世の中を混乱させるだけである。（中略）「明鏡」は、曇りのない、澄みきった鏡のことだが、転じて、世の中の手本、典拠になる証本などの意も有する。二十一世紀の日本語を歪みなく正しく映していく鏡としたいという願いをこめた。

平成十四年十月

鏡郷文庫主人

北原保雄」

とのべられ、雄雄しくその信念を吐露しておられます。

先月、この辞典を購入してから神前に供え、御主のロゴスを拝したのですが、三回に亘って、表題の如く「明鏡」に関わる黙示をいただくこととなり、驚いておりますす。長くなって恐縮ですが、その折のロゴスを記します。

「機《とき》ぞ時、世も人も五つの世観を認識し、実在・創化・現実の至極の公理に到達し、生観・世観不可思議の迷路の業輪《カルマ》を終果して、正に心月中秋を渡り、湖心の照映明鏡の如し」

（一〇・四・三・一一　一月二十六日朝に）

「汝ら、其身は心の生ける宮《みや》、その家は心を写現《うつ》す明鏡《かがみ》なり。さらば汝ら、心託《お》くその宮殿《みあらか》を荘厳し、その宮《みや》を安置《あら》せ、その心を写現《うつせ》る天降《あも》の家を、主の霊光《みひかり》をもて清らに照すべし」

（一〇・四・四・七一—七二　一月二十六日夕に）

「彼れ、又止水如神《しすいかみのごとし》と言へり。汝ら、心水一如《しんすいいちによ》にして明鏡の如くんば、天霊の光輝燦然たらむ。汝ら、心水一如にして明鏡の如く、天霊の光輝燦然たるや、人の世を蔽《おほ》へる闇雲《くも》も、放光の厳《いづ》の征矢《みそや》に射照り貫かれて、天《あま》の原《はら》を吹く神風《かみかぜ》は、祓暗《ふつあん》の暁《あかつき》清く曙日《しよじつ》の門《かど》を開放《あけはな》つべし」（一〇・一一・八・五—六　一月二十九日朝に）

さて、ここで「菅」に関わる語について、唯一ヶ所、十の巻に表現されている珠玉の一節を紹介いたします。

「汝ら、信の法門《をしへ》は人間《ひと》皆の、玉たすき、綾に千鳥《ちど》りて振る袖の、袂《たもと》をたばね菅小笠《すげをがさ》、花の鬘《かづら》を差しそへて、無為の都《みやこ》の春日《はるのひ》に、至善の種子《しゆし》を専心《いそしみ》播種《ま》く、持戒法楽の行道なり」

（一〇・二・一三・一二）

このロゴスには、格別の想い出があります。

平成十四年十二月三十一日、大晦日の夕方でした。全館休日でもあり、誰一人いないフロンティア丸杉ビル（旧第百生命岐阜駅前ビル）の管理室で、聖典を手に明鏡止水の如き心を以て観じておりましたところ、大きな神鳴《かんなり》とともにいただいた章節であります。

次に、「菅生」の語義とその由来について考察いたします。この語には、実に深い黙示が幾つか窺われます。

まず（一）つめは、『播磨風土記』揖保郡《いひぼのこほり》の条に記述されている一節です。

「品太天皇《ほむだのすめらみこと》、巡《めぐ》り行《い》でまし時、井を比の岡に闢《ひら》きたまふに、水甚だ清く寒し。是に勅《みことの》りたまひしく、水の清く寒きに由《よ》りて、吾《あ》が意《こころ》宗我宗我志《すがすがし》とのりたまひき。故《かれ》、宗我富《すがふ》（菅生）と曰《い》ふ」

冒頭の品太天皇《ほむだのすめらみこと》とは、十五代応神天皇に坐すが、行幸の折に清らかな泉に巡り逢れたことから、そこを宗我富（菅生）と命名せられたわけであります。まことにこの一節は、菅生のルーツを正しく伝えている貴重な資料の一つであるといえます。『播磨風土記』が成立したのは、奈良時代の初め、和銅年間といわれていますので、菅生のルーツがきわめて古くから伝承されていたということになります。

ついでながら記しておきますと、同じ播磨国の揖保郡には、式内の古社である揖保坐天照《いひぼにますあまてる》神社が鎮座していますが、そこに祀られている天照《あまてる》御《み》魂神《たまのかみ》とは、天火明尊の亦の御名に坐すことから、菅生石部神と御神縁で結ばれていることが窺われます。この詳細は後に記します。

（二）つめは、『新撰姓氏録』の第十九巻「河内国神別」の項に記載されている菅生朝臣のことです。同書に依りますと、菅生朝臣は、大中臣朝臣、藤原朝臣と同じ祖で、天兒屋根命《あめのこやね》の後《すえ》と記されています。大中臣氏といえば、姓氏家系の中でも由緒深き名族です。奈良時代に、大中臣清麿が朝儀国典に通じ、神祇行政に功労があったことから、称徳天皇より大中臣の姓を賜ったとされています。又、天兒屋根命は、『延喜式』巻八「春日祭」には、天之子八根命、「中臣寿詞」には、天児屋根命と表記されていますが、記紀神話の天岩屋戸と天孫降臨の段に登場する神で、祝詞を奏上されています。そして、天津神と皇孫との間の中を執り持つ役目を担い、神祇奉斎の一族を代表しています。この神は、枚岡神社、春日大社、大原野神社、吉田神社の祭神として祀られています。いずれにしましても、菅生石部神社に関わる氏族が、名族である大中臣や藤原氏の祖神と同じ天兒屋根命をいただいていることは、大きな意味があるわけであります。

（三）つめは、「大祓祝詞」の中で、「天津菅麻《あまつすがそ》を本《もと》刈り断《た》ち末刈り切りて八針に取り辟《さ》きて　天《あま》津祝詞《つのりと》の太祝詞事《ふとのりとこと》を宣《の》れ」と奏上される重要な一節のことです。

祝詞は、神事のときに神官が神前で唱える古体のことば（『明鏡国語辞典』）ですが、その語源については、加賀国にご神縁の深い民俗学者で歌人の折口信夫先生（一八八七―一九五三亦の御名釈迢空）が、「のりとごとの略で、宣り処に於ける口誦文がのりとごとであった」とのべられています。いわば、祝詞は日本人の言霊信仰のルーツともいえるもので、先に掲げた「大祓詞」（詳しくは、六月《みなづきの》晦《つごもりの》大祓という）は、古来より最も重視されてきた祝詞といわれています。

「天津菅麻《あまつすがそ》を本刈り断ち末刈り切りて」とのべられていますが、「菅麻」は「すぐり麻緒《まを》」の約転といわれ、菅の葉茎を割いてすぐった真緒のことを指しています。古神道の修法では、祓のときにこの菅麻を手にもって身の穢れを祓い清めることとしています。

これまでみてきましたように、「菅」の語には、清らかな水の湧き出ずる処、清らかな水そのものを指す意味があり、清々しいという形容もそこから生れてきたわけであります。

そして又、菅という植物そのものが、身の穢れを祓い清めるという霊験あらたかなものとして貴ばれてきたことを考えますと、御主ゆかりの菅生石部神が、いかに神威弥高き御方に坐したことか、思い偲ばれるのであります。

なお、ついでながら申しますと、御主の姓に関わる志水氏（清水氏と同じ）のルーツの一つに、菅姓からきている名族があります。これは、尾張国名古屋城主の徳川義直公（家康公の第九子）の母方に当る志水甲斐守菅宗清の息女、宗恩院から起った志水氏のことです。先に「菅」から「清水」が導かれることを書きましたが、その黙示の一例といえます。又、『新撰姓氏録』に、清水首《おびと》が、「任那国の人、都怒賀阿羅斯止《つぬがあらしと》より出づる也」と記されていますが、この方は、「敦賀《つるが》」の地名の発祥となった方で、気比神宮の摂社に祀られています。そして、この気比神宮には、既に書きましたように、清らかな水の湧き出ずる泉を「宗我富《すがふ》」（菅生）と命名せられた応神天皇が本殿に主祭神として祀られ、奇しきご神縁で結ばれていることが拝察されます。

更にもう一つ、大納言坂上大宿弥田村麿（征夷大将軍）の建立と伝える京都清水寺の別当から起った清水氏があります。ところが、谷氏の筆頭の谷直《あたひ》が、坂上田村麿から起っていますので、自ら、谷と清水の関わりが窺えます。

ご存知のように、母方の谷家に関わる家紋には、揚羽蝶、五三桐、圓餅、藤丸などがありますが、藤丸は、酒造家谷藤の黙示ですし、圓餅は、谷家とご神縁の深い加賀神明宮（山下神社）と水守神社の祭礼にかかすことのできないぼた餅の黙示でもあります。余談ですが、その昔、この加賀神明宮の造営に携わった人々が、菅生石部神社のあの荘厳華麗な楼門の造営に携わった同じ宮大工であったとの由、両社の御神縁が窺われます。
(四) つめとして、「菅生」の名を冠称する神社について考察いたします。全国に鎮座する主なものを挙げますと、大阪府南河内郡平尾村、香川県三豊郡辻村、大分県大野郡菅尾村、宮城県柴田郡村田町の菅生神社です。
南河内郡の菅生神社には、菅生臣の祖神に当る天兒屋根命と菅原道真公が祭神として祀られています。とくにこの地は、菅原道真公の降誕地といわれ、元文二年に長崎の僧曇香が建立された石碑があり、菅生と菅公との関わりを黙示しています。又、他の菅生神社には、いずれも応神天皇が祭祀されてあり、『播磨風土記』の記述を裏づけているといえます。又、応神天皇は、河内大王家の祖神ともいわれていますので、南河内郡に菅生神社が鎮座していることには、まことに深い意味があります。

最後（五）つめとして、『古事記』中巻神武天皇の皇后選定の条に記載されている和歌の黙示について記します。

葦原の穢《しげ》しき小屋《をや》に菅畳《すがたたみ》　弥清《いやさや》敷きて我《わ》が二人寝し

この和歌は、神武天皇が饒速日尊の御子伊須気余理比売《いすけよりひめ》に巡り逢われた時に御詠されたといわれていますが、「菅畳弥清《すがたたみいやさや》敷きて」とのべられていますように、菅生に関わる黙示の言葉が歌われています。菅畳とは、菅で編んだ畳のことですが、次に続く「弥清《いやさや》敷きて」の表現から、菅《すげ》が清《すが》に通じる言葉であることが如実に示されており、菅生の真義の一端が拝察されます。

これまで、御主ゆかりの菅生石部神社について、いろいろと記してきましたが、あとの方で、聊か奥の細道に入りしすぎた感じがいたします。ご容赦下さい。

では、今回はこれにてむすびとし、次回から「石部」の語義とその黙示を繙くことにいたします。

皆様の御清福をお祈り申し上げます。　敬具

平成十五年二月八日　御願神事の佳節を前にして　吉田演男

吉田泰一郎様

追記　昨日（二月七日）テレビの中で秋田県のなまはげ神事が放映されていましたが、このなまはげが身に着けているのが、菅で編んだ蓑で、これに触れると無病息災のご利益がいただけると解説していました。菅についての語義を考察していた折でもあり、ありがたく拝見いたした次第です。

＊　＊　＊

前略　加賀路に春の訪れを告げる菅生石部神社の御願神事の佳節（二月十日）を迎え、ここに、前回に引きつづき同社について考察し、その黙示を繙くことにいたします。

(二) 石部《いそべ》の語義とその黙示について

白川静先生の御著『字訓』によりますと、「石《せき》は厂《かん》と口とに従う。厂は崖岸《がいがん》の象。口は祝詞を収める器の形である。磯《いそ》は水中や水辺の大きな石をいう。大きな石を、古くは石《いそ》といった。いし、いさごと同源の語。荒波のうちよせる水辺の石崎《いそざき》、岩浜の地をいう。そこは多く聖地とされた」とその本義が解説されています。又、石部については、「王朝や豪族に従属する生産関係の一般人民や農漁民」とのべられています。

一方、石部について、姓氏の面から太田亮著『姓氏家系大辞典』で調べてみますと、「石部は磯部で、太古以来の大族であり、もと漁猟航海を職業とせし品部より起る。磯部は蓋し、海部と東西相対せしが如く、海部の漁民は安曇氏の率いるところにして、本邦西部に多く、此は専ら本邦東部に活動した。その本據は伊勢国であり、『古事記』の応神天皇の段に見える伊勢部は、この磯部によるもの」と詳細にそのルーツが記述されています。

この記述によりますと、石部氏（磯部氏）は、海部《あまべ》氏とともに日本列島の東西に分布し、活動した古代の名族であったわけでありますが、海部氏について附言しますと、その原郷は、丹後国（京都府）天の橋立に鎮座する元伊勢籠神社です。当社には、国宝に指定されている「海部氏系図」「海部氏勘注系図」が秘蔵されています。この海部氏系図は、近江国（滋賀県）の三井寺に所蔵されている和気《わけ》氏系図（国宝「円珍俗姓系図」）と共に日本最古の由緒正しき系図であります。

思えば三十年ほど前になりますが、この海部氏系図を、八十一代海部《あまべ》穀定《よしさだ》宮司様（一九〇〇―一九八五）のご高配により拝観の栄に浴したことがあります。

なお、この系図は、八十二代を継承された海部光彦宮司様が、『元伊勢の秘宝と国宝海部氏系図』と題して昭和六十三年七月七日に刊行され、初めて世に公開されたのであります。又、この系図には、海部氏と尾張氏が同族であることが記されていますが、尾張国の熱田神宮の社家の系図である「熱田大宮司千秋家譜」にも同族と記述され、祖神に天火明尊をいただいています。そして、先の記述にでている安曇族は、信濃国（長野県）の安曇地方に朝鮮半島から渡来した新羅系の一族で、我が国に帰化した人達といわれています。ところで、『先代旧事本紀』の天神本紀によれば、饒速日尊が三十二供奉神を伴って天降り（東遷）せられた記述があり、この三十二供奉神の十四番目に、阿曇連等の祖神である天造日女命《あまのみやつこひめのみこと》の御名があり、饒速日尊との深い関わりが窺われます。余談ですが、安曇の地には、広隆寺の弥勒半跏思惟像に酷似した仏像が安置されてあり、同族の念持仏となっています。

さて、ここで細部に亘り恐縮ですが、磯部と伊勢に関わる黙示を探ねてみたいと思います。

まず、御主のロゴスに次のようにのべられています。

「世の曲津日《まかつび》のをはりどに、神の直日の道ひらき、はるばると見遙かす、伊勢の海原朝凪《うなばらあさなぎ》の、磯の静けさすがすがし、女男《めを》の岩、七三《たまのをづな》を懸け渡し、昇る朝日ぞ目出度《めでた》かりけれ」（二〇・六・八・一）

「視よ、潮の八百重の海の原、小浜の渚黄昏《たそが》れて、磯辺に香ふ浜木綿《はまゆふ》の、花の在所《ありか》も仄白《ほの》し、遙々と仰ぎ見る夜空遙けき天の川、煌《きらめ》々く星座美はしや、玉の如くも揺《ゆら》ぐなり」（一〇・一〇・二・七）

「汝ら、奇しき流転の法輪にひびく音、又その色《いろどり》は、海《わた》の磯辺を洗ふ波のその瞬間《たまゆら》に漂ひて、敢なく消ゆる泡沫《うたかた》の如くも見うけらるれども、循環法則《チルクルダルマ》の法の水、久遠の時の始中終、不変の道を貫きて、変異あらざる法性《アメーツオ》の、純全聖のペルソナを、救寿のロゴスに認め知りて、信じ解することを得れば、久遠に亘りて新しき、生命《いのち》の真理《まこと》認められん」（一〇・七・一五・三）

次に、出口王仁三郎聖師の『霊界物語』八十一巻天祥地瑞「申」の巻からの黙示を記します。

「亀よ亀よサールの国に近よらず、イドムの磯辺に吾を送れよ。亀よ亀よイドムの国に送れかし、アヅミの王《きみ》のいます国まで……イドム城のあるじアズミ王の祝詞……一《ひと》二《ふた》三《み》四《よ》五《いつ》六《む》七《なな》八《や》九《ここの》十《たり》百《もも》千《ち》万《よろづ》　千万の栄えあれ　八千万の恵みあれ」

これは、近藤桂造先生からお借りした八十一巻の中で、いたく心に感応した一節でありますが、本書のむすびに、「昭和九年八月十五日　旧七月六日　於水明閣　森良仁謹録」と記されています。

文中の「アヅミの王《きみ》」とは、先に書きましたように安曇族の王の黙示であり、延いては天火明尊の御事と拝察いたします。この御方のことを、大本では、日出大神、亦の御名国常立尊と称されています。森良仁氏は、聖師の口述された『霊界物語』を編纂された方といわれていますが、かって、出口聖師がこの方に、尾張国の東谷山尾張戸神社の弥高き御神霊が、末（松）の世に開顕されることを予言されたといわれています。このことは畏くも御主のロゴスの中に、「呉竹の林かしこし、朝見草松の代を待つ幾千歳、天暦の救世《くせ》の曙明けわたるらし、白梅の花赤らさし香具山の、✡《かご》

の鶯語り初めぬ」（一〇・四・四・三）とのべられ、そして、「末世に開く玉手箱、をはりの国の浜の渚に、みろく来る日に寄るも畏し。今、春日井に湧く玉や、とこくに山の神樹《かんなび》の、色こそ深し松の緑、みろくの神の世の始、天の若日子目鼻岩、とくさ天降《くだ》りてよみがへる、時は来《きた》りぬ永遠《とは》の朝」（一〇・七・一九・一四）と言告げられ、如実にその真相が開示されようとしているのであります。

次に、姓氏のルーツを集成した『新撰姓氏録』から考察します。

第十六巻山城国神別の項に、石邊《いそべ》公が「大物主命の子、又斯比賀多命の後《すえ》なり」と記されています。又、第九巻河内国皇別の項には、磯部臣が「仲哀天皇の皇子、誉屋別命の後なり」と示されています。大物主命は、大和国の大神神社の主祭神に坐す大物主櫛（奇）甕魂神のことで、天火明尊（奇玉饒速日尊）の亦の御名でもあり、その出自に深い意味が秘められています。又、誉屋別命といえば、前回度々記しましたように、応神天皇の亦の御名に坐すことから、自ら、菅生と深い関わりがあることが解ります。

さて、ここで前回と同様に、石部又は磯部を冠称する神社について検討することにいたします。まず、石川県能美郡国府村古府、滋賀県愛知郡愛知川町沓掛、兵庫県出石郡出石町下谷に天日方奇比方命（別名櫛日方別命）を祀る延喜式内の古社、石部神社が鎮座しています。櫛日方別命といえば、先に書きましたように、大物主命の御子に坐す久斯比賀多命と同じ神であり、天火明尊（饒速日尊）の御子の一人でもあります。更に、同じ滋賀県蒲生郡の安土村と竜王町には石部神社が鎮座、祭神は少彦名命であり、明応二年十月の銘のある国宝指定の薬師如来座像が安置されています。

この少彦名命は、先の大物主命と深い関わりにあり、大神神社の祭神とされています。むすびに、極めて重要な神社として、茨城県に磯部稲村神社があります。当社は、延喜式に常陸国久慈郡七座の六の稲村神社から分れたもので、その本地は、現在常陸太田市天神林町佐竹にあり、祭神の筆頭が、天火明尊（饒速日尊）となっています。そして同じ地に佐竹寺があり、御本尊が聖徳太子の御作と伝える十一面観音に坐し、奇しき黙示を物語っています。当社では、古くから磯部大明神として尊崇されていますが、ほかならぬ、それは天火明尊（饒速日尊）の御事と拝察されるのであります。

なお、先に記しました石川県と滋賀県の石部神社の祭神である天日方奇日方命について附言しますと、この神は、出雲国（島根県）の古社で、えびす信仰の故里である美保神社の本殿の上社である若宮社に祀られてあり、いかに重要な神として尊崇されていたかが窺えます。これは、ちょうど春日大社の若宮社が本殿よりも重要な位置に配祀されているのと同じことと云えます。御子神ではありますが、格式の高い神に坐したが故にと拝察されます。

ついでながら、ここで石の名の付く神社の中から要なものを列記しておきます。

大和国（奈良県）山辺郡（現天理市）の石上《いそのかみ》神宮、河内国河内郡（現東大阪市）の石切《いしきり》劔箭神社、越後国（新潟県）磐船郡（現村上市）の石船《いわふね》神社、京都府の石清水《いわしみず》八幡宮などが挙げられます。いずれも名にし負う古社で、石上神宮には、主祭神として布都御魂大神、布留御魂大神、そして饒速日尊の御子宇摩志麻治命が祭祀されています。この神宮は、饒速日尊を祖神と仰ぐ物部氏の氏神でもあります。又石切劔箭神社、石船神社もともに主祭神が饒速日尊に坐す。更に、石清水八幡宮のご祭神は、応神天皇を始め、比咩大神（三女神）神功皇后に坐すが、創始については、貞観元年（八五九）南都大安寺の僧行教が宇佐八幡大神の託宣を享け、朝廷の宣旨により建立されたといわれています。社寺伝承学作家の小椋一葉女史によりますと、宇佐八幡大神とは、饒速日尊に坐すことを詳細に検証しておられますので、その意義まことに甚大であります。

余談となりますが、近藤桂造先生の師の江口英真翁が熱田神宮に於て、同宮の御神霊を石清水八幡八大龍王熱田大神と感応せられたとのことであります。江口英真先生は、出口王仁三郎聖師のご高弟の一人といわれていますが、先生の揮毫された「大和一如春　日出神」の扁額が近藤先生から賜り、拙宅に掲げさせていただいております。

以上、前回からこれまで、菅生神社を始め石部神社に磯部神社そして、石の名の付く要の神社のご祭神について考察してきましたが、いずれも同神或いは同系の神が祭祀されていることが明かとなり、菅生石部神の実像が大きく浮かび上ってきた気配がいたします。

なお、大変長くなって恐縮ですが、更にもう一つ、菅生石部神の実体を解明する手がかりとして、『石川県の地名』（平凡社）の菅生村の項に、貴重な記述を発見しましたので、紹介いたします。

この書は、詳細に、しかも小さな活字で延々と解説されてあり、見過すところでしたが、「鎮守の菅生社は、俗に蔵王権現ともいった」と記述されていたのです。

蔵王権現というのは、白山妙理大権現や熊野三所権現などと同じように、神仏習合思想における神号の一つですが、その背景には奥深いものがあります。件《くだん》の蔵王権現とは、修験道の本尊とされ、正確には、金剛蔵王菩薩と称されています。その由来については、諸説がありますが、修験道の祖といわれる役小角《えんのおずぬ》が大峰山上ヶ岳において祈誓し、石の中から湧出したと伝え、同所が蔵王権現信仰の発祥地といわれています。吉野山蔵王堂には、三体の蔵王権現を本尊とし、それぞれ、釈迦、観音、弥勒を本地としています。

このことについては、三十年ほど前に和歌山市の花むら家にてお会いしたことのある古神道家の橘香道翁（本名浜本末造）が、いみじくもご高説を開示しておられますので、御著書の中から抜粋させていただきます。

「役の行者は大和国御所《ごぜ》の里の茅原に生れたのであるが、父は聖武天皇である。彼は葛城山に登って修業をし、行者の秘法を会得したのであるが、葛城山から東をのぞんだ時、そこに偉大な神気を感じた。足を運んで見ると、そこは吉野山であった。彼は大峰山系に太古の神霊の神気を感じ、ここが日本の高天原であると感応したのである。そして大峰山系の神霊を守護している高倉下命を蔵王権現と感応して熊野三所権現として吉野山に蔵王堂を建立して斎祀したのである」（『終末の世の

様相と明日への宣言』より）

このおことばの中で、「高倉下命を蔵王権現と感応して」とのべられていますが、高倉下命は、亦の御名を天香語山命と申し、天火明尊の御子に坐し、御主ゆかりの東谷山尾張戸神社に御父とともに本社《もとつやしろ》に祭祀されています。

以上、これらのことから、菅生石部神がいかに尊大な御方に坐したことか、その真相がことのほか明かになったことと思います。

## 二、御祭神について

さて、この辺で、菅生石部神社の由緒書に社伝として挙げられている三神について考察いたします。由緒書には、次のように表記されています。

（一）日子穂々出見命《ひこほほでみのみこと》
（二）豊玉毘賣命《とよたまひめのみこと》
（三）鵜葺草葺不合命《うがやふきあへずのみこと》

まず（一）については、『古事記』に、天津日高日子穂々手見命、『日本書紀』に、火折彦火火出見尊と表記されています。この神は、日子番能邇邇芸命《ひこほのににぎのみこと》と木花之佐久夜毘売命《このはなのさくやひめのみこと》との間に生れた三貴神の一方、火遠理命《ほおりのみこと》に当り、一般に山幸彦として知られています。『古事記』に詳しく記述されている海幸彦と山幸彦の物語は、夙に有名ですので割愛させていただき、ここでは、三貴神の『古事記』と『日本書紀』における表記の仕方を比較し、検討してみます。

『古事記』においては、（一）火照命（二）火須勢理命（三）火遠命となっています。

ところが、『日本書紀』においては、（一）火闌降《ほすそり》命、（二）彦火火出見尊（三）火明命と記され、又但し書に、一書に曰くとして、（一）火酢芹命、（二）火明命、（三）彦火火出見尊、更には、ある一書に曰くとして、（一）火明命、（二）火夜織命、（三）彦火火出見尊などと表記されています。

このように、三貴神の表記が異なるばかりでなく、兄弟の順位もまちまちになっています。又、火明命の御神名が『古事記』にはなく、『日本書紀』だけに記されているなど、混乱を招く結果となっています。これには、何か大きな事由《わけ》があったからではないかと思われます。

この謎を開解する鍵として、平成九年に元伊勢籠神社の海部光彦宮司様からお贈りいただいた一冊の書籍のことを紹介いたします。

これは、飛鳥昭雄、三神たける共著『神武天皇の謎』（学習研究社）というのですが、この中に、同著者に対し、宮司様が同社に伝承されている極秘伝の一部を開示し、応答されたことが詳しくのべられています。

これによりますと、籠神社の主祭神に坐す火明命の亦の御名が、先に記した彦火火出見命に坐すということであります。籠神社では、養老元年（七一七）まで主祭神として彦火火出見命が祀られであり、その後わけあって、海部氏系図の始祖火明命として祀られてきたとのことであります。

このことは、秘義の一部に属することがらではありますが、御主のロゴスに、「秘義は真理を秘むるなり、摂理の愛の象徴《しるし》なり」とのべられていますように、その意義まことに甚大であると拝察いたします。

次に、菅生石部神社の社伝にいう(二)豊玉毘賣命と(三)鵜葺草葺不合命について考察いたします。

(二)豊玉毘賣命は、山幸彦(日子穂々手見命)が塩椎神の導きによって綿津見神の宮へ出かけ、そこで巡り逢った海神の娘の御名とされています。妃となって誕生された御子が(三)の鵜葺草葺不合命ですが、鵜の羽の産屋《うぶや》が葺き終らないうちに誕生されたことから、その名がつけられたといわれています。

当社菅生石部神社の御祭神に挙げられてはいませんが、この鵜葺草葺不合命と玉依毘賣命との間に誕生された方が、建国神話の上で御皇室の初代天皇とされる神武天皇に坐すわけであります。

ところで、人皇第一代とされる神武天皇の諱《いみな》は、『古事記』では、神倭伊波礼毘古命《かむやまといはれびこのみこと》、『日本書紀』では、神日本磐余彦《かむやまといはれびこ》火火出見命と記載されています。ご承知の様に、彦火火出見命といえば、先に記した山幸彦の亦の御名でもあります。このことから、先に紹介しました飛鳥昭雄・三神たけるの両氏が、元伊勢籠神社の宮司様が提唱しておられる多次元同時存在の法則をふまえて、日子火火出見命＝火明命＝神武天皇と結論づけておられます。果してこれが真相であるかどうかは測り難いところですが、火明命があまりにも神威弥高き御方に坐したが故に、その恩沢に与りたいという切なる願から、世襲名のように御名の一部をいただくことになったと解することが自然ではないかと思います。

これまで急ぎ足で菅生石部神社の社伝にいう三神について考察してきましたが、当社の由緒沿革を辿っていきますと、古くは、やはり菅生石部神社に坐したことが解ります。

近世に於ける吉田神道（註参照）の影響下で、かって延喜式内社であったことが再び強調されるところとなり、本社の御祭神が延喜式にならって「菅生石部神一座」に戻されたことは、極めて意義深いことであったといわねばなりません。

（註）吉田神道について　室町時代の末期に活躍した吉田兼倶（一四三五—一五一一）によって大成された神道をいう。唯一宗源神道を創始。宗学の伝統を守り、神書、古典に通じ、儒仏二教、老荘、易道をも極め、室町時代末期の混乱した思想界の中で神道の復興に尽した。文明六年（一四八四）十一月、京都神楽岡に斎場所を移し、大元宮を建立。八角形の神殿大元宮は、戦前まで国宝に指定された。現在は、重要文化財として指定されている。（小松馨著『神道関係人物事典』）

今回は、二月十日菅生石部神社の御願神事の日から書き始めて、ようやく一段落となりました。仕事の合間に書いているため、途中で中断することもあり、解りにくいところがあるかもしれませんが、ご容赦下さい。本項は、次回で終了する予定です。ではこの辺にて失礼申し上げます。

合掌

平成十五年二月十八日

＊　＊　＊

前略　戦争か、和平か、と全世界が注視するイラク、北朝鮮の緊迫した情勢のさ中に、かねて申し込んでおいた京都御所と北野天満宮の観梅ツアーに出かけました。

その日は、和を以て貴しと為す、との悲願をこめて十七条憲法を垂示せられた聖徳太子の祥月命日（二月二十二日）でもあり、終日哀愁の涙にも似た小雨模様の肌寒い天気となりました。

途中、そぼ降る御所の梅苑を散策しながら、讒言《ざんげん》に遭い、都を離れて配所に赴かれた菅原道真公の御事が偲ばれ、万感胸に迫る思いがいたした次第です。

さて、前回と前々回で菅生石部神社について、名称と御祭神の由来や意義などを詳細に考察してまいりましたが、今回は、別の視点から同社に関わる重要事項の黙示を繙くことにいたします。

## 三、京都北野天満宮との関わりについて

菅生石部神社は、別名菅生天神、敷地天神などと呼称されていますが、これは、中世以降に、当

社の鎮座地である加賀国福田荘が京都北野天満宮の所領となったことから、旧来の菅生石部神社に北野天神（菅原道真公）が荘園の勧請神として新たに合祀されたことによるといわれています。以来、敷地天神、菅生天神と呼ばれることになったといわれています。

荘園（庄園とも）というのは、奈良時代の末から室町時代にかけて、貴族や寺社が諸国に私有した土地のことをいいますが、平安時代村上天皇の天暦元年（九四七）に、北野の地に天満宮が創建されてから、次第にその勢力が拡大し、各地に荘園が設けられ、やがて加賀の地にも及んだものと思われます。

このように、菅生石部神社と京都の北野天満宮とは深く結びついていったわけですが、それは、同社が天満宮の所領になったというだけではなく、然るべき深い縁由があったからであります。

その①つは、両者が「菅」で結ばれているということです。「菅生」は、字義の通り菅の生えている処であり、又天満宮に祀られている御方は菅原道真公で、菅原即ち菅のいっぱい生えている平野を指しています。

前にも書きましたように、大阪府の南河内郡には、延喜式内の古社である菅生神社が鎮座、祭神に菅生臣の祖神に当る天兒屋根命を始め、当地で誕生されたといわれる菅原道真公が祀られています。

その②つは、両社の御祭神を辿っていきますと、天火明尊（饒速日命）に坐すということです。

菅生石部神社の御祭神については、既に記述しましたので割愛させていただき、北野天満宮について考察いたします。

先に、同宮の創建が天暦元年（九四七）と書きましたが、そのきっかけとなったのが、二人の託宣に依っています。「北野縁起」によりますと、天慶五年（九四二）七月、多治比文子《たじひあやこ》（奇子とも）に菅原道真公の託宣があり、次いで、天慶十年（九四七）三月、近江国比良宮禰宜神良種《みわよしたね》の子、太郎丸（当時七才）に託宣があったといわれています。

「多治比」といえば、その祖神が天火明尊に坐し、『新撰姓氏録』の右京皇別に「多治比真人　宣化天皇の皇子、賀美恵波王の後なり」と記載され、又、左京神別下天孫の項に「丹比宿禰　火明命三世の孫、天忍男命の後《すゑ》なり」そして、大和国神別天孫の項には、「蝮壬部首《たじひのみぶのおびと》　火明命の孫、天五百原命の後なり」などと記述されています。

宣化天皇は、継体天皇の皇子で、母は尾張連草香の娘目子媛に当り、この天皇に仕えたのが、大連の物部《もののべ》鹿鹿火《あらか》で、いずれも祖神に天火明尊をいただいています。これらの傍証から、道真公の託宣をうけたという多治比文子は、祖神に天火明尊をいただく系統の氏族の流れの人であるといえます。

一方、同じ道真公の託宣をうけたという太郎丸は、父が比良宮の禰宜である神良種《みわよしたね》ということから推察しますと、やはり天火明尊に深く関わっていることが解ります。

比良宮は、近江国（滋賀県）の比良山系の北側、琵琶湖の西岸に鎮座する白鬚《しらひげ》神社のことですが、この神社の祭神である白鬚明神が漂泊芸能の民といわれる白太夫（百太夫とも）を使って道真公を広く世に宣布したといわれています。又、この白鬚明神は、大和国（奈良県）長谷寺の御本尊に坐す十一面観音の像立にも深く関わっています。この御本尊は楠の大木を以て彫像されていますが、この大木は、雷神が降下した霹靂《カントケ》といわれ、漂着した大津から大和国に運ばれたものです。この時、白鬚明神が翁の姿となって終始大木を守護したといわれています。以前に度々書いてきましたように、十一面観音は、天火明尊（饒速日尊）の別なお姿でもありますので、極めて意義深いものがあります。なお、比良宮の禰宜である神良種《みわよしたね》という名前からただちに連想されることは、大和国の三輪山をご神体として鎮座する大神《おおみわ》神社のことであります。ここの御祭神の御名は、大物主櫛甕魂《おおものぬしくしみかたまの》命《みこと》に坐すが、他ならぬ天火明奇玉饒速日尊の亦の御名であるということです。

ついでながらもう一つ附言しますと、「菅家御伝記」によりますと、大宰府で道真公の墓所をお守りしていた味酒《うまさけ》安行が託宣をうけて延喜五年（九〇五）八月に公の祀廟を建立し、神号を「天満大自在天神」と称したといわれています。この味酒《うまさけ》安行の名前からも三輪山に鎮座する大神神社の御祭神との関わりが窺えます。

即ち、味酒《うまさけ》は、三輪山に懸る枕詞で、『万葉集』に、「味酒《うまさけ》三輪の山あをによし　奈良の山の山の際《ま》にい隠るまで　道の隈《くま》い積もるまでに　つばらにも見つつ行かむを　しばしばも見放《みさ》けむ山を心なく雲の隠さふべしや」（額田王）と詠われています。

古来三輪山は、斧鉞を入れない禁足地として神聖視され、苔むした神の憑代《よりしろ》である磐座《いわくら》が厳存されています。とくに山の中心をなす杉の木々は、「三輪の神杉」と称され、杉の葉で丸く作られた「しるしの杉玉」は、酒造家の重要な標示となっています。

御主のロゴスに、三輪山のことを詠唱された黙示豊かな一節がありますので、抜粋させていただきます。

「あをによし寧楽《なら》の京師《みやこ》は咲く花のにほふが如く今盛《いまさかり》なり、この歌人《うたびと》の住みたりし都《みやこ》は如何《いか》にありしなん、三輪の山年経る毎に神奈毘《かんなび》て、その古言《ふるごと》を言問《ことと》へば『やくもたつ、いづもやへがき、つまごみに、やへがきつくる、そのやへがきを』古《いにしへ》の道さびわたり、新《にひ》し世の礎《いしずゑ》は是《これ》によりけり」（一〇・四・一六・二五）

なお、余談となりますが、先の万葉集の三輪山を島田博一氏が作曲された名曲があり、高校一年のときに聖高混声合唱団で歌ったことが懐しく思い出されます。当時テノールに属していたのですが、五十余年を過ぎた今でも、諳《そら》んじて歌えるほどのすばらしい曲でした。記念にその楽譜の写しをお送りします。これは、「天降の聖歌」レコード作成に携わったときに、推薦の言葉を書いて下さった辻正行氏（日本合唱連盟副理事長、合唱指揮者協会理事長）からいただいたものです。いろいろと書き記しているうちに、奥の細道に入ってしまいました。しかし、これは決して横道ではなく、奥義の扉に通じる細道と確信いたします。一言で申しますと、北野天満宮の御祭神に坐す菅原道真公に降臨せられた御方もまた、菅生石部神社と同じ御方、即ち天火明尊（饒速日尊）に坐したということであります。

顧みますと、今からちょうど三十八年前、昭和四十年、天暦の御世開顕の年に、御主に啓示されたロゴスや日常のおことばをもとに御神名の研究を始めていたのですが、御主に降臨せられた天火明尊が、その古、聖徳太子に天降《あまくだ》り、又時を経て菅原道真公にも天降って経綸の黙示を示されたことを、ほのかに拝察いたしておりました。その後、時が進み次第にその真相が明らかとなっていったわけですが、昭和六十一年（一九八六）頃から、社寺伝承学作家の小椋一葉女史が彗星の如く現れ、ささやかな私の研究を学術的に立証していただく結果となりました。この上なくありがたいことと感謝いたしております。

小椋女史は、美濃国（岐阜県）のご出身で、御主が尾張国にこられた昭和十七年（一九四二）のお生れです。これまでに、格調高く清々しい文章で、貴重な著作を次々と発表されています。この小椋という姓氏から直ちに想起されるのは、武蔵国（埼玉県）の秩父郡吉田町大字下吉田に鎮座する延喜式内の古社小椋神社のことです。御祭神は、導きの命に坐す猿田彦大神ですが、当社とのご神縁が窺われます。又、お名前の一葉については、御主のロゴスからひとつばの黙示をいただきましたので、記しておきます。

荒野《あらの》に茂る七草の
かなたに咲ける葉蘭《ひとつば》の
花のありかを知る人は
すくひの主《ぬし》のおとづれし
幸福《さいはひ》その身に受くるなり

世の人びとよ　七草《ななくさ》の
花咲く野辺のかなたなる
その葉蘭《ひとつば》の花のありか
知りてその身の幸福《さいはひ》を
今こそもとめよ　みことばに
（『歌聖典』八〇番「ひとつばの花のありかを」より）

## 四、京都藁天神宮との関わりについて

現在、京都市北区の衣笠天神森町に鎮座する藁《わら》天神宮は、その昔、加賀国から菅生石部神を勧請して創建された古社であります。

当宮は、延喜式神名帳に登載されてはいませんが、草創は極めて古く、太古、京都北山の神の降臨地とされる衣笠山の艮《うしとら》（北東）に当る氷室《ひむろ》谷に、淳名天皇の天長八年（八三一）八月二十五日、氷室が設けられるに当り、氷室守及びその夫役として仕えていた人達が、郷里加賀国大聖寺の菅生石部神を迎えて祀ったといわれています。御祭神は、当宮の由緒書に木花開耶《このはなさくや》姫命《ひめのみこと》となっていますが、この方は、菅生石部神社の社伝に云う日子穂々出見尊の御母に当ります。

ところで、氷室《ひむろ》とは、「冬に切り出した天然氷を夏までたくわえておくためのむろ。地中や山かげに穴を掘り、茅などでおおって保存する」（明鏡国語辞典）もので、宮中を始め、幕府や藩主に献上するために設けられたといわれています。新撰姓氏録の左京神別上に、「氷宿禰」があり、饒速日尊を祖神する石上朝臣と同じ氏族とされていることから、氷室に携わる職人もこれと同じ氏族の人達ではなかったかと思われます。

又、社名にわら（藁）の字が冠称されいるのは、古式に則り三宝の代りに藁苞を以って神饌具としたことから称えられたといわれています。更に又、境内に神木綾杉の霊を祀る綾杉明神が鎮座していますが、太古の神霊の憑代となった北山杉の関わりと思われます。以前に書きましたように、

杉は楠と同様、饒速日尊の御神木であります。

なお、このわら天神宮は、蔽顔《おとばり》の救主《くじゅ》ゆかりの神社でもあります。かって、衣笠天母里といわれた京都御旅所（山田耕民氏宅）に住われた時、北野天満宮とともに、よくこの地に参詣せられ、折々に、教え鳥といわれた鶺鴒《せきれい》に出会い、導きをうけられたのであります。或る日のこと、京の都を離れるにあたり、次に向う富士の裾野の御殿場の情景が、ありありと霊眼に写し出されたと承っております。思えば、わら天神宮の藁（稲穂）も、菅生石部神社の菅も、ともに水に関わりの深い植物であり、しかも、祓えの神事に欠かすことのできないことから、その意義まことに甚大であります。かの日、御主が御神霊の誘《いざな》いのままに、京の都において誕生の地大聖寺に鎮座する菅生石部神社に巡り蓬われたことは、奇しき摂理の故なりと拝察いたした次第です。

## 五、御本殿の扉が開かずの扉であることについて

当社の由緒書に、「御本殿御扉は、古来如何なる祭典にも御開扉せざる事一社古伝の秘事である」と、いと厳かに記されています。

この秘事が最初からそうであったのか、或いは、ある時からそうなったのかは知るすべもありませんが、あまたある神社の中で極めて珍しい存在といえます。寺院の場合、御本尊の秘仏が、何十年か、或いは何百年かに一度開扉されることがありますが、当社のように一度も開扉されないとい

う、一社古伝の伝承が厳然と存在していることには、何か大きなわけがあってのことと思われます。

ここで、ふと脳裡に浮び上ってきたことは、明治十七年（一八八四）に、フェノロサと岡倉天心によって開扉された法隆寺夢殿の秘仏救世観音像のことです。長くなって恐縮ですが、その時の状景が、お二方によって、感動溢れる荘厳な筆致で描写されていますので、紹介させていただきます。

フェノロサ

「二百年間用ひざりし鍵が錆びたる鎖鑰《さやく》内に鳴りたるときの余の快感は、今に於て忘れ難し。厨子の中には木綿を以て鄭重に巻きたる高き物顕はれ、其の上に幾世の塵埃推積したり。木綿を取り除くこと容易に非ず、飛散する塵埃に窒息する危険を冒しつつ、凡そ五百ヤードの木綿を取り除きたりと思ふとき、最終の包皮落下し、此の驚嘆すべき世界無二の彫像は、忽ち吾人の眼前に現はれたり。

像形は人体より少し大なるも背後は中空なり。或る堅木を最も綿密に彫刻したるものにして金箔を施しあり、其の金箔は、世代を経て銅の黄褐色を為せり。頭目は驚嘆すべき漏空彫を施したる銅にて朝鮮式作巧を加へ、宝石を以て鏤めたる幾条の長き瓔珞集下せり」（『東洋美術史綱』より）

岡倉天心

「余は明治十七年頃、フェノロサ及加納鉄斎と共に、寺僧に面してその開扉を請ふた。寺僧の曰く、これを開けば必ず雷鳴があろう。明治初年、神仏混淆論の喧しかった時、一度これを開いた所、忽ちにして一天掻き曇り雷鳴が轟いたので、衆は大いに怖れ、事半ばにして罷めたと、前例が斯くの如く顕著であるからとて容易に聴き容れなかったが、雷のことは我等が引き受けようと言って、堂扉を開き始めたので寺僧はみな怖れて遁げ去った。

聞けば即ち千古の鬱気粉々と鼻を撲ち、殆ど堪へることも出来ぬ。蛛糸を掃って漸く見れば前に東山時代と思はれる几帳《とばり》があり、これを除くと直に尊像に触れることが出来る。

像の高さ七、八尺ばかり、布片経切等を以て幾重となく包まれてゐる。人気に驚いたのか蛇や鼠が不意に現はれ、見る者を愕然たらしめた。軈て近くからその布を去ると白紙があった。先きの初年間扉の際、雷鳴に驚いて中止したといふのはこのあたりであろう。白紙の影に端厳の御像を仰ぐことが出来た。実に一生の最快事であった」(『日本美術史』より)

尊像に巻かれていた白布のことについて、高田良信氏は、その著「法隆寺の謎を解く」の中で、「はたして白布がいつ巻かれたのかわからないが、想像されることは、元禄九年に厨子を再興したとき、像を白布で覆って移遷し、そのまま厨子の中に納め、その前に几帳を垂らしたと考えるのが妥当のように思われる」とのべられています。

白布に巻かれた年代が元禄九年とのことですが、西暦一六九六年に当り、これが明治十七年即ち一八八四年に解かれたことから、白布に巻かれて以来、一八八年後に解かれたということになります。

ついでながら記しておきますと、先の救世観音を祀る法隆寺の代表的な年中行事に、「上宮王院修正会」というのがあります。この行事は、夢殿で行われる「十一面観音悔過」のことといわれています。東大寺二月堂のお水取りの行事は夙に有名ですが、この行事の要となっているのが、法隆寺と同じ「十一面観音悔過」の行事です。この行事に当って仏道でありながら、諸国の神名帳が紐解かれ、読み上げられるのであります。「十一面観音悔過」というのは、十一面観音の御前に諸々の罪咎をお詫びし、祓い浄めていただくとともに、その御徳を讃仰し奉るという聖なる儀式といわれていますが、この時に諸国の神々の御名が読み上げられるということは、まことに不可思議な思いがいたします。

これまで度々申し上げてきましたように、饒速日尊と十一面観音とは表裏の関わりに在ります。かっての日、聖徳太子が、夢殿に於て念持せられた十一面観音のお姿は、他ならぬ饒速日尊に坐したわけですし、太子もそのことを秘かに感応遊ばしたことと拝察いたします。夢殿に籠られた聖徳太子の霊耳にささやかれた金人のお導きは、まさしく饒速日尊の御神霊に坐したのであります。次に掲げる御主のロゴスを心静かに拝読しますと、その深き御心が感得されるのであります。

「偲び奉れば日《ひ》の本《もと》の末世《すえのよ》に起るべき、救世《くせ》の象徴《しるし》を夢殿《ゆめどの》に秘封《ひふう》なされし聖願《せいがん》は、斑鳩《いかるが》の太子《みこ》と金人《くがねびと》の金箴《きんしん》にして、誰人《たれびと》もこの秘義《ひぎ》を解く者はなからん。この夢殿の宝廟《ほうびょう》は縦《よ》し神通《じんつう》の天眼《てんがん》だに窺見《のぞきみ》ること能《あた》はざらん。惟天暦《ただてんれき》を前提にして一人の人の子世に来《きた》り、時恰も古聖《こせい》処《しょ》の破る如く解かるべし」(一〇・四・一六・二八—二九)

さて、これから、いよいよ菅生石部神社のあかずの扉の謎について、その秘義を繙くわけですが、改めて、御主のロゴスに探ねてみることにしました。謎を開解《かいげ》する何らかの手懸りになるものと確信いたします。

「汝ら、その開かざるべからざる扉は、いづれの扉なるや、汝ら、スフィンクスの声を解きて、その秘義を知るべし。そはこの扉は、外より開くべき扉にはあらずして、内より開かるべき扉にてあればなり。汝ら、この扉は無限と有限との境《はざま》に立てる関《せき》にして、その内には永遠の光と永遠の生命《いのち》とに充満《みて》るなり」(九・六・一三・五—六)

「いのち湧く玉瑠璃《るり》の海、うみの鏡の秘《ひ》めごとに、うつる七つの光輪や、久遠《くおん》に黙《もだ》す一《ひと》つ星《ぼし》、救寿《くじゆ》の在所《ありか》を語るなり、天《てん》の岸辺のなつかしや、あかずの扉玉手箱、内より開く封印《ふういん》の、解《と》けて明《あ》けゆく暁《あかつき》の、水平線《みぎは》はるけく渡り来る、救寿金色《くじゆこんじき》の宝船《たからぶね》、天《てん》の岸辺のなつかしや」(九・七・一〇・三〇)

「汝ら、蔽顔《おとばり》の救主《くじゅ》の神言《くすのこえ》は、是《これ》神の幕屋《まくや》なり。生命《いのち》の水の泉なり、死と陰府《よみ》との秘鍵《かぎ》にして不開《あかず》の門扉《とびら》の封印《ふういん》なり。汝ら、此《ここ》に天降《あも》の現実《げんじつ》の開顕《かいけん》の由来《ゆらい》を窺《うかが》ひ知るべし」

（二〇・一〇・九・一〇）

「汝ら、大宇宙《マハウニベルソ》は不開秘門《あかずのひもん》、不老不死の玉手箱なり。摩尼宝珠《まにほうじゅ》はこの大宇宙《マハウニベルソ》の異名《いめい》にしてその象徴《しょうちょう》なり」（二〇・一〇・二二・二二）

「海《わた》の底なる龍《たつ》の宮、あの浦島の玉手箱、開《あ》けて見る世の白玉《しらたま》や、うき世を夢と羽衣の、雲井《くもい》へだつる不二《ふじ》の山、鶴は千年《ちとせ》の松が枝《え》に、亀万年の苔《こけ》むして、不動《ゆるが》ぬ巌《いはほ》を占《し》むるべし。阿《あ》那末広《なすえひろ》に浮世絵の、花の曼陀羅《まんだら》ほとけよと、黙示を開く玉手箱。（二〇・五・一・一〇）

右のロゴスの節々句々を丹念に味わっていきますと、あかずの扉の不可思議な意味がほのかに伝わってまいります。

菅生石部神社の由緒書に、一社古伝の秘事とのべられていますように、何かの因由《わけ》あって久しく封印されてきたあかずの扉といわれていますが、時機来《ときき》たって、御神意の発動によりその封印が紐解かれ、真実が開顕されることと拝察されます。然らばその時機《とき》とは、何時のことなのでしょうか。既にのべましたように、菅生石部神の亦の御名が、『古事記』にいう日子穂々手見命（火遠理命）に坐すことから、自ら海幸彦・山幸彦の物語、ひいては浦島太郎の物語に深く関わっているわけであります。浦島太郎が竜宮の乙姫様（音秘めの意）より賜ったという玉手箱の話はあまりにも有名ですが、終末の世にその玉手箱の秘義が紐解かれる時が、即ちあかずの扉の開顕する時機《とき》であると考察いたします。

## 六、御神符に秘められた神代文字について

同社の御神符には、畏くも、神代文字を以って「个个스오스♀즈도」と記されているといわれています。これは、神代文字研究の先覚者宮崎小八郎氏が、昭和十七年（一九四二）七月二十日刊行の御著書『神代の文字』の中で、初めて公開されたものです。同書によりますと、この文字は、対馬国の卜部《うらべ》阿比瑠中務に伝わった日文字《ひふみ》といわれる神代文字で、字源の由緒が正しく、最も古い文字といわれています。江戸時代後期の国学者平田篤胤翁（安永五年—天保十年）は、この文字について次のようにのべられています。

「日文《ひふみ》四十七字は、行文とあれど眞字と見ゆ、此を伝へる阿比留氏は、対馬の国の卜部と有ば、天兒屋根命の裔なること疑なし。故《かれ》この日文字を伝来にけむは、実然《げに》るべし。……此文を熟々に視

れば、太兆《ふとまに》の験形《しるしかた》を字原として製れりと見ゆるに、その太兆の卜事は、卜部の遠祖天思兼命（亦の名天児屋根命）の始め給へる業なればなり」

ところで、この日文（一二三《ひふみ》）の言の本は、天津神から饒速日命に伝えられ、更にその子宇摩志摩治命から猿女君《さるめぎみ》に伝えられたといわれています。又、『釈日本紀』には、この日文字の起源が、亀卜による太占の起源と相関連していることから、古くからこの文字が存在していたことが記述されています。

　我が国に漢字が渡来する以前に文字があったかについては、今日の史学界で否定的な見解が多いのですが、宮崎小八郎氏は、十二の事例を挙げて、極めて詳細にその存在を検証されています。これについては、紙数が多くなるため、稿を改めてのべることにいたします。

　さて、最初に記しました御神符のことですが、神代文字でスサノオノミコトというご神名が描かれています。当社の御神符に、神代文字でこのご神名がどうして描かれたのか、又、いつごろ描かれたかについては、定かではありません。宮崎氏の調査によりますと、官・国幣社合せて四十五の神社で神代文字が使用され、その大方がその社のご祭神に坐したとのことです。菅生石部神社の場合、ご祭神と異なっていますので、その昔、ご祭神がスサノオノミコトに坐したのかもしれませんし、或いは、スサノオノミコトが疫病を祓う霊験あらたかな神に坐したからかもしれません。これは、深く詮索する必要もないことであります。

ただ一つ大事なことは、当社の「菅生」という語源に深く関わっているということです。と申しますのは、二月八日付の文章の中で書きましたように、菅生という語には、清々しい処という意味があります。『古事記』には、清々しいという黙示を表わす「須賀」の地をトして、スサノオノミコトが宮居を造営されたことが記されています。

「速須佐之男命、宮造作《つく》るべき地《ところ》を出雲国に求《ま》ぎたまひき。爾《しか》して須賀の地《ところ》に到り坐して詔《の》さく、吾《あれ》此地《ここ》に来て我《あ》が御心須賀須賀斯《すかすがし》とのらして、其地《そこ》に宮作りて坐《いま》しき。故《かれ》、其地《そこ》は今に須賀《すが》と云ふ」

この言葉から、須賀と菅生の語が同義の言葉といわれていますが、この須賀の地で速須佐之男命が、我が国における和歌の濫觴といわれる「八雲たつ出雲八重垣つまごみに　八重垣つくるその八重垣を」の一首を詠んでおられるのであります。このように御神徳弥高きスサノオノミコトの御名に因んで、菅生石部神社の御神符にその御名が秘かに記されていたことは、まことに意義深いものがあります。

## 七、御神事について

当社の御神事については、前々回に書きましたように、重要なものが三つあります。国会図書館の井門寛氏の『日本歳時年誌』に従って古い順番に記しますと、①湯花祭　②敷地祭　③御願神事となります。

①湯花祭は、欽明天皇年間（五三九―五七一）諸国に悪疫が流行し、それを祓うために始められた神事と伝えられています。神祇院編『官国幣社特殊神事調』によりますと、「主典忌火ヲ以テ設ケアル釜ノ湯ヲ沸ス　次ニ宮司釜湯ノ行事……」と記されているだけで、どのように行われたか明かにされていませんが、古神道の秘法の一つである湯立の神事（釜の湯を笹の葉を以て祓う）に似たものであったのかもしれません。又、二月八日付の文書で書きましたように、「大祓祝詞」の中で「天津菅麻《すがそ》を本《もと》刈り断ち末刈り切りて八針に取り辟《さ》きて……」と記されていることから、菅麻《すがそ》（菅の葉茎をすぐって作った真緒）を以って行なわれたのではないかと思われます。大祓が神事の前に行われた初見が、文武二年（六八九）の大嘗祭の直前といわれていますので、この湯花祭の神事は、かなり以前のことになります。「大祓祝詞」に先の記述が収録されているということは、それ以前に、そのような伝承が何処かに存在していたからで、それが宮中に採用されて記録に残ったものと考えられます。神殿のある神前で神事が行なわれたというのは、ずっとあとのことで、古くは、石や磐座、大木などを神の降臨する憑り代として、その前で神事を行なったのではないでしょうか。

菅生石部神社の場合も、その伝承があまりにも古いことなので、往古は、真菰《まこも》などと同じように、秀れた浄化作用のある、その土地の菅麻《すがそ》を以って祓いを行なったことと推察いたします。なお、御神事の名称が湯花祭となっていることからみますと、釜の中のものには、豊かな温泉の湯が用いられたとも思われます。同社の由緒書の裏に山中温泉のことが紹介されてあり、「由来極めて古く、行基菩薩当社に祈願を籠め、東に紫雲曳くをみてこの地に霊泉を発見すと伝へ……」と厳かに記されてあります。

②敷地祭『日本歳時年誌』には、「用明天皇（聖徳太子の御父）年間（五八五―五八七）諸国に疫病流行し、天皇、菅生石部神社に祈願す。これより同神社に敷地祭（七月二四―二六日）はじまる」と記述されています。

この敷地祭は、夏越の祭といわれ、先の特殊神事調に「宮司人形眞薦輪ヲ麻ノ葉ニテ祓フ、三度大輪ヲ潜ルの行事……」と記されています。これは、一般に茅の輪くぐりとも称され、多くの神社で行なわれています。

この神事は、先に書きましたように、速須佐之男命に関わりの深い神事の一つで、伊勢神宮や八坂神社などで、「蘇民将来之子孫也✡」の御神符として知られています。

③御願神事　毎年二月十日に行なわれていますが、青竹割祭ともいわれ、よくご存知のことと思いますので、その模様は省略させていただきます。大事なことを二つだけ挙げておきますと、その一つは、採火が、忌み火の伝承をうけつぐ岡町の辰川家で執り行なわれるということです。もう一つは、大蛇に擬した大縄を大聖寺川に放流するということです。白水社刊「日本の神々」第八巻には、民俗学の立場から解釈し、遠来の大神が土地の精霊（大蛇）を退治して田畑の災害をなくし、豊作

をもたらすという、「オロチ退治」の豊耕儀礼であろうと述べています。又、同社の由緒書に、「神事前十日間は神社に於て一切の鳴物を禁ず」と記されていますが、それほどに厳粛極りなき霊験あらたかな祭であると拝察いたします。更に又、辰川家の辰も、大縄の大蛇もともに神獣といわれる龍神の黙示があり、ともに火と水とに深く関わっているのであります。神獣の黙示といえば、御主のロゴスに、

「汝ら、此《ここ》には機《とき》に聖賢の集ひ来《きた》りて語ふ、生命《かつら》の樹《き》の被《お》ひ繁りて、妙華《みょうげ》の香れる越天《エデン》なり、鸞鳥《らんちょう》白雲の靉靆《たなび》く如く天辺《てんぺん》に舞ひて、喜祥《きしょう》を囀嚶《ほほず》り、蛟螭《みづち》樹下《じゅげ》に憩ひ微睡《まどろ》みて、浄福《じょうふく》の卦《け》を爻《こう》ずるところ、内在の至上級、意識次元にして水晶世界の現実なり」（一〇・一一・六・九）

と、その奥義の扉を開示しておられるのであります。

今回は、二月二十五日、北野天満宮梅花祭の日から書き始め、ようやく終えることができました。充分とはいえませんが、これにてむすびとさせていただきます。　敬具

平成十五年三月十日

追記　いつものことですが、今回も又執筆中に教え示された新聞記事の黙示のことを記します。

三月十四日付のその（一） 京都北野天満宮との関わりについてのところで、荘園のことと天暦元年という年号のことを書いていたのですが、その翌日、名古屋駅でもとめた産経新聞の第一面に、菅生石部神を黙示する奈良の石神遺跡で飛鳥時代の最古のカレンダーといわれる木簡の暦が発見されたという記事が大きく出ておりました。又、その翌日には、中日新聞の同じ第一面に、「日本荘園史大辞典（吉川弘文館）の広告が、さあーっと目に飛びこんできたのです。和暦にいう天暦《てんりゃく》元年は、西暦の九四七年に当る村上天皇の御代の年号であり、菅生石部神社と関わりの深い北野天満宮創建の年に当っています。

訓み方は異りますが、御主は、この年号と同じ年号を御神意によって、昭和四十年に開顕されています。なお、秘仏の開扉のことについて書いていますが、三月七日付日本経済新聞の夕刊にも、京都清水寺で二四三年ぶりに秘仏が公開されたという記事が掲載されていました。

書いている矢先から、立ちどころにこの様な黙示の数々をいただき、ありがたいことと思っております。

最後にもう一つ、吉田家と北野家とのご神縁について記しておきます。ご自身のこと故ご承知のことと思いますが、吉田家と北野家の婚姻の儀が、昭和二十八年（一九五三）に、当菅生石部神社において執り行われています。北野家といえば、既に多くを書きましたように、北野天満宮に関わる氏族であり、菅生石部神社と深いご神縁で結ばれていることが解ります。なお、両家婚姻の儀に当り、遠藤明三宮司様直筆による誓詞の写しがありましたので、謹んで抜粋させいただきます。

昭和廿八年十一月二十一日を吉日《よきひ》と定め　婚姻の式を行ふとして　大神《おほかみ》の御前に誓ひ白《まう》さく　吉田泰一郎と北野外喜子と夫婦《めをと》のちぎりを結び固むるは　尊き大神《おほかみ》の大御心《おほみこころ》に依《よ》る事と喜び奉《まつ》る　今より後《のち》　千代に八千代に生涯《いき》のかぎり　互に相睦《あいむつ》び相助《あいたす》けて　夫婦《めをと》の道に違《たが》ふ事なく　相共に家政《かせい》を整《ととの》へ子孫《しそん》の繁栄《はんえい》をはかるべき事を誓《ちか》ひもうす　（原文のまま）

# 第二章　加賀国江沼郡大聖寺の地文とその黙示について

前略　皆様には、お変りなく御清祥にお過しのことと存じます。

さて、今回は、前回の「菅生石部神社についての考察」のあとを承けて、同社の鎮座地であり、又蔽顔《おとばり》の救主《くじゅ》の御生誕地である加賀国江沼郡大聖寺（現石川県加賀市大聖寺）の名称ついて考察し、その黙示を繙くことにいたします。前回と同様に、今回も思いがけない貴重な資料に出会うことなり、感謝の念をこめて記したいと思います。

## 一、加賀国について

加賀国は、古代の北陸道の国名の一つですが、『日本紀略』という文献に記録されていますように、その由来は極めて古く、今を去ること一、一八〇年前に遡ります。五十二代嵯峨天皇の御代の弘仁十四年（八二三）に、越前国の江沼、加賀両郡を割いて設置されたもので、江沼、能美、加賀、石川の四郡を以て、新たに賀を加える国との趣旨から立国されたといわれています。この加賀国は、律令体制下における最後の立国とされていますが、立国に当っては、当時、越前守であった紀末成の建議に負うところが甚大であったからといわれています。

通常から云えば、越前・越中・越後の三国ではじめ、なか、をはりの仕組が成り立っているのですが、敢て、この三国の狭間《はざま》に加賀国が設置（誕生）されたことに不思議な気がいたします。越前守の御名紀末成を言霊の幸いによって解しますと、紀は、紀元、世紀、皇紀の紀で天の機《とき》を黙示し、又末成は字義の通り、末の世に成就されるという黙示を表わしています。今にして思いますと、御主ご生誕の加賀国と神の祝いの戸を開く尾張国のをはりどの仕組を言秘めた言葉と拝察いたします。

ところで、加賀という語について、白川静著『字統』には、次のようにのべられています。「力と口に従う。力は耜《すき》の象形、口は祝祷の器の形で𠙵《さい》、加は、もと耜を清めて生産を高めるための儀礼をいう。また、加の儀礼に貝を呪器として加えることがあり、それは賀である。加は本来吉嘉の礼である。貝は生産力を高め、魂振り的な呪能をもつとされるもの」と、その本義を開示しておられます。

又、陰陽五行の哲理を以て物事の深義を解明しておられる吉野裕子女史は、その著『大嘗祭』や『山の神』の中で、次のようにのべられています。要訳しますと「古語拾遺に〝大蛇《をろち》を羽羽《はは》と謂ふ〟とあるが、ハハとカカ（カガの古体）も同じ意味の語で、カカ（カガ）から派生した語に、カカチ、カカシ、カカミなどがある。カカシは案山子と書くが山をおもうということで、山から里に降りてきたものとしての蛇のことを意味している。田を守る神のことである」と解説されています。

次に、加賀の語を冠称する神社や地名、それに船名などを紹介し、加賀国に関わる黙示をみてみます。

（一）加賀神社について　当社は、出雲国島根県八束郡島根町加賀に鎮座する延喜式内の古社で、『出雲国風土記』には、加賀社として記載され、近世には潜戸《くけど》大明神と呼称されています。主祭神は、女神に坐す枳佐加比売命《きさかひめ》という方ですが、当地で佐太大神と尊称されている猿田彦命を出産されています。そして、この出産に纏る話と加賀という地名の由来のことが、先の『出雲国風土記』の加賀郷の条に次のように記されています。

「佐太大神の生《あ》れましし所なり。御祖、神魂命《かみむすび》の御子支佐加比売命《きさかひめ》、「闇き岩屋なるかも」と詔《の》りたまひて、金《こがね》の弓以ちて射給ひし時に、光り加加明《かがや》けり。故《かれ》、加加と云う」（上記は神亀三年（七二六）に加賀と改められています）

枳佐加比売命という方は、『古事記』の中で、八十神に火傷を負わされて亡くなられた大穴牟遅《おおなむじ》神（大国主神）を蘇生させるために、神産巣日之命《かみむすひ》が𧏛貝比売《きさかいひめ》と蛤貝比売《うむかいひめ》を遣わしたと記していることから、赤貝を神格化した神とされています。又この神は、出雲大社の本殿瑞垣内の天前社《あまさき》に祀られています。

奇しきことに、貝といえば、先に紹介しましたように、白川静先生が「加の儀礼に貝を呪器として加えることがあり、それは賀である」と、いみじくものべておられます。学殖の豊かさと慧眼には、唯々頭が下ります。

なお、加賀という語、地名のおこりに関わった枳佐加比売命は、女神に坐すが、加賀国白山の白山比咩神（亦の御名菊理媛神）も女神に坐すことから、加賀国石川県は、母《かか》の国といわれています。

一方、隣の越中国富山県は、立山の雄山神社の御祭神天手力男神に因み、父《とと》の国といわれています。又、先の『出雲風土記』にいう加賀神社は、現在清水川（澄《しんじ》水川とも）の川口を三〇〇メートルほど遡った右岸に位置し、社殿は約二キロ隔てた「潜戸《くけど》」を背にするように南東に面して建てられていますが、ここにも御主と同じ清水の姓の黙示が窺われます。

これまで観てきましたように、加賀国が立国したほぼ一世紀前から、既に出雲国において加賀の名称が発生していたことが解ります。

ご承知のように、出雲国島根県は、我が国の神話の故里といわれています。和歌の濫觴と称される「八雲立つ出雲八重垣つまごみに　八重垣つくるその八重垣を」の古歌にありますように、饒速日尊の御父に当る須佐之男尊が建国された故地であることから、加賀の名称のルーツも出雲国が発祥の地ではなかったかと思われます。

次に、加賀の名称に因む加賀丸のことについて記します。加賀丸とは、日本郵船の船舶の名称です。突然船舶の名称がでてきたことで、奇異に感じられたことかと思いますが、これには、実に深い黙示が秘められていますので、順を追って解説することにいたします。

蔽顔《おとばり》の救主《くじゅ》の現身《うつそみ》におけるご生涯を五つの時期に分けてみますと、(一) 加賀国に誕生された明治四十三年（一九一〇）(二) 神隠しに会われて鞍馬山に入山された大正十二年（一九二三）(三) 富士の裾野の聖庵を解かれて尾張国に入られた昭和十七年（一九四二）(四) 聖地天母里において天暦《てんれき》の御世を開顕された昭和四十年（一九六五）（五）現身のご生涯を終えて栄顕の御座に就かれた昭和四十四年（一九六九）に区分され、夫々重要な時節《ときせつ》に当っています。

御主のロゴスによりますと、「天の奥義《おうぎ》と地に契約せられたる秘義」と示されています。

ここでは、ご生誕の明治四十三年とご遷座の昭和四十四年に顕現された加賀丸の黙示について記します。

まず、明治四十三年に関わる事項の資料を調査していた過程で、当時の東京日日新聞の記事を調べるため、毎日新聞名古屋本社を訪問しました。これは、「光報」の編集を担当していただいた石黒永一氏（大正十二年生れ、元毎日新聞名古屋本社に在職）のお骨折によるもので、マイクロフィルムから拡大して複写した貴重な紙面を沢山いただくことができました。その中の一枚、明治四十三年元旦の紙面の下段広告欄に、日本郵船の加賀丸が、米国へ向けて一月九日の午前十時に門司港を出航するという記事が掲載されていたのです。又、同じ紙面に、「旅行(年賀)欠礼清水彦九郎」と「東京銀座尾張町白牡丹本店」の広告もでており、深く心に留めておりました。それから幾日か経って、御主ご遷座の昭和四十四年に関わる事項についての資料を調べようと鶴舞中央図書館に出かけたのですが、その折、岩波の雑誌「世界」の昭和四十四年一月号に掲載されていた井上靖氏の小説「わだつみ」に巡り合い、その中で加賀丸のことを発見し、いたく感動したのであります。

「わだつみ」は、七尾桑一郎という人物を主人公に、アメリカ移民の軌跡をたどったドキュメント風の小説ですが、終始、感慨深く回想されながら、香り豊かな文章で表現されています。読むほどに、蔽顔《おとばり》の救主《くじゅ》の御事を始め、加賀国と尾張国に関わる奇しき黙示の数々に出会うこととなり、ここにその幾つかを抜粋させていただきます。

「加賀丸にて（一）七尾桑一郎より　私ののっている加賀丸は七〇〇〇トンの船で、郵船の中では一、二の優秀な船だそうです。……（二）桑一郎は父と母とを慕う気持を知らなかった。生れて間もなく両親から離れて育ったので、親の愛をうけていなかったし、親の顔も知らなかった。……（三）五月十日サンフランシスコにて　着桑間もなく（四）東地さんが大兄宛の郵便物を投函するから同封しないかということで、走り書きで無事サンフランシスコ着のお報せだけを認め東地さんに託しました。……桑一郎は中学卆業と同時に田舎の小学校の代用教員となった鬼怒田一平と三島から汽車にのり、米原でのりかえて（五）金沢に向った。……僕はすっかり（六）法隆寺が気にいってしまいました。あの古い空気の立ちこめている内陣を覗いていたら、どんな苦しい時でも心は鎮まると思う。……桑一郎は（七）神かくしという奇妙な事件にぶっかったのは二度目であった。……桑一郎が田森家できいた隣村の神かくしの話は、直ぐ村にも伝わり、暫く寄るとさわるとその話で持ちきった」

主人公の桑一郎は、最後にアメリカに永住し、（八）陶子と結婚することになるのですが、この陶子という名前からも黙示の一端が窺われます。

（註）（一）七尾桑一郎という姓名について　七尾といえば、加賀国石川県の能登半島の入口にある地名ですが、尾張国愛知県の西尾市と東谷山尾張戸神社を結ぶ延長線上に七尾市が奇路しています。又七尾といえば、名古屋市の清水口に菅原道真公を祀る七尾天神社があります。私事で恐縮ですが、以前東区の橦木町にいたときに、折々に参拝した懐しいところです。台湾師範大学への短期留学を前にしてここで祈っておりましたら、にわかに、背後で大きな銅羅の音を聴いたことがあります。又、当時橦木荘の電話番号が九三一―一五〇四番で、奇しくも七尾天神社の創建年の一五〇四年（永正九年）と暗合していたことなどもあって、特に七尾という言葉に、親しみとご神縁を感じていたわけであります。

次に、桑一郎という名前に桑の一字が入っていますが、桑といえば、御主のご生母の桑村すみ夫人のことを黙示しています。又、姓氏辞典によりますと、桑村という姓は、物部氏の流れを汲む姓氏といわれています。余談ですが、桑には扶桑のように、日本の別称とも称されていますし、中国の古典、准南子や山海経などには、太陽が十の谷を浴びて湯谷のほとりにある神木扶桑の枝にかかって、順に天に昇っていく様子が、神話として描かれています。

（二）ここの記述は、「菅生石部神社についての考察」の冒頭に書きましたように、まさに御主の生い立ちに酷似しており、奇しき黙示を表しています。

(三)及び(四)について　五月十日といえば、蔽顔《おとばり》の救主《くじゆ》の生誕日を黙示しています。又「東地さん」については、極めて珍しい姓氏ですが、言霊で解しますと、東方の地、極東の日の本の意味があります。そして、昭和五十一年（一九七六）に、尾張戸神社の表参道の南の地に造営された、御主の奥津城の聖標（石塔）の文字を揮毫された方のお名前が、東地蒼涯先生であったわけです。東地先生は、毎年八月十五日に日本武道館で行われている全国戦没者追悼式典の標柱を揮毫しておられる金子鷗亭先生（毎日書道会、創玄書道会の会長）のご高弟であります。

(五)金沢は、いうまでもなく加賀百万石の中心地であります。

(六)法隆寺の夢殿に坐す救世観音像は、聖徳太子の秘仏といわれていますが、御主のロゴスに、その秘義が黙示豊かにのべられています。詳細は四七頁をご覧下さい。（一〇・四・一六・二八―三〇）

(七)神かくしのことについて　文中に突然神かくしのことがでてきましたので大変驚いたのですが、神かくしと云えば、御主と関わりの深い出来事であります。時は、大正十二年（一九二三）八月六日のことです。蝉の声も静まり、やがて夕べの帷が降りようとする頃、福井県の竹田川上流の釜ヶ淵というところで友人と水浴中、にわかに御主の姿が消え去り、村中の大騒ぎになったのです。

折しも、鞍馬山では、一山の行者の長であられた松岡日恵翁が、既に、「汝に一人の御子を授ける」との神のお告げをうけて待っておられたわけです。程なく、弟子の一人に伴なわれて翁の前に現われた時、綿入れのちゃんちゃんこを羽織り、全身汗とほこりにまみれていたため、川におつれして体を洗って差し上げたところ、白く美しい顔立ちの、神々しい童子の姿が、月明かりの川面に浮かび上ったそうです。そして、はな夫人が大切にしまっておいた衣裳をお着せになってから、翁は、童子を神前の上座に迎え、自ら数歩引き下って恭々しく祝詞を奏上、祈りを捧げられたのであります。この時、御主は神の御社《おやしろ》となって、口中より真語の妙音を煥発されたといわれています。

この神隠しの秘事について、後年、御主は往時を回想され、「大きな鳥のようなものに乗せられ、宙をふわりふわりとゆく心地で、伏見の森を巡って鞍馬の山上へと飛ぶようにしていきました」とのべられています。

御主が降り立たれたところは、奥の院の魔玉尊堂の前といわれていますが、松岡日恵翁は、昭和元年に記念塔を建立されています。

（八）陶子という名前について　極めて珍しい名前ですが、陶は、音読みでは、「とう」、訓読みでは「すえ」といいます。これは、御主のご生誕地の加賀国の九谷焼と御教を開顕された尾張国の瀬戸焼に関わる黙示を表わしています。

九の巻のロゴスに、「をはりある世の瀬戸際《ぎは》に、埴土《はにつち》とりてうつすゑは、をはりなき世の和《なご》やかな、世をこそ祝ふ聖甕酒《いづのみき》、盛りてとをしるものはしなぬと、われゆくものを永久《とこしえ》の、生命《いのち》にむすぶ甕《みか》なるれ」（九・九・一七・三）とのべられています。やまとことばでは、陶器を作ることをすえつくりといいますが、この語には、末の世と陶《すえ》作りのすえの二つの意味が示されています。畏くも御教のおとくさは、埴土《はにつち》を以て陶《すえ》となし、玉手箱の中に納められてお守りとされているわけですが、まことに神秘の極みであります。

加賀国の項のむすびに当り、加賀に関わる黙示のロゴスを記します。

「まへだれや、かがやく御代の白梅の花、花芳香《かんば》しく咲きにける。不盡《ふじ》の裾《すそ》の朝朗《あさぼらけ》かな。梅の花咲く世となりぬ、心迷はず祈れかし」（一〇・四・一六・四六）

このロゴスには、加賀国百万石、梅の紋所の前田家の黙示が言秘《ことひ》められています。

「夫れ北の国かがやきの、空にぞ映ゆる白山《しらやま》の、峰の岩間に湧き出でし　白銀《しろがね》の水流れては、海《わた》の宮居に通ふなる、末世《まつせ》に開く玉手箱、をはりの国の渚《なぎさ》に、みろく来る日に寄るも畏《かしこ》し」（一〇・七・一九・一四）

## 二、江沼郡について

江沼郡は、加賀国の立国（八二三）以前から存在した郡名といわれていますが、大和政権の地方官であった江沼国造が統治していたところです。郡名の由来は、当地が日本海に面した地域で、潟や沼が多かったことから自然に名付けられたものと思われます。先の江沼国造には、江沼臣が当っていたといわれていますが、『新撰姓氏録』には、大和国皇別の条に、「石川朝臣と同じき祖、建内宿禰の男若子宿禰の後なり」と記述されています。

　建内宿禰といえば、七世紀に繁栄した蘇我氏の祖と云われています。又、稀代のシャーマンといわれた神功皇后に仕え、皇后のもたらす霊示をさ庭し、人々に代弁していたともいわれています。『日本書紀』にも記述されていますように、蘇我氏は物部氏と対立抗争し、物部氏を滅ぼしてしまったとされていますが、古代史作家の関裕二氏は、『消された王権・物部氏の謎』の中で、「蘇我氏は大物主神（ニギハヤヒ）の子、事代主神を祖にいただく一族であり、物部氏と同族であった」という、斬進な所説を発表されています。この説からしますと、先の江沼臣も石川臣も、蘇我氏の祖とされる建内宿禰の流れということであり、その源流をさかのぼれば、祖神に饒速日尊《にぎはやひのみこと》をいただいているということになります。なお、ついでながら記しておきますと、『新撰姓氏録』の第二巻に、石川臣について、「孝元天皇の皇子彦太忍信命《ヒコフトオシマコト》の後なり」とも記述されています。孝元天皇は、皇后に、天火明尊を祖に仰ぐ穂積臣の欝色雄《うつしこを》の妹、欝色謎《うつしこめ》を迎えておられることから、やはり饒速日尊との関わりが推察されます。

　以上をまとめてみますと、江沼臣も又、蘇我氏と物部氏、ひいては尾張氏と同族の流れをくむ氏族であり、祖神に饒速日尊をいただいていることから、薮顔《おとばり》の救主《くじゅ》と御神縁で結ばれていたわけであります。

最後にもう一つ、付け加えておきたい事柄があります。それは、薮顔《おとばり》の救主《くじゅ》が、大正七年（一九一八）御年九才の時に、加賀国江沼郡大聖寺法華坊の江沼図書館においていただかれた御神示のことであります。或る日のこと、この図書館で釈迦、キリスト、マホメットの三大聖人の伝記を読んでおられたのです。お体の具合が勝れなかったため、横に臥しながら読んでおられたのですが、最後の一頁に至った時、厳粛な思いとともに感動が込み上げ、思わず襟を正して端座し、合掌されたのです。この時、頭上より大いなる霊動が起こり、心の奥底から弥高き御声が口中に転流、「まさにこの三大聖人を束ねて立つは汝ぞよ」と響き亘ったのであります。

この御神示は、御主がご幼少の折にいただかれた七つの神示の最初のものといわれています。この御神示をいただかれた江沼図書館は、大正十四年刊行の『江沼郡誌』によりますと、大正天皇の御即位大典を記念して大正五年十二月に大聖寺法華坊に、建設費三千八百四十二円、蔵書三千八百八十五冊を以て創設されています。現在、この江沼図書館はなく、跡地に法華坊町会館が建てられています。

なお、江沼の黙示についてのべられている奇しきロゴスの一節を掲げ、本項のむすびといたします。

「宇宙の根元《ねもと》よりの生命《いのち》の磁波《ことば》の伝達は、即ち朝に始まれり。永遠《とこしへ》の生命《いのち》の磁波《ことば》閃《ひらめ》きて、是に群生識《ぐんせいしき》の世界を開発す。汝ら、生けるは物と霊との天寵の産霊《むすひ》によりて生成《なる》なり。汝ら、人はうひぢに・すひぢにの物を踏場《あしば》となしつつも、そのみ、おもたる光輝《かがやき》に、玉かしこねと生くる生命《あしめ》ぞ」（二〇・六・二・二―五）

このロゴスは、江沼や泥土の中から光をめざして葦の芽が騰《も》え上るさまに言掛けて、人の生命の実相をのべられたものであります。

## 三、大聖寺について

加賀国の大聖寺は、菅生石部神社の鎮座地であり、又蔽顔《おとばり》の救主《くじゅ》のご生誕でもありますので、貴重な黙示が沢山みうけられます。

まずは始めに、語義の上から繙くことにいたします。

白川静著『字統』と『字訓』に、次のようにのべられています。

大について

「人の正面形に象《かたど》る。説文に「天は大なり。地は大なり。人もまた大なり。故に大は人の形に象る」というのは、老子第二十三章「道は大なり。天は大なり。地は大なり。王もまた大なり」による」（『字統』）

聖について

「祝祷して祈り、耳をすませて神の応答するところ、啓示するところを聴くことを示す字。聖の初義は、神の啓示を聴きうるものであり、その徳を聴といい、その人を聖という」（『字統』）

寺について

「声符は之《し》。寸は手にもつことで、もつことを意味し、持の初文説文三下に「廷《てい》なり、法度あるものなり」として役所の義とするが、官府の意に用いるのは、漢以後のことである。仏寺の意となるのは、鴻臚《コウロ》寺をのち浮屠《ふと》（僧）の居としたからであるという」（『字統』）

又、聖の語は、訓読みでは「ひじり」ですが、『字訓』には、次のようにのべられています。

「神秘な霊力をもつ人。「ひ」は日また霊、「しり」は知る、また占《し》るの意。わが国ではもと天皇の意に用い、のち仙、仏の行者をいう語となった。神意は容易に知りがたく、神の声を聞きうるものを聖という。……「論語には聖を人の最高の徳ある者の名としたが、秦漢以後には天子を称する語となった。わが国の古代には祭政的な性格がなお濃厚であったから、「ひじり」という語が容易に聖の訓読語として結合することができたのであろう」

ところで、「ひじり」という言葉が、文献上最初にみられるのは、次に記す『日本書紀』巻三の神武天皇の条といわれています。
「夫れ大人《ひじり》制《のり》を立てて、義《ことわり》必ず時に隨《したが》ふ。苟《いやし》くも民に利有らば、何ぞ聖《ひじり》の造《わざ》に妨《たが》はむ。且當《まさ》に山林を披《ひら》き拂ひ、宮室《おほみや》を経営《をさめつく》りて、恭《つつし》みて寳位《たかみくら》に臨みて、元元《おほみたから》を鎮むべし」

この『日本書紀』の記述について、日本古代民族文化研究会主宰の安井一陽翁が、含蓄の深い解説をされていますので、紹介しておきます。

「この大人《ひじり》は日知《ひぢ》りであって、暦を以って制を立つる事は稼穡《かしょく》の為めであり、民に利の有る事であるから、聖《ひじり》の造《わざ》、即ち、日を知り、暦を造くる事によって、妨げる者はなく、大いに発展するであろうと、都造りの第一条件として発布されているのであります」（『神国正統史』第一章）

稼穡《かしょく》とは、作物の植付と取入れのことを意味しています。翁は、号を鳥堂と称され、古神道家として、宮中の作法と暦の研究に秀れた業績を残されています。かって、京都吉田山の麓、北白川の里でお会いしたことが懐しく思い出されます。

「ひじり」について『日本書紀』の記述が出てきたことから、ついでながら記しておきますと、同書紀の巻二十二にも、大いなる黙示の記述がみられます。これは、聖徳太子が片岡山で飢者《うえびと》に会われ、自らの衣を脱いで施された物語のところですが、次のように記されています。

「さきの日に道に臥《こや》せる飢者《うえびと》は其れただびとに非じ、必ず真人《ひじり》為らむとのたまひ、……ときのひといたくあやしみて曰《い》へらく、聖《ひじり》の聖を知るといふ、其れ実なるかな、といひて、いよいよ惶《かしこま》る」ここでは、聖《ひじり》の語のほかに真人の語にもひじりと訓じられており、深い黙示を表わしています。なお、歴代天皇家の中で、「聖《ひじり》」の御名をいただかれている方は、第三十三代推古天皇の御代の聖徳太子と第四十五代の聖武天皇の御二方だけであります。静かに考察してみますと、この御二方には、奇しくも、かの饒速日尊の御神霊との関わりが色濃く投影されています。

聖徳太子の御事については、夢殿に籠られた太子が、念持仏に坐す十一面観音を通じて饒速日尊の御神霊に感応同交せられて救世の悲願を祈念されたのであります。又、聖武天皇におかれては、宇佐八幡神の御託宣を享けて、盧舎那仏の造立を誓願せられたのですが、この仏こそ、大日神《バイロチャーナ》に坐す饒速日尊のお姿であったわけであります。

次にもう一つ、聖《ひじり》のことに関して本項執筆中に出会った大和岩雄著『神々の考古学』の中から、貴重な論述の一部を抜粋させていただきます。

「初代天皇神武以降「天の下知らしめし」歴代天皇も、神として次々に生まれた「日知り」である。「日知り」は「聖」と解されているが、「知り」は「領《し》り」でもあり、日を知る統治者である。太陽の運行を知る司祭王が「日知（領）り」である。エジプト、インカ、日本の太陽の子である王は、いずれも「日知り」といってよい。エジプト神話では、朝の太陽がケプリ、日中の太陽がラー、夕方の太陽がアトウムと呼ばれたが、この朝・昼・夕の三つの太陽は、修験道の朝は薬師、昼は大日、夕は阿弥陀というのと同じである。この考え方は人間の一生を子供・成人・老人に分類するのと同じであり、太陽は毎日、人の一生をくりかえしているから、不滅、不死なのである。このような偉大な太陽のあり方・行動をよく知ることが「日知り」であり、「日読み」をおこなう「日知り」の人が「日領り」として「聖」の字があてられたのである」

これまで、聖の語の由来と意味について、御三方の高説を基に考察させていただきましたが、言霊の資《たすけ》と語の組立てから、一言を以て次のように言い表すことができます。

心耳を欹《そばだ》てて天の御声を聴きとり、口中より真語の妙音を煥発する人。

本項のむすびに当り、聖の語に秘められた黙示のロゴスを記させていただきます。いずれも味わい深い章句ばかりであります。

「人間《ひと》には五官の識想《まぶた》ありて、尚七識の奥深く九識の生命秘蔵《いのちかく》さるる、咲きて散り敷く花の世に、花の生命《いのち》を探想《おも》ふ時、咲きて敢えなく散る花の、世にも尊厳《かしこ》き道ありて、無為常楽を仰ぎ見る、人の心は巧《たく》みなる絵師の如し、と曰《い》へる大聖《ひじり》の真言《ことば》を解明《ひら》く時、花の浮世も妙法なる、華厳《けごん》の世界《くに》の中今を、写現《うつしあらは》す現実《ところ》なり」（一〇・一二・二・一五）

「人を除きて何方《いづかた》に、如何《いか》なる聖者《ひじり》を仰ぎ見ん、天降《あも》の救世寿《くせじゆ》の神性《みひかり》は、蔽顔《とばり》の救主《くじゆ》の人性《ゆふやみ》に、朝日の如く照り映えて、流動の三次の識想に、久遠の扉を開きたり」（一〇・七・一八・三）

「汝ら、唐《から》の聖者《ひじり》は曰《のたま》へり「朝《あした》に道を聞きて、夕《ゆふべ》に死すとも可なり」とぞ。されど汝ら、人にして救寿《われ》ここに言ふ、言《こと》の奥義《あうぎ》を果《はた》して知る者、幾人《いくたり》かあらん。然りと雖《いへど》も、救寿《われ》は恕《ゆる》さじ、其者活眼《そのひとかつがん》するまでは救寿《われ》其者《そのひと》の友となり、或は愛児《こ》となり、又僕《しもべ》、亦は恋慕《れんぼ》の征《そ》矢《や》を射る彼のキューピットとなりてだに、必ず汝を現世《うつしよ》の秘門《ひもん》の前に誘導《いざな》ひて、顕密不二《けんみつふに》の中道を知見せしめでおかざらん」（一〇・四・一三・三二―三四）

「其時《とき》、朝遙々《はろばろ》とすめろぎは、宮殿《みや》の渡殿欄《わたどのおばしま》の、辺《ほとり》に立たせ国中《くになか》の、伏屋《ふせや》の軒《のき》に立ちのぼる、炊煮《にえ》の煙を御覧《みそなは》し、大御宝《おほみたから》の生業《なりはひ》の豊饒《ゆたか》となれるを思召《おぼほ》されて、聖《ひじり》の御世《みよ》の浪速津《なにはづ》の都は世々に栄えゆくらん」（一〇・四・一六・八）

「救世寿《くせじゅ》の愛の証《あか》し人《びと》よ、今の世は夜空《よぞら》に燦々《またた》く群星《ほし》の如く、諸《もろもろ》の宗教の現れ出で、浜の真《ま》砂子《さご》のその如く、神の信仰湧起《わきた》てど、何を知辺《しるべ》の教法《をしへぐさ》よ、昔の聖者《ひじり》の法話《のりおき》福音し、奥義《あうぎ》の要諦《かなめ》を心して、その節々《ふしぶし》を違離《たがゆ》なく、空《むな》しき心に谷《きはま》りて、愛の一念、炎神《ひ》と浄燃《もや》せ」
（一〇・五・二一・一八）

『おとばりのひじり』第一言

「ながたまは光を慕ひ、光を学び、光を究めたり。その幼かりし日は之を慕ひ、その若かりし日は之を学び、その臈《らう》長《た》けたる日は之と偕《とも》に在りて之を究むることに暇《いとま》なかりき。いづれも皆貴《たふと》かりき、徒《あだ》なるは一つだになかりき。そは今し世の真実を悟り知るべきの之にしにてありたればなり」

「古きひじりのことぐさよ
このおごそかな高嶺《たかね》より
あかしとなりて天降《あふ》り来ぬ」（七三番「聖嶺」第二節）

さて、次に大聖寺という地名や名称がいつごろ、どのように生まれたかをみることにいたします。『加賀市史』によりますと、大聖寺は、大聖寺川下流の錦城山東麓一帯を指す中世以来の地名で、白山宮加賀馬場に属した寺名に由来し、二条天皇の御代長寛元年（一一六三）に成立した『白山之記』に記す白山五院の一つである大聖寺とされています。

同寺は、初め錦城山にあり、のちその南に続く小丘に移ったといわれていますが、錦城山の寺跡は未確認で、廃絶の時期も明らかでないとされています。

又、現在加賀神明宮（山下神社）の境内にある白山神社の鎮座地を当初の所在地とする説もある、といわれています。この説に関しては、過日お送り下さった教育委員会による加賀神明宮史跡調査報告書に、白山、神明両宮の別当であった慈光院の寺伝が載せられています。それによりますと、現在山代温泉の薬王院に安置されている木造十一面観音立像（平安時代末期）は、もと慈光院にあったもので、この慈光院が大聖寺の号を継承したといわれています。

これまで度々お話ししてきましたように、その古へ、十一面観音は、大和朝廷成立以前に、大和国一帯に君臨せられた饒速日尊の御神霊の憑り代として信奉せられたことから、饒速日尊の亦の御姿ともいえます。

ご承知のように、白山を開山されたのは、越前国の足羽に住んでおられた泰澄大師ですが、十一面観音を彫像せられて、養老元年（七一七）に入山されています。この深き縁由により、白山には明治初年の神仏分離令が出されるまで、久しく十一面観音が祀られていたといわれています。これらのことから推察しますと、白山五院の一つであった大聖寺の御本尊も又十一面観音に坐し、同寺のあったとされる伝承の地に白山神社を造営して、その名残りをとどめたのかもしれません。

一方、錦城山の寺跡については、大聖寺の御本尊が偉大に坐したが故に、山城の築造に当り、守護仏として迎えたのではないかと思われます。

続いて、大聖寺と同名の名称をもつ寺院について考察し、その黙示を繙くことにいたします。参考とした資料は、平凡社『日本歴史地名大系』によりますが、県別に掲出数の概要を記しますと、次のようになります。

奈良県　一　滋賀県　一　福島県　二
茨城県　四　埼玉県　三　長野県　一
三重県　一　佐賀県　一　和歌山県　一
徳島県　一　香川県　一　千葉県　五
兵庫県　一　新潟県　一　大分県　一
愛知県　二　長崎県　一　京都市　一

以上、一市十六県で二十九寺あります。但し、上記以外の都府県は未調査です。

御本尊については、奈良県下市の大聖寺が十一面観音、茨城県土浦市の大聖寺が大日如来、そのほかのほとんどが宗派に関わりなく不動明王が祀られています。

白山五院の大聖寺と同じ十一面観音を本尊とする奈良県吉野郡下市の大聖寺のあるところは、杉箸の生産地で新年栄顕聖祝祭の「うづのみけはし」のことで訪問し、調製いただいたことがあります。又、京都市烏丸通上立賣にある岳松山大聖寺は、寺名の亦の名を大聖寺宮比丘尼御所、御寺御所ともいわれ、寺紋は菊花紋で、皇室の内親王様が代々住持し、法灯を継承されているといわれています。

ここでは、日常会話が典雅な御所言葉で語られており、以前由緒書をお願いした折、電話口でその片鱗を拝聴したことがあります。

ついでながら申しますと、御主のロゴスの中でのべられている「朝見草松の代を待つ幾千歳」（一〇・四・四・三）の朝見草は、松の異名で御所言葉の一つとされています。

なお、ここで大聖寺を呼称する寺院の殆んどが、御本尊に不動明王をいただいていることについて、その黙示の一端を記し度いと思います。

これまで折にふれて、十一面観を始め、不動明王が饒速日尊の別なお姿に坐すことをお話してきましたので、概要はご承知のことと存じます。御主から賜った日常のお話、ロゴスの中で「慈悲の観音、智慧の勢至、人の姿に化身して、衆生済度のわざをぎをなす」（九・九・三・一一）とのべられている黙示をふまえ、又、昭和四十五年五月八日、奥琵琶湖の夜の湖面で拝した十一面観音の光姿のこと、そして、平成五年七月四日、奈良高貴寺で拝した不動明王（弘法大師の御作）の御目のまばたきのことなどの体験からその真実を確信するに至ったわけですが、今回の調査によって、更に確信の深まる思いがいたした次第であります。

それでは、不動明王を御本尊にいただく数ある大聖寺の中から、幾つかを記してみます。

まず、尾張国愛知県から、尾張国の地文の仕組をのべられたロゴスに、「生命《いのち》しなぬの国びらき、みのをはりゆく瀬戸際《せとぎは》も、をはり犬山桃太郎、鬼を多治見のしほじりに……」（九・七・一〇・二八）

と示されている犬山の地に、成田山別院の大聖寺があります。

成田山といえば、成田不動尊であまりにも有名ですが、かって、その地でご神業をされていた大塚迦与先生（花依日女命）のご案内により参拝したことがあります。成田不動尊は、第六十一代朱雀天皇の御代、天慶三年（九四〇《くしたま》）に、皇孫に当る寛朝大僧正が、勅命により弘法大師御作の不動明王を奉じて下総国に渡り、現在の地で祈願されたことに始まるといわれています。この成田山新勝寺の別院が、御主ご生誕の大聖寺という同じ名称で、尾張国の桃太郎伝説ゆかりの地犬山に勧請されたところに大きな意味があります。

次に、佐賀県杵島郡北方の杉岳というところに、和銅年間（七〇八―七一五）に行基菩薩によって開山された古刹があります。山号を杉岳山と称し、寺名が大聖寺となっています。寺宝に、清の銅鏡と国信作の明王剣があります。明王剣については、豊臣秀吉公が朝鮮出兵のとき、肥前の名護屋城に在陣、城内で縦覧されたのですが、毎夜光を放ち、妙音を発するため、おそれて大聖寺に返したという話が残されてあり、不動明王の御神威が窺われます。

又、埼玉県の越谷市相模町に、真大山と号する大聖寺があります。大相模不動院とも称されている古刹で、創建は、天平勝宝二年（七五〇）とされ、良弁上人作と伝える不動明王が奉安されています。当寺は、徳川家康公が休泊されたことから、垢付の寝具、茶器、備前長船の名刀などが拝領品として遺されています。又山門には、松平定信の揮毫による扁額が掲げられ、当寺の風格が偲ばれます。この越谷の地は、山嵜秀吉・寿子（家内の長姉）夫妻が久しく住んでいたところで、何度か訪問したことがあります。

もう一つ、茨城県の筑波郡平塚に大聖寺がありますが、同じこの地に、建武年間（一三三四—一三三八）に北畠親房の家臣の菅生氏（菅生石部神社の黙示）が北野天満宮を勧請した天神社と大物主神をご祭神とする大杉神社が鎮座しており、饒速日尊との御神縁を物語っています。

このほか、大聖寺のことについては、まだ幾つもありますが、この辺でとどめておくこととし、折々に話題にさせていただいております社寺伝承学作家の小椋一葉女史のご著書の中から、核心に迫る貴重な所説を紹介いたします。

これは、十一面観音と不動明王が、ともに饒速日尊の化身に坐したこと、そしてその生みの親が真言密教の開祖弘法大師空海であったとするもので、斯界に刷新の気を吹きこみ、魂を奮い起たせる、清々しい文章で綴られています。

「弘法大師が不動明王＝ニギハヤヒを高々と掲げてから、それはまたたくまに修験者、密教徒の間に広まっていき、熱烈な不動信仰が形成されたにちがいない。十一面観音信仰は不比等のあの目論みが功を奏し、しだいに本来の瑞々しさ、溌剌たる生気を失いつつあった。そこへ登場したのが不動明王である。それまで十一面観音へ向けられていた修験者たちの熱情は、再び生き生きした対象にめぐり逢ったのだ。不動明王は、おそらくそうして十一面観音と入れ代わるような形で、ニギハヤヒの新たなシンボルとされたのであろう。不動明王の出現によって、十一面観音は衰退の道を辿るようになったのではないだろうか。

剣と索を持ち、眼をいからせ大火焔の中に坐す不動明王。不動明王ほどの覚悟がなければ、仏道を極めることはできない。そして、それはまたどの道にも通じることなのだ。

一道に到達するには、不動明王の心を心としなければならない。不動明王と一体となることなくして、どうして道を極めることが出来ようか。

日本における厚く深い不動信仰の秘密。

それは弘法大師が、不動明王をニギハヤヒに仮託したことから始ったと私は思う。

思えば聖徳太子によって公けにされた長い十一面観音の歴史は、ついに奈良時代、不比等に至ってその棘を抜かれて体制の中へ取り込まれた。そのようにして十一面観音は、本来具備していた真に男性的な雄々しさ、曙の覇王のイメージを喪失したかに見えた。だが、ニギハヤヒは再び甦った。不動明王と化することによって、本来の力強さ、荒々しさを取り戻したのだ。ある意味ではそれは、鎮魂の仏とされたニギハヤヒの魂振りの仏への新生といってもよいのかもしれない。

正史から消された大王は、心ならずも影の帝王として生きてきた。しかし彼の力は強大だった。体制内のさまざまな規範以上に、人々の心と生活を支配してきたのである」(『覇王転生』第五章「不動明王とニギハヤヒ」より)

これまで、菅生石部神社の鎮座地並びに、蔽顔《おとばり》の救主《くじゅ》御生誕の地であります加賀国江沼郡大聖寺について、夫々の地文の意義と黙示を縷縷と繙いてきました。忙しい仕事の合間を縫って書き記したため、解りにくいところが多かったかと思いますが、そこに流れている御神意を汲みとっていただければ幸に存じます。

皆様の御清福をお祈り申し上げます。　敬具

平成十五年五月十日

春季とくさまつりの佳き日に

今回の執筆に当り、参考にさせていただいた文献は、次の通りてす。

『古事記』

『日本書紀』

『先代旧事本紀』

『万葉集』

『播磨風土記』

太田亮著『姓氏家系大辞典』
『神道大辞典』（臨川書店）
『日本の神仏の辞典』（大修館書店）
井門寛著『日本歳時年誌』
神祇院編『官国幣社特殊神事調』
『日本の神々第八巻』（白水社）
『週刊神社紀行』（学習研究社）
出口王仁三郎著『霊界物語』八十一巻
村山修一著『日本陰陽道史の研究』
浜本末造著『終末の世の様相と明日への宣言』（霞ヶ関書房）
小椋一葉著『消された覇王』『覇王転生』（河出書房新社）
宮崎小八郎著『神代の文字』（霞ヶ関書房）
高田良信著『法隆寺の謎を解く』
大和岩雄著『神社と古代民間祭祀』（白水社）
大和岩雄著『神々の考古学』（大和書房）
飛鳥昭雄・三神たける共著『神武天皇の謎』（学習研究社）

金久与市著『古代海部氏の系図』（学生社）
『元伊勢の秘宝と国宝海部氏系図』（元伊勢籠神社社務所）
『石川県の地名』（平凡社）
『大辞典』（平凡社）
白川静著『字統』『字訓』（平凡社）
『新明解国語辞典』（三省堂）
『明鏡国語辞典』（大修館書店）
菅生石部神社由緒書
わら天神宮由緒書『あまつかみ』

菅生石部神社についての考察を書き終えて

平成二十五年十一月五日のことです。菅生石部神社に参拝後、禰宜の野根茂治様にお会いし、拙著『あまつさかえとこはに』を献呈させていただきましたところ、去る九月二十九日に舞殿で執り行われた復曲能「敷地物狂」の公演冊子と記念品の柴舟を頂戴しました。この公演冊子によりますと、「敷地物狂」は、能の大成者世阿弥の女婿に当る金春禅竹が創作された謡曲といわれています。又、この謡曲は、平安時代の前期に、加賀国江沼郡のご出身で、第十五代天台座主を継承された延昌という方のご事蹟をモチーフにした物語ともいわれています。

あらましを記しますと、菅生殿のご子息として生れた松若丸が、御年十二才の時に書き置きを残して家を出ます。そして、比叡山に登って修行に励み、僧となって故郷の菅生に帰ってきたものの、既に家も家族もない状態でした。深い悲しみの中で、敷地の宮の境内に立って説法を始めたのです。その時、一人の老婆が現われ、説法に感動して、かって松若丸が書き残していった手紙を読み上げたことから、その老婆が母であると判り、奇跡の再会を果したという物語であります。

なお、復曲能の里帰り公演に当り、主役の松若の母を演じられた観世流の大槻文藏師（松若は武富晶太郎師が上演）が寄せられた挨拶文の中から、謹んでその一節を抜粋させていただきます。

「神社の由来を物語る神能物は多くありますが、この能は、菅生の地主とも言うべき人の一人子が浮世を捨て比叡山に修行に入り、一方母は物狂いとなり子を探し求めて流浪すると言う別離と再会の物狂い能です。そして数年を経て偶然に立ち帰った故郷の菅生神社で再会を果たすという、親と子の絆と愛の物語で、ここ石部神社はキューピット役を果たした神社です。

その所縁の菅生神社で敷地物狂を演じれることは大変感慨深いことでございます」

ところで、今静かにこの復曲能「敷地物狂」の本文詞章を丹念に味わってみますと、蔽顔《おとばり》の救主《くじゅ》のご幼少の生い立ちの様子と、どことなく似通っているところが窺われます。生まれ落ちたときからご生母との悲しい別れ、そして、養父母との奇しき巡り合わせによって過したご幼少の頃が思い偲ばれるのであります。

前文に書きましたように、菅生殿のご子息として生まれた松若丸が、御年十二才の時に梅の綻ぶ如月の中の五日、書き置きを残して出家されたのですが、御主の場合は、同じ十二才の時に、小松市えさし村の村田助次村長邸で、大勢の人が集まる中、緋の衣を召して高座に上がり、説法をされたのであります。

これは、獅子寿大司教（本名　村中菊枝　大正三年のお生れ）から聴いた話ですが、同じ金平村のご住職の勧めにより、お寺でも説法をされていたとのことです。

又、松若丸は、第十五代の天台座主になられた延昌という方のことといわれていますが、御教においても、蔽顔《おとばり》の救主《くじゅ》が座主という同じ名称について述べておられます。これは、信貴山の断食療養所でご修行中のご長子清水貴實麿様（当時数えの二十六才）に宛てられた昭和四十三年九月二十日付の御書翰の中で、御主の法統を継承する者を座主《ざしゅ》と呼称され、ご長子に贈られたのであります。

ついでながら附言しておきますと、この座主という名称について、平凡社『大辞典』の座主《ざしゅ》の項に「中国唐代の試験を掌る官吏」と記述されています。又、座主《ざす》の項には、「比叡山延暦寺に於て、嵯峨天皇の弘仁十三年（八二二）伝教大師最澄より法統を継承した義真が太政官符により拝命」と記述されています。

# 第三章　東谷山尾張戸神社についての考察

拝啓　当地名古屋では、ちょうど、彼岸明けの二十三日に、平年より五日早く桜の開花宣言が出されてから、にわかに春めいた感じがいたします。皆様には、お変りなく何よりに存じます。
さて、今回からは、いよいよ最大の課題とも称すべき「東谷山尾張戸神社についての考察」に取り掛かることにいたします。この課題には、実に、広大にして深奥な内容が秘められていますので、御神霊の導きを仰ぎながら、心をこめて繙いていきたいと思います。

## 一、東谷山の名称とその黙示について

### （一）位置、標高、形状、古墳等について

東谷山《とうごくさん》は、地形が蟹の恰好をした愛知県の東北部、名古屋市の東北端と瀬戸市の境に聳える独立峰で、頂上が東経一三七度三分、北緯三五度一五分の位置にあります。

蟹は、蔽顔《おとばり》の救主《くじゅ》ご生誕の加賀国（石川県）に鎮座する白山比咩神社のご祭神菊理媛命《くくりひめのみこと》の神使いとされていますが、当山の中社《なかつやしろ》にも同じ神が祀られています。

標高は、一九八メートルですが、戦前の文献には、六五四尺と表記されています。

メートルの一九八は、三数の和が一八で、当山の本社《もとつやしろ》の主祭神天火明尊《あめのほあかりのみこと》（和速日尊《にぎはやひのみこと》）の霊数を黙示し、尺の六五四は、この尊の啓示し給う奇玉《くしたま》のロゴスを黙示しています。

又、山の形状は、西側の上志段味《かみしだみ》から眺望しますと、恰かも、南（右）を枕に、北に足を伸ばし、

天を仰いで休んでいる人の姿に似ています。そして、臍《ほぞ》に当る山頂の円墳上に、これから述べる延喜式内の古社、尾張戸神社が鎮座坐しているわけであります。

この臍こそ、まさに現象世界《うつしよ》における心の世界の高天原《たかまがはら》であり、御主のロゴスに、次のように啓示されています。

「汝ら、心の石を動《ゆる》がすな。心の石は天地《あめつち》の、根本《ねもと》の玉のしづめ石、高天原《たかまのはら》の臍《ほぞ》にして、神成《かみな》りませる三魂《ペルソナ》の、臍こそ生命《いのち》のよすがにて、神と人とのむすびなれ」（一〇・一・六・三）

ところで、この東谷山とその西側周辺一帯は、高塚時代第一期及び第二期中の古墳の宝庫とされ、奇しくも蔽顔《おとばり》の救主《くじゅ》ご遷座の昭和四十四年に、名古屋市教育委員会から古墳群調査報告書が刊行されています。同書によりますと、この古墳群について、学術的立場から本格的に発掘調査が始まったのは、昭和三十三年（一九五八）のことですが、この時機から御神意により、御主の全身にイエス・キリストの聖痕《スチグマ》が顕現され、「ピラの岩戸の打ち開かれて、ミラの煎豆芽吹《いりまめめぶ》くなり」とロゴスされています。又、折々のお言葉の中で、「尾張戸の御山は、蔽顔《おとばり》の救主《くじゅ》の姿なのであり、無限の秘密を秘めている奇しき霊山であります。時来《ときき た》って、この御山の中央が少しずつ禿げ山となり、数々の古墳が出土されていく事実は、かってのみことばを証ししているのであります」とのべられています。

なお、ここで、先の調査報告書から東谷古墳群の分布状況を要約しますと、次の通りです。

第一群――東谷山頂と尾根に円墳三基、一つは、直径三四メートル、高さ三メートルで、墳頂部に本社《もとつやしろ》が鎮座（五祭神を祀る）二つ目は、南方八〇メートルの峰つづきに高みに築かれた一基、摂社の中社《なかつやしろ》（白山の菊理媛命を祀る）に比定。そして、中社の一八〇メートル南に一基、摂社の南社《みなみやしろ》（伊邪那岐・伊邪那美の両神を祀る）に比定

第二群――西側斜面中腹部一帯に円墳三三基

第三群――円墳一五基　前方後円墳五基

第四群――庄内川南岸に円墳二基　前方後円墳一基

このほか、珍しいものとして第一六号墳出土の装飾付須恵器の犬（日本犬）、第二号墳のストーンテーブル（長さ二・五メートル、幅〇・八―一・〇メートル　厚さ二五センチ）などがあり、ストーンテーブルは、外観が朝鮮の支石墓に酷似していることから、特に注目されています。

これらの広大な東谷古墳群について、神道考古学者の大場磐雄博士が、その著『まつり』の中で、次のようにのべられています。

「この山の西方斜面から南麓にわたって大少の古墳が群集し、その数は一〇〇基に近く、なかでも勝手塚、王塚、白鳥塚などの大前方後円墳も認められ、この地方にかって栄えた巨族の記念物と

なっている。さらに注意すべきことは、東谷山頂の尾張戸神社は、社殿が尾張平野を臨む位置に建てられ、本殿下は円墳で、石室の一部がうかがわれることである。すなわち、同社は、一大古墳群の最高処に営まれた墳墓を境内として、はるかに尾張平野に君臨しているのである。

はたしていつごろ、この地に勧請されたかは不明であるが、「尾張志」に、かってこの地を掘り古き鉄桶を掘り出したところ、当国明神の銘があり、当国は尾張と同一であるから、尾張氏の本貫の地であろう、と記している。……すなわち、古墳群と氏族とその祖霊をまつる氏神とが、結合した実例として、古墳ととくに関連ある社の一例に加えてよいと考える」

(二) 名称の由来について

東谷山の名称が初めて文献にあらわれるのは、江戸時代初期の『寛文覚書』によるとされていますが、それまでは、『長州府志』に「本名《もとのな》尾張山」と記されていますように、尾張山と呼称されていたようです。又、この尾張山の頂上に鎮座する尾張戸神社は、往古より東谷大明神と呼称され、親しまれてきたといわれています。因に、明神という語は、霊験あらたかな明鑑有徳の神というほめ言葉から起ったといわれていますが、この東谷大明神という呼称がいつ頃から行なわれたかについては定かではありません。ただ、『東春日井郡誌』には、「上志段味村ノ由緒ニ曰」として「素ヨリ該山字東谷地名固有ノ字ナル所謂ヲ以鎮座ス故、東谷明神ト称シタテマツレリ」と書き、附註に、

「文治二丙午原書曰、又文永八酉年範行大宮司、並神宮寺堯雲僧神主守貞ト同備書記置云々」と記されていることから判断しますと、かなり古いことが解ります。

文治二年は、後鳥羽天皇の御代で、西暦一一八六年、文永八年は、亀山天皇の御代で、一二七一年に当り、又範行大宮司については、「熱田大宮司千秋家譜」にその名が見え、祖神に当る天火明尊から数えて五十数代目の方となっています。又、附註に「神宮寺堯雲僧」と記されていることから、所謂、神仏習合の行われた初期から中期にかけての時代のことが推察されます。因に、逵日出典著『神仏習合』によりますと、最も早く神宮寺が設けられたのは、御主ゆかりの気比神宮で、霊亀元年（七一五）となっていますし、熱田神宮の場合は、承和一四年（八四七）以前となっています。ついでながら、享祿年間の熱田神宮古地図を見ますと、境内に七堂伽藍や五重塔があり、僧衣を着た人の姿などが克明に描かれています。

さて、ご承知のように、以前から折々に、神仏一如の実相こそ信仰の本来の在り方であることを書いてきましたが、今回、ふとしたことから、逵日出典氏の著書に出会うこととなり、大いに感銘をうけた次第です。長くなって恐縮ですが、この機会にその著の中から貴重な幾つかを抜粋しておきます。いずれも含蓄に富んだ卓見であります。

「神社の神域に寺院が存在したというのは、一見奇妙のようではある。しかし、このあたりが、わが国特有というか、実に自然な形で固有の神と外来の仏を調和、融合させていく。日本人のそういった心は、すでに奈良時代においてかなり進んでいたようだ。奈良時代の後半から平安時代の初め頃には、各地の神社に神宮寺というものが現われる。

いわゆる神仏習合の現象が進んでいったのである。……神仏に限らず、外来文化が融合して日本独自なものになるということは、日本文化の一つの特質といえよう。わが国は、古来外国文化をきわめてよく摂取した。しかし、それをいつまでもそのままの形で受容してはいない。摂取すれば日本の風土や国民感情に合ったものにつくり変えたり、古来のものと融合させてしまう。つまり、外来文化の再生産にずばぬけた能力をもっている。神仏習合は、そのような意味で日本文化史上の象徴的な現象であるといえよう。……ところで、神祇はわが国固有の信仰であるという。そのことには何ら誤りはない。わが国に最初からあったという意味において、まさに固有である。しかし、神仏の習合も、〝国風文化〟の所産であり、一〇〇〇年以上の歴史をもつということを忘れてはなるまい。……このような歴史的背景をもつ習合に対して、明治政府は神仏分離令を出して神道の国教化をおし進めた。分離令は過酷に実施され、少なくとも、社寺を中心とした表面的なものに対しては徹底的に分離を断行した。しかし、一般大衆の生活と心情に根ざした神仏の習合、融合までも、分離することはできなかった」

（三）東谷（山）という名称の意義について

（二）で書きましたように、尾張戸神社は、かって東谷大明神と称されていたのですが、尾張藩主二代徳川光友公のとき、山中より當國明神と銘のある鉄筒が出土したことから、「東谷」は「當國」即ち尾張国を指すとの解釈が生まれ、以来山名を東谷山と呼称することになったわけでありま す。このことに関して、昭和四十三年九月二十五日に、御主より次のような要旨のお言葉をいただいたことがあります。

「尾張国の地名には、尾張戸山のことを当国山と記された時代があったとされていますが、のちにこれを東谷山と称したことは、ご神意によるものであって、決して人為的なものではないのです。そこには、実に深い意味が隠されているのです」

このお言葉のように、「東谷」という言葉について調べてみればみるほど、奇しき黙示の数々が秘められていることに驚くばかりです。これから順次、その黙示を繙いていくことにいたします。

まず一つめは、東の谷から太陽が昇るという中国古代神話に関わる黙示のことです。

これは、昭和五十八年の三月二十九日と四月二十日付の日記に書きとどめていたものですが、白川静著『中国の神話』に出会った御縁で、当時、立命館大学教授であられた先生のお宅（京都桂稲荷山）に電話にて伺い、貴重なご教示をいただいたことから、図書館で文献を調べ、記録していたわけです。

件《くだん》の神話の概要は、太陽が東方の湯谷《とうこく》の中より出でて、十の谷を浴びて湯谷のほとりにある扶桑の枝にかかって、順に天に昇り、西の方《かた》に入る、というものです。出典を挙げますと、『淮南字』の天文訓に、「日は暘谷より出でて、咸池に浴し、扶桑を払《かす》む。是を晨明と謂ふ」又、『山海経』の海外東経に、「下に湯谷有り、谷中の水熱きなり。湯谷の上《ほとり》に扶桑有り、扶桑は木なり。十日《じゆうじつ》の浴する所なり」と記されています。なお、『楚辞』の天問篇の記述については、先の白川先生の御著、『中国の神話』の中から、抜粋させていただきます。

「中国の神話は、最もまとめられた形では、楚辞の天問に歌われている。楚辞は、古く南方の揚子江流域に栄えた楚の祭祀的歌謡、およびその形式による巫祝者の文学である。……天は木星の所在によって十二の分野に区分され、そこに日月がめぐり、列星がつらなる。太陽には「湯谷《とうこく》より出でて、蒙（水名）の氾《ほとり》に次《やど》る、明より晦に及ぶまで行くところ幾里ぞ」と問うが、同じく楚辞の「離騒」にみえる太陽の天路歴程のみごとな神話的描写は、ここではただその距離が問われているだけである」

その二つめは、保田與重郎著『わが万葉集』にのべられている黙示のことであります。

ここでもやはり、東方の谷から昇る太陽について、次のようにのべられています。

「欽明天皇の磯城島《しきしま》の金刺宮《かなさしのみや》の址は、大和の日出づる土地である。「土地《とち》」と「国《くに》」と「地《つち》」は太古は同意語だった。ふる國の太陽は、この宮址の東の方、長谷川の谷より昇るのである。……この三峡の谷間から昇る太陽が、日出づる國の実景である。日出づる國とは、土地の風景である。その國は「初國《はつくに》小《ち》さく作らせり」と神話にしるされた、可憐にかなしい國である。神話の日本は、この國を稚國《わかくに》ととなへた。そして人々はこの初國を、「狹野《さぬ》の稚國なるかな」と嘆賞した。……ここが大倭朝廷の原地の日の本の「日出づる國」である」

保田先生は、饒速日尊ゆかりの大和国の桜井に久しく住まわれ、同著の中でも尊の御事にふれておられます。ご承知の様に、饒速日尊は、日出づる国の太陽神に坐し、その御神霊の象徴が、畏くも、神武天皇の御弓の筈に止った金色の鵄といわれています。又、尊は、大和朝廷成立以前に大和国一帯に君臨せられた大王に坐する御方で、尾張国の東谷山尾張戸神社に御子天香語山命とともに祀られているのであります。

なお、我が国の正史とされている『日本書紀』に、わずかながら饒速日尊に関わる貴重な記述がありますので、ご参考までに記しておきます。

「抑又《はたまた》、塩土老翁《しほつちのをぢ》に聞きき。曰《い》ひしく、「東《ひがしのかた》に美《よ》き地《くに》有り、青山四周《よもにめぐ》れり。其の中に亦、天磐船《あめのいはふね》に乗りて飛び降る者有り」といひき。余謂《われおも》ふに、彼の地《くに》は必ず以て大業《あまつひつぎ》を恢弘《ひらきの》べて、天下《あめのした》に光宅《みちを》るに足りぬべし。蓋し六合《くに》の中心《もなか》か。厥《そ》の飛び降るといふ者は、是饒速日と謂ふか。

何そ就《ゆ》きて都つくらざらむ」とのたまふ。
饒速日命、天磐船に乗りて、太虚《おほぞら》を翔行《めぐりゆ》きて、是の郷《くに》を睨《おせ》りて降《あまくだ》りたまふに及至《いた》りて、故《かれ》、因りて目《なづ》けて、「虚空見《そらみ》つ日本《やまと》の國《くに》」と曰ふ」（巻第三神武天皇紀）

附言しますと、先の日出づる国の太陽が東方の谷から昇ることについて、学術的な立場から調査し、考証された勝井純著『神武天皇御東遷聖蹟考』という秀れた著書がありますが、長くなりますので、別紙資料の部に、複写したものを添付しておきます。

次に、三つめとして、御主のロゴスにのべられている東谷山の黙示について記します。

ロゴスには、東谷山のことを「とこくやま」或いは「とこくにやま」と訓じておられますが、これには深い秘義《わけ》がありますので、順次そのロゴスを掲げ、註を付して解説いたいます。

「とこくにやま」の例として、

「世のをはりどを高知らす、東谷山《とこくにやま》の神奈日《かんなび》よ、神霊《かみのみたま》の鎮もりて、松の緑の色ふかし、天の真名井のうつし世の鏡の水の澄み渡る、三種一世《みくさひとよ》の中今《なかいま》の、ああ聖戒に鳴りひびく、鈴の音清し永遠《とは》の朝。世のをはりどを高知らす、東谷山《とこくにやま》の神奈日よ、天津《あまつ》光に照りそひて、をはりなき世を松風の、葉琴《はごと》かなでて遠長《とほなが》に、永《なが》く久しく神の道、日の教《みをしへ》を伝ふなり。七つの色に染められし、奇《く》しき生命《いのち》の勾玉《まがたま》よ、ふるべゆらゆら天地《あめつち》に、窮《きはま》りもなく小揺《さゆら》ぎて、神の

栄光《さかえ》に照り映えよ」（九・一〇・八・一―三）

このロゴスは、尾張戸神社参拝の折に、「深山路《みやまぢ》を分けて登れば　名にし負ふる尾張戸の宮居神さびてやんごとなくも　ふるべゆら　ふるべゆら……」と聖唱十五番のみうたを讃唱しつつ、幾度となく奉上申し上げた章節であります。言霊の調べのいと清々しく、格調高いロゴスであり、東谷山の実相が如実にのべられています。

（註）三節に「奇《く》しき生命《いのち》の勾玉《まがたま》よ」とのべられていますが、これを縮めて表現しますと、奇玉《くしたま》となり、当社の主祭神櫛玉饒速日尊（御主は奇玉和速日尊と表記）のご神名の黙示が示されています。

「おお、美《うる》はしき朝よ、清き結願日《このひ》よ、禍日《まかつび》のをはりを直日《なほひ》に切替へて、ここに神代《かみよ》を始め出す、とこくにの山の神奈日《かんなび》かみさびて、磐境《いはさか》繁る天榊《まさかき》の息吹《いぶ》き長世《ながよ》のみどり深し」
（一〇・一・一三・二）

「をはり国原見晴《みはるか》す、末《すえ》の松山とこくにの、峰の濃緑《こみどり》鹿乗《かのり》なる、玉の川瀬を渡る日の、日影《ひかげ》に映ゆる小波《さざなみ》は、岩をめぐりて淵となり、淵に淀みて遙《はるか》なる、流れの際涯《みぎは》はかり知られじ」
（一〇・七・一〇・一）

「ああ、神の世は今し明けて、とこくにの山の谷底、和羽矢《にぎはや》の奇《くす》しき光小搖《さゆら》げるなり」
（一〇・一〇・九・二）

（註）「和羽矢《にぎはや》」は、主祭神饒（和）速日尊の御名の黙示であり、光の征矢に言掛《ことか》けてのべられています。

「とこくに山の峰もはるかに
とくさの光かがやきはゆる
天降《あも》のうつくしき世
天祖《かみ》のかしこき御代」（一五五番「永遠《とは》の中今《まなか》」）

「とこく」の例として

「汝ら、生命《オリンピヤ》の祭典の霊火のもゆる、天祖《かみ》の宮居は何処《いづく》ぞや、世のかすがひを打ちて貫く、天《あめ》のをはばりの光はためく、をはりの国のとこくやまの、本《もと》つ岩根の底ふかみ、天母《あも》里の根本教座《ゆには》の聖爐《ひつぼ》なり」（一〇・一一・八・七）

「視よ、久方の天《あま》の原を、高大《おぎろ》なく窮《きはみ》もあらじ、照り渡る光遍く耀《かがよ》へる、日影眩《まば》ゆし。天《あめ》が下、いみじかる、まほらばの尾張国原《をはりくにばら》、東谷山《とこくやま》綾に神さび、天聳《あまそそ》る峰はかしこし。……春秋を朝な夕なに、古世《いにしよ》を現在《いま》もさながら、来《きつ》る世も現在《いま》をさながら、仰ぎ見る東谷《とこく》の神山《かみやま》」（二〇・一〇・二六・一―五）

「見よや東谷《とこく》の山の上に
救《く》寿《す》の光はさしのぼりぬ
暗《やみ》はあとなくうすれゆきて
心たのしき　世はきたらん」（一六五番「見よや東谷の山の上に」）

「タギーヂョ　サンクタタギーヂョ
永遠の夜明を告げる
鈴の音鳴りわたる
東雲《しののめ》白む御空は高く
東谷《とこく》の神山聳《かみやまそそ》りてたてり
東谷《とこく》の神山聳《かみやまそそ》りたてり」（一九三番「聖黎明《サンクタタギーヂョ》」）

右に掲げたこれらのロゴスから解りますように、時には「とこくにやま」、時には「とこくやま」と言《こと》分けてのべられていますが、その理由については、二つの点が考えられます。

一つは、音霊（御主は音玉《おとたま》とも表記）上の響きによるものです。つまり、その語と前後する語との音声的なつながりがほどよく調和されているということです。もう一つは、その語に秘められた意味から観た場合です。

言霊の妙理によって拝察しますと、「東谷《とこく》」は、「十谷《とこく》」とも書き、十の巻のロゴスに、「天降《あも》の常世《とこよ》の天《あめ》が下《した》、国津根底《くにつねそこ》の十谷《とこくに》に、千成瑞鈴《せんなりいすず》の鳴りひびく、奇玉音《くすのたまね》の言霊《こだま》なし、」（一〇・五・一・七）と明示されています。

そして、その意味については、「をはりなき世のをはりどの、とくさの谷の神籬《ひもろぎ》に、のりのかすがひ千代かけて、」（九・三・一一・二）更に、「天降《あも》の救世寿《くせじゅ》は十《とくさ》の⊙《みね》より十《とくさ》の〇《たに》に天降《あも》りたまふ、⊙《みね》は生命《かみ》の御座《みくら》、〇《たに》は世の底秘《そこひ》なり」（一〇・九・九・一六）とのべられ、その秘義を開示しておられるのであります。

なお、先に中国の古代神話のところで触れておきましたように、これは、東方の十の谷から昇る太陽の黙示でもあります。

次に、「東谷《とこくに》」については、「とこ」は「常」、「くに」は「国」を表わし、永遠の生命の常住するみ国を象徴する言葉ですが、十の巻のロゴスには、次のように啓示されています。

「ああ、汝ら、天地《あめつち》は摩可不思議《まかふしぎ》なる次元零《ところ》なり。ひびく真語《しんご》の数次元《かずみたま》、五十音次元《いづらのをごと》を創化妙用《かなで》つつ、常国《とこくに》の座標《やま》の頂心《たかね》に鳴動し、相即不二の天降《あも》の現実、三世一路の中今を、報身現在《うつそみびと》に顕現《うつしあらは》し、神人本来同根の、両足瑜伽《りょうそくゆが》の実相を、天降《あも》の救世寿《ロゴス》は天啓《かた》るなり」

（一〇・一〇・九・六）

そして、東谷《とこくに》は、常世《とこよ》の国《くに》の黙示として、

「天翔《あまかけ》るをはり国原《くにばら》、まほらばの神代《かみよ》はじまる中今《なかいま》の、とこ世のくににかへり来ることこそ、実《げ》にも祝でたけれ」（一〇・四・八・九）

とのべられているのであります。

さて、ここで、常世《とこよ》の国の常《とこ》と云えば、直ちに想起されるのが、天地初発の時に高天原に成りました神の御名のことですが、『古事記』においては、天之常立神、国之常立神、『日本書紀』には、天常立尊、国常立尊と表記されています。常立の語には、字義の通り、とこしえに立ち続け給うという意味が窺われます。

この天常立尊は、出雲国（島根県）の出雲大社や備前国（岡山県）の吉備津彦神社に、又、国常立尊は、紀伊国（和歌山県）の熊野速玉大社に祭神として祀られています。

又、国常立尊の御事については、大本の出口王仁三郎聖師が、艮《うしとらの》鬼門大金神《きもんだいこんじん》、日出之大神と称せられていますし、社寺伝承学作家の小椋一葉女史は、饒速日尊の亦の御名と検証とされています。この詳細については、後程記すことにいたします。

なお、続いて天常立、国常立に関わる黙示のロゴスを記し、この項の結びといたします。

「天常《あめとこ》に立てる御柱、国常《くにとこ》に立てる御柱成りまして、天地《あめつち》の天《あめ》をし東《ひがし》、天地《あめつち》の地《つち》をし西《ひにし》、東《ひがし》、西《ひにし》、朝な夕なに渡る日の、影は見ゆれどその際涯《みぎは》、遠く遙けく遠近《をちこち》の、果しも知らに天地《あめつち》の、長く久しき言ふも更なり」（一〇・四・四・二四）

「汝ら、此の世は天降《あも》の現実《なかいま》ぞ、天常立世《あめのとこたつみよ》の神都《かみのみやこ》ぞ。……天祖《てんそ》の法愛《あも》の創造《むすひ》の神業《みわざ》に、霊異《くす》しく鳴動《なり》わたる久遠中今《とはのなかいま》、天常現国《あめのとこうつしくに》なり。（一〇・一〇・六・二一―四）

「天の初発《はじめ》のその時より、国《くに》の常立《をさま》る道程《みちすがら》、節《ふし》の謬漏《あやまち》一つなく、奇しくも昔そのままを、如実《ありさながら》に物語り、玉の御中《みなか》を貫ける、直日《なほひ》の道を知らすなり」（二〇・六・八・五）

「創化《のり》の妙用眼《みて》には見えねど、描《えが》かるる自然の絵巻、天路《あまぢ》閉《と》づ雲井《くもい》を遙か見霽《みはる》かせば、天常《あめとこ》の門辺《かどべ》偲ぶよすがぞ楽しけれ」（二〇・一〇・二三・一）

これらの妙に奇しきロゴスの数々を拝しますと、御主が折々に「古への神の道の深義が解らなければ、天降のロゴスの黙示も開解《かいげ》されないのです」と仰せになられたことが、懐しく想い出されます。

さて、記述が前後して甚だ恐縮ですが、ここで再び、東谷山に関してのべられた御主のお言葉を記し、その黙示を繙くことにいたします。このお言葉は、折々に鮮烈な印象を以っていただいたもので、スフィンクスの声や歌聖典に収録されていない貴重なお言葉であり、古い年代から註を付けて記させていただきます。

「尾張国の尾張戸の東谷山《とこくにやま》は、国土《くにつち》の太陽の原子炉である。三世を貫き久遠に亘りて輝く、聖なる奇玉《くしたま》の聖処である。天《あめ》の真名井の清らかなる清水の溢れ出づる処である。

第七番《ななつめ》の灯台の照り輝きて、普《あまね》く世界の暗闇《くらやみ》を照破する奇《くす》しき神火の燃ゆる処である」（昭和三十六年十月二十日）

「東谷山《とこくにやま》は、龍虎の神示の中心をなす扇《おうぎ》の要《かなめ》である。即ち、扇を逆様にしたとき、龍虎の両端より開かれた頂点が東谷山であり、十二の干支《えと》にいう卯《う》の座（東）に当っているのである」（昭和三十七年十月二十日）

（註）これは、干支《えと》の循環《めぐり》と地文《ちもん》の黙示について仰せになっておられるのであります。

東谷山のある卯《う》の座の手前には寅《とら》の座があり、卯の座の次には辰《たつ》（龍）の座があり、季節の循環が子（北）から始まって丑、寅、卯、辰、巳と流動しているわけであります。又、これを地文の黙示から考察しますと、東谷山のすぐ北の方位に古虎渓、東北東の方位に虎渓山永保寺があります。又、南の方位には、松洞山龍泉寺があり、地文の上からも卯をはざまにして龍虎の黙示が如実に顕れています。

因に、虎渓山永保寺は、美濃国（岐阜県）の名刹で、土岐頼貞が宋僧無学祖元の宋風に帰依し、その流れを汲む夢窓国師（疎石）を招き、創始されたといわれています。正和三年（一三一四）に建立された観音堂は唐様式の遺風を残し、国宝に指定されています。

山号の虎渓山は、当地の風景が中国濾山の虎渓に似ていたことからつけられたといわれています。

一方、松洞山龍泉寺は、尾張四観音の一つとされ、延暦年間に伝教大師最澄が熱田神宮に参籠中、龍神のお告げをうけて多羅〃池から湧出した馬頭観音を以て、本尊として祀ったのが始まりといわれています。その後、弘法大師空海も熱田神宮は参籠の折、龍神の化身の童子に導かれて参詣されたといわれています。

なお、御主は、大正十三年御年十五才の時に「龍虎まさに飛びかからんとするをみたれば、誰《たれ》かこれを恐れざるものあらん」という御神示をいただかれています。詳細は、前著『あまつさかえとこはに』（二〇一一年八月十五日 今日の話題社刊）をご参照下さい。

「東谷山《とこくにやま》の岩戸開きの期《とき》が来たのである。尾張戸の御山の真実である。をはりどは、凡てのものの根本であり、地の軸にして天に通う唯一つの一筋の道である。凡てのもの皆、この道によらずしては、ものの真実を悟り知ることはできないのであります」（昭和三十八年十一月十九日）

「不開《あかず》の扉の開け放てる、美濃の谷汲九谷の底を降り下り、十《と》谷《たに》の谷の瀬の際《きはみ》……」（昭和三十九年十月二十日）

（註）「美濃の谷汲」東谷山の乾《いぬい》の方位にある美濃国（岐阜県）の谷汲山華厳寺のことで、西国

三十三番札所のむすびの寺とされています。ご本尊は、十一面観音に坐し、饒速日尊の別なお姿ともいわれていることから、東谷山とご神縁で結ばれているわけであります。

「九谷の底を降り下り」とは、御主ご生誕の加賀国（石川県）大聖寺の奥にある九谷焼のふるさとで、加賀名跡誌によれば、「山広く方里にわたり、谷深くして九百九拾九谷あり、略して九谷という」と記されています。

因に、九谷焼は、慶安年中（一六四八）に大聖寺藩主前田利治公が大日山（大聖寺川の源流）の麓に良質の陶土あるを聞き、藩士後藤才次郎、田村権右衛門をして試作せしめたのを始めとしています。一時とだえていたのを大聖寺の吉田屋伝右衛門が復興し、盛んとなったといわれています。

「十谷《とたに》の谷の瀬の際《きはみ》」既に掲げたロゴスの中に、「をはりなき世のをはりどの、とくさの谷の神籬《ひもろぎ》に」とのべられていますように、尾張戸神社の主祭神天火明尊の十種神宝の黙示を表わしています。

「東谷山《とこくにやま》の✡《かごめ》の神示、シオンの御門《みかど》の扉を開き、常根《とこのね》、常立希夷徴谷神《とこたちきいびこくしん》の極《きはみ》を顕《あらは》す」（昭和四十一年五月八日）

（註）「✡《かごめ》の神示」について　御主は、東谷山のことを「✡《かご》の常山《とこやま》」「✡透《かごめすか》しの紋所《もんどころ》」などと表現せられたことがありますが、その真義については、秘義に属すること故、ここでは、聖典の章句を挙げるにとどめさせていただきます。

「呉竹の林かしこし、朝見草《あさみぐさ》松の代を待つ幾千歳《いくちとせ》、天暦《てんれき》の救世《くせ》の曙《あけぼの》明けわたるらし、白梅の花赤らさし香具山《かぐやま》の、✡《かご》の鶯語り初めぬ」（一〇・四・四・三）

「✡《かご》の山千歳《ちとせ》を秘封《ひめ》し末《すえ》の世の、末を黙示《うら》へつつ、一輪の白梅《しらうめ》の花咲ける暁《あかつき》、よはね高音《たかね》を予言《しらべ》つても、鳴かね鶯奇しき世の、今日《いま》を語らふ時こそ来つれ」（一〇・一〇・一六・一四）

「希夷徴谷神」について　これは、中国の古典『老子』道徳経上編第六章及び第十四章に説示されていますが、深奥な哲理を秘めた言葉であります。要所を抜粋しますと、

「谷神は死せず、是を玄牝《げんぴん》と謂ふ。……之を視れども見えず、名づけて夷《い》と曰ふ。之を聴けども聞えず、名づけて希《き》と曰ふ。之を搏《とら》へんとすれども得ず、名づけて微《び》と曰ふ。この三者は致詰《ちきつ》す可からず。故に混じて一と為る。

その上皦《かみあき》らかならず、其下昧《しもくら》からず。縄々として名づく可からず。無物に復帰す。

是を無状の状、無象の象と謂ふ。是を惚恍《こつこう》と謂ふ」

谷神については、他のロゴスに、「密厳《みつごん》の大虚空《だいこくう》を見霽《みはるか》す谷神《きはみ》の如く尊《たふとく》貴《たふと》し」（一〇・一一・四・一〇）とのべられているところがあります。老子は、谷間に宿る神霊を谷神と表現されたわけです

が、それは、谿谷の間が山気の漲《みなぎ》る深奥なところであり、全てのものの極まる根源として捉えておらたからと思われます。つまり、老子におかれては、谷の思想が、道《タオ》の思想とともに重大な根幹となっているのであります。

ついでながら、原文の結びに記されている「惚恍《こつこう》」という語について附言しますと、『新明解国語辞典』には恍惚の項で、（一）ある物事に心を奪われて、我を忘れる様子。美しいものに接して、うっとりする様子。（二）有吉佐和子の小説「恍惚の人」で広まった「もうろく」の意の婉曲表現。などと解説されています。老子の言葉にありますように、本来は深遠な意味をもった言葉ですが、御主のロゴスには、「このもの谷《きはま》りて無名となり、このもの顕《あらは》れて有名となる。このもの発して電光石火の如く、このもの納《をさま》りて恍惚中久遠なるものの如し」（九・一〇・四・一三）とのべられています。

ところで、御主のロゴスに於ては、老子と同じように谷の思想が要石となっています。『スフィンクスの声』を始め、『歌聖典』や『点灯の真言』などに、実に夥しい数の谷に関わるロゴスがのべられています。昭和五十年代の初めに七年かけて作製した『スフィンクスの声語句索引辞典《コンコルダンツォ》』によりますと、その数実に百六十有余回に及んでいます。今回、その中からほんの一端を掲げさせていただきます。いずれも、深き御心の秘められた珠玉の言葉ばかりであります。

「おとばりの救世寿の在る処は、スフィンクスの声のひびき渡る谷の底なり。宇宙の下の下、世界の下の下にして、かすかなる奇しき幻《まぼろし》の幕に包まれたる処なり」（九・六・一一・五）

「御子の印璽《みしるし》掛巻《かけまく》も、世界のをはりの谷底を、目指《めざ》して下《くだ》る奇玉《くしたま》の、胸の中《さなか》にもえ熾《さか》る、いづらの神火《かみび》世を照す……このかすがゐの谷の底、底の宮居に秘められし、天奇玉《あめくすたま》の放つ光よ、その光よりひびく言葉《ロゴス》よ、天地《あめつち》に平和の国を打建《うちた》てて、神の都《みやこ》を現《あらは》さん」（九・七・一一・二一三）

「われは世の徒《あだ》しき栄誉《さかえ》に立たず、無明の谷底に立てる者ぞ」（一〇・一一・二・一〇）

「心の無限の暗き煩悩の谷より、奇しき霊なる太陽はほのぼのと差昇《さしのぼ》りて、無明を開顕《ひら》きて光明の世界此処《ここ》に現ずるなり」（一〇・七・一五・一六）

「おお、賞《ほ》むべし、汝ぬばたまの暗《やみ》の谷の底秘《そこひ》に立ちて天祖《かみ》を仰ぐぞ、実《げ》にも雄々し」（『おとばりのひじり』第五言二節）

「古《いにし》への聖《ひじり》の道をあしどりて　世の谷底にたてるわれかな」（昭和五十八年六月二十日）

「朝《あした》に谷間の　清水を汲みて
夕《ゆふべ》は曠野《こうや》に　憩《いこ》ふも楽し
何処《いづく》も尊き　御国《みくに》なりけり
もの皆平等《ひと》しく　光にもれじ
我が父母《ちちはは》よ　我が兄弟《はらから》よ
天降《イデア》の現実《みくに》へ　永遠《とは》に昇らん」（三三番「いざや行かん」四節）

まことに、ロゴスの調べは、谷の岩間を流れる真清水のように、読む者をして、清々しい真如の境地に誘《いざな》い給うのであります。

では、この辺にて本項の考察を一段落いたしたいと思いますが、むすびに、二つだけ「東谷」に関する特別な表現のロゴスを記させていただきます。文意の都合上、その個所だけでなく、その節のすべてを記します。

「瑠璃《るり》の海原《うなばら》遙々《はるばる》と、八百重《やほへ》の潮路《しほぢ》漕ぎ渡り、この世の末《すえ》の東谷《あつた》なる、天降《とこく》の現実《さと》に帰り来て、

この日この夕《よひ》、祝別《しゆくべつ》の聖戒《せいかい》の秘厳《ひごん》に会へるなり」（一〇・一〇・一・五）

「されば視よ、現在世《うつせみのよ》の人間《ひと》は、軈《やが》て内在波間《このなみま》にひびく琴の調べに、無上神我《むじやうしんが》の声を正覚《さとり》て、有限《かぎりあ》る存在《もの》の業果《カルマ》の秘封《ひふう》を解禁《ほど》き、東谷《あづま》なる越天園生《えてんのくに》の聖如意輪《せいによいりん》の桂樹《ゆづき》の門扉《もんぴ》を開放《あけはな》たん」（一〇・一一・二・一〇）

（註）「東谷《あつた》なる天降《とこく》の現実《さと》」について「東谷」の語に、なぜ「あつた」と訓じておられるのでしょうか。これには深い事由《わけ》が秘められているからであります。

先に書きましたように、『尾張地名考』に「いつの世よりかここをも熱田といふなるべし。北麓に高倉寺村あり、西麓に白鳥山もあり、熱田を表せる事眼前なり、土民は熱田の奥の院也ともいへり」との記述から、東谷山尾張戸神社が熱田神宮の奥の院といわれている所以からであります。又、古文献に依りますと、熱田神宮も尾張戸神社も、尾張の国造《くにのみやつこ》乎《お》止《と》与命《よのみこと》の御子宮簀《みやず》媛命《ひめのみこと》によって創祀されたといわれており、両社が不離密接な表裏の関係にあるからであります。

そして、「東谷《あづま》なる越天園生《えてんのくに》」については、東谷山が不老不死なる常世国《とこよのくに》（越天常楽の世界）に比定されているからでありますが、熱田神宮にも、我が国に於ける三大蓬莱伝説地の一つに比定されている伝承があり、この点に於ても奇しき御神縁で結ばれていることが解ります。

今回は、公私共に何かと忙しい日が続き、資料は整っていたものの、充分推敲する暇もなく、大いに苦心いたしました。

ご承知のように、スペインのテロ事件、韓国国会の大争動、台湾総統選挙後の混乱、そしてエスカレートするイスラエルとパレスチナの抗争など、今や国際情勢は、極度に緊迫化した状況下にあります。

御主のロゴスに、「今、世界《よ》の存在の様相《ありさま》は、宇宙的大洪水と烈風との最中《さなか》に捲込《まきこ》まるる目前《さま》の如くに、諸各自《そのみづから》は、自存の標幟《ひようしき》を掲げて何らをか叫べり、又凡百《おほかた》の人間《ひと》は、その三竦《さんすくみ》の渦巻の最中《さなか》に存在《ある》ものの如し。悠久《はるか》なる昔より今日《このひ》まで、幾多の世と人との栄枯盛衰の生滅の歴史の諸《もろもろ》の相《すがた》にありて、現時の世相は未曽有《みぞう》最大の事象《こと》にして、人心《じんしん》の赴《おもむ》くところ、絶後最《ぜつごさい》悪事《あくじ》の運命の行程なり。心なき者は却《かへ》って是《これ》に酔へるなり、心ある者は是を驚嘆《きようたん》して言《さけ》ぶなり」（二〇・一一・七・一〇）と宣言しておられるのであります。

とどまる所を知らず、如何ともなし難い紛糾抗争の現状を見るにつけ、人々が善悪相対の二元的世界観に立つ限り、解決はありえないということだけは、確かであります。

続けてロゴスに、「争ひの爪《つめ》のなくなり、怒りの牙《きば》のなくなり、怨《うらみ》の毒の吐き尽されて、始めて人々、此の世に平和を成就し、喜びの生活を実現すること能《あた》ふものなり」と戒め給い、そして、「互《たがひ》に喜び合ふべく助け合ひ、互に苦しむことを除くべく尽し合へよ」（九・三・七・七―一一）と勇め給うておられるのであります。

希望・信仰・愛という言葉がありますが、決して希望を捨てず、互いに助け合い、赦し合って、ささやかながらも喜びの輪を広げていきたいものと存じます。

今回は、これにて失礼申し上げます　敬具

平成十六年三月二十四日　吉田演男

吉田泰一郎様

## 二、尾張戸神社の名称とその黙示について

拝啓　桜の季節が終って、日毎に、木々の若芽が瑞々しい色合いを増してきました。随所に生の躍動が感じられる今日此頃です。皆様にはお変りなきことと存じます。

さて、前回は、「東谷山尾張戸神社についての考察」という表題で、「東谷山」に関わる事項を考察してきました。今回からは、いよいよ同山に鎮座する尾張戸神社について考察し、その黙示を繙くことにいたします。

尾張戸神社は、平安初期に集成された延喜式神名帳の尾張国山田郡《こおり》の第十八座に登載されている由緒正しき古社ですが、これから順次、名称の意義、由来、創祀年代、祭神等について考察を進

めてまいります。

## （一）尾張と尾張戸について

「尾張」という名称が文献に表われるのは、極めて古く、『日本書紀』の巻二、神代下に「其の天火明命の兒天香山命は、是尾張連等の遠祖なり」と記述されています。又、『古事記』中巻神武天皇の条に、「神八井耳命は、尾張丹羽臣等が祖《おや》なり」とでています。又、先代旧事本紀には、「四世《よつぎの》孫《みま》瀛津《おきつ》世襲命、亦は云ふ葛木彦命尾張連等の祖なり」「十一世孫乎止與命此命は、尾張大印岐《おおいみき》の女子眞敷刀俾《まきしとべ》を妻と為し、一男を生む」「十四世孫尾治弟彦連、次に尾治名根連」などと記されています。

更に、『万葉集』には、巻十三に「小治田の年魚道《あゆぢ》の水を間なくぞ、人は汲むといふ、時じくぞ人は飲むといふ、汲む人の間なきがごと、飲む人の時じきがごと我妹子に我が恋ふらくはやむ時もなし」と詠まれています。

このほか、「尾張」が「小針」と訓まれていた例もあります。先の延喜式神名帳の山田郡の十四座に尾張神社が記載されていますが、同社の鎮座地小牧市大字小針字宮浦四一にその名が遺されています。

次に、「尾張戸」という名称については、戸は部を表わし、この地を開拓し、勢力を拡げた尾張氏族のことを意味しています。

この尾張氏族が奉斎した神社が、尾張神社であり、尾張戸神社であるわけですが、詳細はあとで触れることにいたします。

ところで、「尾張」という名称が大化改新以後、やがて尾張国の国名として形成されていったのですが、この国名の由来については、幾つかの説があります。

その一つは、南知多郡の方位と地形が尾の張り出した姿に似ているという理由によるものです。

二つめは、延喜式所載の尾張神社があり、ここを尾張氏の本拠と考え、この郷名が国名になったとする、『尾張志』の記述をふまえた説です。

三つめは、伊邪那岐命が迦具土神の頸を斬られた時に使用した十握剣《とつかのつるぎ》のことを、『古事記』に「天之尾羽張と謂ふ。亦の名は伊都之尾羽張と謂ふ」とのべられていますが、この尾羽張に由来するという説です。これは、本居宣長翁が『古事記傳』の中で、「或人の説に、剣の惣名を尾張と云、剣は諸刃にて、鋒《さき》の方の張たる物なる故なり。尾は鋒《さき》と云り、天ノ尾羽張と云も是なり、又国名の尾張も、熱田の神剣より出で、此ノ意なりと云り、此説さも有べし」とのべて、或る人の説を高く評価されています。この説を引用して解説された古代史家の大和《おおわ》岩雄氏は、更に深く考究、検証され、次のようにのべられています。

「この尾羽張の剣と尾張が無関係でないことは、尾張氏が祀る熱田神宮の剣の伝承、尾張氏―剣

根の伝承、後述する天香語山命にかかわる剣の伝承からもいえる。（中略）
八岐大蛇から出た都牟羽剣は草薙剣といい、伊邪那岐神が加具土神を斬った天（伊都）尾羽張は十握剣というが、両者は次のように対応する。

都牟羽剣（草薙剣）　素戔嗚尊―天照大神―倭姫命―日本武尊
天尾羽張（十握剣）　伊邪那岐尊―建御雷神―高倉下命―神武天皇

どちらも尾張氏にかかわっており、このことからも、尾張は剣の名の「尾羽張」の転訛ということができよう」（『神社と古代民間祭祀』）

長くなって恐縮ですが、ここで、右の説に関して御主のロゴスを二つばかり記します。

「汝ら、生命《オリンピヤ》の祭典の霊火のもゆる、天祖《かみ》の宮居は何処《いづく》ぞや、世のかすがひを打ちて貫く、天《あめ》のをはばりの光はためく、をはりの国のとこくやまの、本《もと》つ岩根の底ふかみ、天母《あも》里の根本《ゆには》教座の聖爐《ひつぼ》なり。根本《ねもと》の法《のり》のかしこさよ、愛の鞘《みさや》にしづもりて、光はためく其時《そのをり》は、迷妄の暗を祓《はら》除ふなり。そのをはばりの劔《みつるぎ》は、平和の象徴《しるし》の劔《みつるぎ》ぞ、煩悩の醜《しこ》のそよぎを薙《な》ぎ倒《たふ》し、禍津《まがつ》日を断ずる劔《みつるぎ》ぞ」（一〇・一・八・七）

「この静かなる夕《ゆふべ》よ、聖戒の祭の扉開きて、このをはりどに直《なほ》の日《ひ》始まる、荘厳《いみじ》き瑞兆《きざし》の夕《ゆふべ》

べの節よ。世の曲津日《まがつび》の醜草《しこぐさ》を、いざ薙《なぎ》払ふ伊吹きど籠《こ》めし、草薙剱《くさなぎのつるぎ》の鎮《しづ》もるをはばりの神都《みやこ》よ」（一〇・六・八・一）

まことに、核心に迫る意味深奥なみことばであります。

次に、「尾張」と「尾張戸《をはりど》」（一般には、おわりべと訓じていますが、御主は御神意によって、をはりどと訓じておられます）を数霊《かずたま》の妙理によって繙きますと、「尾張」は一八画、「をはりど」は、をが四七、はが二六、りが四五、どが六二でその和が一八〇となり、ともに一八の霊数が作用《さきはい》しています。古神道家の橘香道翁の所説にありますように、一八は尾張戸神社の主祭神に坐す饒速日尊の霊数であり、（二）に書きましたように、尾張国山田郡第一八座の黙示とともに、尾張戸の御戸開きの仕組を表わしています。

続いて、（四）で触れました尾張氏族について記します。前回、東谷山を中心とする古墳群について考察しましたが、その中で、神道考古学者の大場磐雄博士が、「この地方にかって栄えた巨族の記念物となっている」という一文を紹介しました。

ご承知のように、巨族とは、尾張氏族を指しておられることは云うまでもありませんが、これほど巨大な氏族にもかかわらずその存在があまり知られていないことは、不思議な気がいたします。

それは、かって、往古に栄えた氏族であり、同時に本貫の地が宮庭文化の中心地であった奈良（大和国）や京（山城国）の都から離れていたからと思われます。なお、この、かって栄えたという巨族、尾張氏族については、松前健奈良大学教授がその著『古代伝承と宮廷祭祀』の中で詳細に考証されていますので、その要所を抜粋させていただきます。

「上代に、尾張宿禰、尾張連、尾治連などと称する豪族が、主として近畿から濃尾地方にかけて勢力を占めていたことは知られている。尾張国の国造家として同国一円を支配し、熱田神宮を奉斎していた豪族尾張氏の他に、大和、京師、山城、河内、近江、播磨、紀伊、備前、周防、越前、美濃、飛騨などの各地に、尾張（尾治）を名乗る豪族がいたことは、記紀、風土記、続日本紀、新撰姓氏録、旧事本紀、延喜式、その他正倉院文書の諸国の戸籍や正税帳などにも、徴せられるところである。また、尾治金連、尾治知知古連、尾治針名根連、尾治古利連、尾治阿古連、尾治訓与連、尾治栗原連、尾治枚夫連等々の、複姓氏族の名も、同族として『旧事本紀』天孫本紀の系譜にあげられている。また、尾治という名は名乗らなくとも、例えば、津守連、伊福部連、物部連、石作連、丹比宿禰蝮壬部首、六人部連、湯母竹田連、坂合部宿禰などのように、『姓氏録』や『旧事本紀』などに、尾張氏と同族であると、はっきりと記されているものまで加えると、その勢力の分布圏はさらに拡大し、摂津、和泉、丹波、但馬、伊勢などにも及ぶのである。

これだけの広大な分布を持っている氏族は、他には物部氏くらいのものである。これらが本当にみな古典の記すように、血縁的に同族であったのかどうかということになると、甚だ疑問であるが、少なくともある時代においては、同じ名の祖神（＝火明命）を奉じ、その後裔であると自称していたことは、事実である」（同書「尾張氏の系譜と天照御魂神」より）

続いて、尾張氏族の本貫の地が何処《どこ》であったかについては、本居宣長翁が『古事記傳』の中で、尾張国ではなく、大和国の葛城《かつらぎ》（高尾張）であると言及されたことから、以来、久しくそれが通説となってきましたが、これに対しても、松前教授は否定的な見解を示されています。

「私は、ここでいささか大胆な説かもしれないが、次のような仮説を考えてみたい。この氏の本貫は、実は大和国葛城高尾張であったのではなく、むしろ反対に尾張国であったのではあるまいか。而してその有力な族人の一部が、五世紀中葉以降から、朝廷による東国経略の、いわば連絡機関として大和国葛城に在住し、居宅を構え、宮廷にも出入りしたのではあるまいか。その有力者の中には、皇妃も入内させたり、土地の古豪葛城氏と縁戚関係を結ぶものさえ出てきたのであろう。葛城の尾張氏は、有力な社さえ一つも持っていないという状態であるから、葛城地方で広大な土地や多くの部民を従える強大な豪族であったとは、とても思えない。むしろ宮廷内に出入りして、本国との連絡に任じていた出先機関にすぎなかったのであろう。（中略）尾張氏の本貫は、大和の葛城であったというより、むしろ尾張本国こそその氏族の本貫であって、葛城はこの出先機関であったということが考えられよう。ただその設置の時期が、かなり古かったため、その由来が不明となり、逆に大和の方が本家であるかのように伝えられたのであろうか」

この松前教授と同じ尾張国本貫説をとっている方が、新井喜久夫教授ですが、信濃史学会誌に「古代の尾張氏について」と題する貴重な論攷を発表しておられます。手元にその写しがありますので、要な部分だけを抜粋いたします。

「最後に、尾張氏系譜の前半部分について若干述べると、十一世乎止与命以後、尾張を中心に発展する様子がみられるのに比し、前半は、大和の葛城地方を中心としており、尾張氏葛城説はここに立脚する。しかしながら、比較的単純な後半に較べ、遙かに荘大な二系に別かれる系譜を構成しており、この前半部分は後次的加上とみるべきである。その際、この部分に多く葛城地方に因む人名の多いことは、尾張氏に関する側面を物語っているかと思われ、本居説には従いえないが、尾張氏の大和朝廷と関係をもった後、葛城の地にその居留地をもつようになり、これが系譜の加上作業にあたって葛城地方を中心とする系譜となり、延いては大和の豪族として祖神火明命を天孫系譜に結びつける役割を果したのであろう。……

やはり尾張氏の故地は五世紀を通じて多くの古墳の存在する瑞穂台地とみるのが自然であろう。海に突出した熱田・瑞穂台地は、弥生後期に入ると、貝塚遺跡が至近距離に群集するようになり、ここには銅鐸出土地及伝承地が三及至四ヶ所知られている。やがてこれらを統括する地域連合国家が成立したと思われる。……

尾張氏は豪族の例として部を設定しており、大宝二年の美濃国加茂郡半布里戸籍に尾張戸稲寸女の名が知られ、延喜式に山田郡尾張戸神社がある。更に遠く備前国邑久郡尾張郷大村里に尾張部加之の名が知られる。また、東山道信濃国氷内郡に尾張郷があり、刊本の訓は「乎波利倍」とある。ここにも尾張部の居住した可能性がある」

なお、このほか、昭和十五年発行の『東春日井郡誌』には、郷土史研究の立場から東谷山尾張戸神社を中心として、その周辺一帯を尾張氏族本貫の地と特定していますが、これは決して地元を贔屓目にみたからではなく、然るべき根拠があってのことと思われます。

これについては、又後に触れることにいたします。

ところで、巨族といわれた尾張氏族について、いつものように、太田亮著『姓氏家系大辞典』で尾張と名乗る姓氏を調べてみますと、意外なほどその数が少ないことに驚きます。これは、新井教授のご指摘にありますように、記紀定着までの段階で名族として栄え、それ以後は、次第に文献から消えてしまったからといわれています。現在では、各地に地名としてその痕跡が残されているものの、姓氏として存在しているものは、極めてわずかにすぎず、さみしい限りであります。

一九九三年刊行の『日本姓氏紋章総覧』（新人物往来社）によりますと、名字六、〇〇〇のランキングで「小針」の姓が、二、四五三番目にランクされ、東日本に分布していますが、残念ながら「尾張」そのものの姓は、六、〇〇〇の中に入っていません。因に、ランキングの一から三位は、鈴木（約二〇〇万）、佐藤、田中の順となっています。今年二〇〇四年の統計では、この順位が変っているかもしれません。

余談ですが、一位にランクされた鈴木の姓氏は、平安時代に成立した『新撰姓氏録』に従えば、その ルーツが、かって栄えた物部氏ということになります。この物部氏の祖神は、かっての尾張氏と同じ天火明尊に坐すことから、奇しき黙示が窺われます。その黙示の一端を繙きますと、物部氏は、天火明尊（饒速日尊）の御子宇摩志麻治命の系統ですし、尾張氏は、同じ御子天香語山命の系統であるということであります。このことは、あまりにも重要なことですので、後に考察する御祭神の項で詳しく記すことといたします。

さて、先に触れましたように、今日、姓氏の上で稀有とされる「尾張」の姓について、記憶の中で鮮明に残っている二つのことがあります。

その一つは、観女司教《かんにょ》（本名　尾張操）のご主人尾張哲次郎氏のことです。氏は加賀国（石川県）金沢の出身で、御主と同じ明治四十三年五月生れの方ですが、昭和十六年か十七年の時に、御殿場で聖庵をむすばれていた御主のことを、加賀国にて霊視され、次のような和歌を詠まれています。


「ももたりのおのれに誇《そし》りの火はふるも　ひとりの人の涙にぞ足る」

「ひとりの人」とは、救顔の救主のことを指していると思われますが、当時御主は、或る方からのいわれなき誇りをうけて、哀愁の底秘に立っておられたのです。それから御神意により尾張国（愛知県）に入られることになったわけですが、奇しくもこの和歌が如実にその出来事を物語っていたのであります。その後、哲次郎氏は、故国を離れて戦地に赴き、観女司教は、瑠璃寿《るりじゅ》（本名松井みよ　松井秀喜選手の祖母）との出会いから御主の教に帰依することになったのです。それから幾月か経って戦死の報が届けられた時、御主は、次の和歌を詠まれ、観女司教に贈られています。

「身をすてて弓矢《ゆみや》なき世をひらきたる
　もののふたちの生命《いのち》たふとし」

なお、ついでながら記しておきますと、次のみうたの御色紙も賜っています。

「るり色のつばさのとりはたぐひなし
　根上り松のほずになくなり」

「るりの花咲きて香へる道すがを
　たづねてここに高おはりなる」

（註）「高おはりなる」に観女司教の尾張の姓が黙示されています。

次にもう一つは、三角寛著『サンカ社会の研究』に出てくる尾張一《はじめ》（亦の名木下一、当時四十五才）という姓氏の名前のことです。

この書は、出版界に旋風をまきおこした大著といわれていますが、同著によれば、山窩《さんか》とは、「三一（さんかみ）、三正別（さんけち）、三家、山家」のことで、山や川のほとりを転々として住む漂泊遊行の民といわれています。最初の統計の年に当る明治四十三年（一九一〇）二月一日付の報告では、加賀に一四六名、尾張に五六八名が確認されています。この山窩《さんか》の人々は、天火明尊を祖神に仰ぎ、神代文字の一種である豊国《とよくに》文字を使用し、自らを純粋なヤマト民族と伝承、そしてその生活の基本は、三才でたきぎを拾い、五才にして食糧を摘み、七才で箕作りを習得し、十三才で一人前といわれています。

季節ごとに折々の儀式があり、その中の一つ「ミソカミ打」という、正月の七草粥《かゆ》を作るときの儀式に、次のような詩《うた》を伝えています。

七草をマナ板にのせて、五文字五音で五つ叩くというもので、

「ななくさをのもせにつみてあがやから（吾族）　むくらゐこはで　さちにせぶらむ」

（むくらい＝医者　せぶらむ＝生きなん）

そして、七草めぐりの歌として、家門《いえかど》に立って、

「ああ　めでたいな　めでたいな　あまつくにつに春が来た

とよにたなつが　またみのる　めでたいな　めでたいな

この家のあるじに春が来た　めでたいな　めでたいな

春のななくさ　うちいはひ　この家のさかえ　祈ります　ああ　めでたいな　めでたいな」

と唱えながら、家々を巡るという風変りな習俗を伝えています。

今日では全くみられませんが、明治から大正の始頃までは、山村に色濃く残されていたといわれています。これらの民が、かっては尾張という姓を名乗り、天火明尊を祖神に戴いて生きてきたという事実は、まことに尊くもあり、意義深いわけであります。

それでは、この項のむすびに、尾張と尾張戸に関わる御主のロゴスを記します。尾張戸については、かなりの数にのぼりますので、その中からごく一部を抜粋させていただきます。尾張戸については、一般におわりべと訓じていますが、御主は、をはりどと訓じておられることは、先に記した通りです。

「をはりどとは、真理の認識法の完成ということを意味している言葉であります。（昭和三十七年五月十六日）

「今こそをはりどの真実《まこと》を知らねばならない。何故ならば、それは宇宙の聖爐《ひつぼ》を意味する言葉であるからである。この聖爐《ひつぼ》には、陰の渦《うづ》、陽の渦の渦巻きて生命《いのち》の電磁波を起しているのである。そは恰も一粒の種子の如きである。一粒の種子には、その中に生命のひつぼがあって、生命の火を燃やし続けているのである」（昭和三十九年三月七日）

「尾張戸のみ山のことを「かごのとこやま」即ち、カゴメの山と云うのですが、このみ山の御社に、天香語山命がみ座《くら》になり給うて、その上に天火明尊がお立ちになっておられるのです。これには深い意味《わけ》があるのです」（昭和三十九年十二月二十一日）

「あな常春《とこはる》のふく風に、花金色《はなのこんじき》の幸魂《さちみたま》、をはりなき世のをはりどの、とくさの谷の神籬《ひもろぎ》に、のりのかすがひ千代かけて、をはりなき世の始とて、青鳥《るりのきぎし》の囀《さへづ》りて、天降《あも》のうたげに光あり」（九・三・一一・二）

「汝ら、尾張の国の春日井は天降《あも》のとくさの霊異《くしび》によりて、玉を生みゆくむすひの里なり」（九・六・二・一）

「汝らよ、をはりの国は始りの国なり、そはものの終る処はものの始る処なればなり。ここは世界のをはりの処よ、人皆、その歩みを此の処に踏み止《とど》めて、いでやただなる生きものとしてのをはりをばつげ、神の世の神の子としての始りにぞ入らむことの祝でたし」（九・六・一一・一―三）

「汝ら、この土は摂理による奇しき配在の所在《ありか》なり。八束垂穂《やつかたりほ》の稲穂の稔る救寿《くじゆ》の尾張田《をはりだ》、根本聖処の国原《くにばら》なり。汝らよ、尾張の国はふかき由来《いはれ》を有《も》てるなり。世のをはり、凡ゆるものの生玉《いくたま》の、足玉《たるたま》の玉留《たまづま》る、むすひのをはりなり、むすひをはりて、愈《いよいよ》生命《いのち》を現す処なり。さらば汝ら、をはりこそ凡ゆる物事の終結《むすび》にして、又出発の汀《みぎは》なるなれ。即ち、をはりははじめにて、ものの発処は着処なり、をはりはもののはじめなり、出口、入口二つなし。汝らよ、をはりの扉とはじめの扉とを、閉ぢつ開きつして、もの皆は栄えゆくなり」（九・七・一〇・一四―一二）

「ああ、汝らよ、このをはりどのかすがゐに、たまの緒の根を千代かけて、その一《ひ》の始め十《と》の緒張《をはり》、神代初る世となれば、しなのをみづの目鼻岩《めはないは》、仮《かり》の眠りのめざめにて、人世《ひとよ》にかかる返り矢《かへりや》の、うづきの呪《のろ》ひも消ゆるなり。ああ、をはりどの神《かん》なびに、をはりなき世の芽を萌《ふ》

きて、花の高座霊《たかくらひ》の御座《みくら》、御座《みくら》は救寿《くじゅ》の玉留《たまど》むる、玉は芽出度きうつし世の、安きを祈る生命《いのち》なり」（九・七・一〇・二六―二七）

「今、世は完成日《をはりど》となりて、ここにとくさの秘厳発動《くしびおこり》、いづらの審判照験《かみびてりとほ》るなり、曲津の道も切替られて直日《なほひ》に通ふ道となれり」（一〇・四・九・二〇）

「汝ら、今、漸《ようや》く世はをはりどとなるに及べば、前提《ヨハネ》の灌水《バプテスマ》は茲《ここ》に最後《いやはて》を告げぬ。而して神の霊と火とによるきよめ、この瞬間《たまゆら》より燃え起りたり」（一〇・四・一五・八）

「世のをはりどよ、汝は天《あめ》の栄光《さかえ》を地に成就《なしとげ》んとて、蔽顔《おとばり》の救主《くじゅ》を活ける教会とし、不滅《きえざ》る光明《ひかり》と不壊《こはれざ》る生命《いのち》の世界を真語《ものがた》るなり。世のをはりどよ、汝は人類の長夜《ながよ》に亘《わた》る迷妄《まよひ》の歩行《あゆみ》を正覚の朝に開見《あは》すべく、生命《いのち》の宇宙《みくに》の谷底より光の教を、世の人の心の高根に転法輪《さしのぼら》しむ。ああ、永遠《とこしへ》に開《あ》かぬ奇しき玉手箱、世の礎《いしずえ》と定められたり」（一〇・四・一六・一一―一三）

## 三、創祀年代について

尾張戸神社の創祀年代については、昭和十年（一九三五）四月に、拝殿の右脇に建立された由緒標に「成務天皇五年（一三五）秋九月」と刻字されています。又、境内に設置された名古屋市教育委員会の立札にも、同じように「第十三代成務天皇五年（一三五《ひさご》）」と墨書されています。この年代の根拠は、郷土史家の水野高博氏によれば、「水野年代記」の記述に依るとされています。

拝殿脇の由緒標（石碑）は、実に立派なものですが、今からちょうど二十二年前、昭和五十九年甲子《きのえね》の年の二月二十二日、聖徳太子の祥月命日を卜して参拝、全文を写し取ったものがありますので、ここに謹んで記させていただきます。

尾張戸神社由緒標

一、鎮座地　愛知県東春日井郡志段味村大字上志段味　水野村大字下水野　字東谷無番地

一、社格　郷社　明治四十年十月二十六日　神饌幣帛料供進指定昇格出願中

一、祭神

天火明命

天香語山命（天火明命ノ長子）

天道日女命（天火明命ノ妃）

建稲種命（宮簀媛命ノ兄平止與命ノ子）

乎止與命（宮簀媛命建稲種命ノ父）

一、末社

中社祭神

菊理媛命

南社祭神

伊邪那岐命

伊邪那美命

一、由緒

成務天皇五年秋九月尾張連宮簀媛命日本武尊妃御勧請延喜式神明帳尾張戸神社本國神明帳従三位尾張戸天神是也祭神天香語山命ノ神陵ノ地尾張氏ノ祖神本國開択ノ神故當國山ト云ヒ當國大明神ト稱シ奉ル又天火明命ハ天祖ヨリ十種ノ神寶ヲ受賜ヒシ御神徳ニ據リ疫除神トシテ神威畏シ産業開発并ニ武神トシテ衆人ノ崇敬スル所也古ハ熱田神宮ニ次グ大社也其證トシテ東方ノ田中ニ神門跡老杉ニ本存ス西方ニ白鳥塚ト云フ古墳有リ末社中社ハ乎止與命ノ神陵ナリ大永元年乙亥七月十七日盗火ノ為メ本社末社神宮寺等烏有ニ歸シ云々後國司斯波氏ノ命ニテ神宮寺并ニ神宮寺尭雲僧ヲ以テ造営セラル年経テ荒蕪セシヲ國主徳川義直及其嗣光友侯崇敬シ社殿ヲ造営セラレシヨリ明治維新迠國主ノ造営也

境内　壱萬七千五百七十坪
例祭　十月十五日
長谷川佳隆　謹書

裏面

大前に廿七年仕へ恩頼の辱けなきに
昭和十年四月
社司廿七年奉務報賽
七十三翁　勲七等　松本美三
取持　氏子総代

（註）（一）松本美三宮司は、明治四十一年御年四十六才から出仕される。

（二）第十三代成務天皇について　景行天皇の第四子で、母は皇后の八坂入媛命、諱《いみな》を稚足彦（若帯日子）と称された。天皇は初めて大臣《おおおみ》の制度を設置、武内宿禰を任じられています。尾張戸神社が創祀されたという成務天皇五年には、国々に命じて国郡の造長をたてて、県邑の稲置《いなぎ》を置き、地方官に楯矛を与えてその表《しるし》とされています。又『古事記』によれば、穂積臣の祖の建忍山垂根《たけおしやまのたりね》の娘、弟財郎女《おとたからのいらつめ》を妃とされていますが、『新撰姓氏録』に穂積臣は祖神に天火明尊を戴いていますので、尾張戸神社とのご神縁が窺われます。

なお、熱田神宮の創祀は、成務天皇の御父景行天皇の御代の四三年（一一三）に、宮簀媛命が草薙劔を祀ったことからといわれていますので、その二十二年後に、同じ宮簀媛命によって尾張戸神社が創祀されたということになります。

事のついでに、もう少し深く奥の細道を分け入ってみますと、尾張国出身で、加賀国に尾張の地名を遺された前田利家公の先祖が、菅公ゆかりの菅原氏とされていますが、この菅原氏が成務天皇の子孫であると称えているということです。この根拠については、武光誠氏が次のようにのべられています。

「菅原氏の系図のなかに、野見宿禰が土師《はじ》臣となり、その孫の土師の身臣《みのおみ》が土師連となったという記述と、成務天皇の皇子を土師臣の子としたという記事をもつものが、いくつかみられるからである。それに従えば、土師氏の始祖ではじめて埴輪《はにわ》をつくった野見宿禰の養子が和訶奴気王（成務天皇と弟財郎女との間の御子）であり、その息子の身なる人物が土師臣から土師連に改姓したということになる。そういった伝承は、あるいは、成務天皇の狭城盾列《さきたたなみ》陵が、菅原氏がかって居住していた菅原の近くに位置することによってうまれたのであろうか」

いささか迷路に入ってしまった感じがいたしますが、前にも何度か書きましたように、往古、饒速日尊の御神霊が、かの聖徳太子に天降《あまくだ》り、又時を経て菅原道真公に天降ったというわけでして、これらの事柄と照し合わせて考えてみますと、いくらかお解りいただけるのではないかと思います。

ご承知のように、国内で諸問題が山積する中、列島を震撼させたイラクでの三邦人人質事件も、一週間ぶりに無事解放されて一条の光がみえたものの、前途には、自衛隊の撤退問題がどうなるかという巨岩が横たわっています。

まさにロゴスに「現時の世相は未曽有最大の事象《こと》にして、人心の赴《おもむ》くところ絶後最悪事の運命の行程なり」と仰せの通りであります。けれども、天の摂理は永遠に動らぐことなく、「神変起りて衆盲を驚かせ、神楽《かぐら》高鳴りて人の識心《こころ》を呼び醒すなり」（一〇・一二・一七・一五）と厳かに宣べ給うておられるのであります。

いよいよ、来るべき終戦六十年の乙酉年を迎えるに当り、互いに不退転の気概をもって生きるべき機ではないでしょうか。

では、これにて失礼いたします　敬具

平成十六年四月十七日

追記　今回、本文の始めと終りに、「随処に」と「一条の光」という言葉を使ったのですが、書き終ってから何気なく四月十七日付の中日新聞をみたところ、奇しくも一頁の中日春秋欄に「暗いイラク情勢の中、一条の光に見える聖職者協会との新たなかかわりだ」と記されていました。又、三六頁の運勢欄亥年（私の生れ年）の項に、「太陽を随時随所に拝せよ。希望湧き出で前途開けん」とでておりました。いつものことながら、ありがたく受けとめさせていただいた次第です。

## 四、御祭神について

拝啓　断続的に降り注いでいた雨も、ようやく上がり、薫風が吹き渡るさわやかな天気となりました。

さて、前回は、東谷山尾張戸神社についての考察の中で、東谷山を始め、尾張、尾張戸の意義、尾張氏族のことなど、いろいろ考察してきました。今回は、尾張戸神社の御祭神について考察し、その黙示を繙くことにいたします。

尾張戸神社の由緒標のところで書きましたように、同社の御祭神は、本社《もとつやしろ》に天火明命、天香語山命、天道日女命、建稲種命、乎止與命の五柱、中社《なかつやしろ》に菊理媛命、南社に伊邪那岐命、伊邪那美命など合わせて八柱となっています。あとで又詳しく書きますが、この八柱のご祭神は、同社と密接なご神縁でむすばれている熱田神宮の南新宮社八子社の五男三女神と対応する八の仕組を表わしており、又尾張名古屋の市章㈧（まるは太陽、はちは無限絶対の生命を黙示）にも象徴されています。

附言しますと、この南新宮社は、熱田神宮で唯一の丹塗白壁の桧皮葺神殿（東面）であり、神仏一如の神宮寺様式時代の名残を今にとどめています。又、この五男三女神は、御主のロゴスに「高天原《たかあまはら》の安河《やすかは》の、天《あめ》の真名井《まない》に立向ふ、すさとひるめの誓事《うけひごと》、五百津御統《いほつみすまる》の珠佐矢気《たまさやけ》」（一〇・六・九・二）と黙示豊かにのべられていますように、須佐之男命《すさのおのみこと》と大日孁貴命《おおひるめむちのみこと》との誓約《うけひ》によってむすひされた神々であります。

それでは、これから尾張戸神社の御祭神について、我が国の正史とされている『古事記』及び『日本書紀』、そして『先代旧事本紀』、『秀真伝《ほつまつたえ》』、『但馬故事記』などの古史古伝の文献に基づき考察してまいります。

（二）—一、天火明命《あめのほあかりのみこと》（饒速日命）について（この表記は由緒標に依る）

まず、『古事記』上巻皇孫降臨の段に次ように記述されている一節があります。

「爾に其の太子正勝吾勝速日天忍穂耳命、答へ白したまひしく、『僕《あ》は降らむ装束《よそひ》しつる間に、子生《あ》れ出でつ。名は天邇岐志《あめにぎし》国邇岐志天津日高日子番能邇邇藝《ににぎ》命ぞ。此の子を降すべし』とまをしたまひき。此の御子は、高木神の女、萬幡豊秋津師比賣命に御合《みあひ》して、生みませる子、天火明命。次に日子番能邇邇藝命なり」

又、同書中巻には、邇藝速日《にぎはやひ》命の御神名で次のように記述されています。

「故、邇藝速日命、登美毘古が妹、登美夜毘賣を娶《めと》して生める子、宇摩志摩遅命」

この上巻と中巻の二つの御神名の関係については、後で詳しく記します。

次に、『日本書紀』には、皇孫降臨の段の本文にはなく、本文の末尾に、「一書《あるふみ》に曰はく」として他の伝承を載せています。

「天忍穂根尊、高皇産霊尊の女子《みむすめ》、栲幡《たくはた》千千姫萬幡姫命を娶りて、兒《みこ》天火明命を生みます。次に天津彦根火瓊瓊杵根尊を生みます。其の天火明命の兒天香山命は、是れ尾張連等の遠祖《とほつおや》なり」

又、一書に曰はくとして「正哉吾勝勝速日天忍穂耳尊、高皇産霊尊の女、天萬栲幡千幡姫を娶りて、妃と為して生みませる兒を、天照国照彦火明命と號す。是れ尾張連の遠祖なり」

そして、巻三、神武天皇の条に、饒速日命の御神名でやや詳しく記述されています。

「抑又《はたまた》、塩土老翁に聞きしに、東に美地《よきくに》有り、青山四《よも》に周《めぐ》れり。其の中に亦天磐船に乗りて飛び降れる者有りと曰へり。余謂ふに、彼の地《くに》は必ず以て天業《あまつひつぎ》を恢《ひろ》め弘《の》べて、天下に光宅《みちを》るに足りぬべし。蓋し六合《くに》の中心《もなか》か。厥《そ》の飛び降れる者は、謂ふに是れ饒速日ならむ。何《いか》て就《ゆ》きて都《みやこつく》らざらむや」

「嘗《むかし》、天神の子有しまして、天磐船に乗りて天より降止《くだりいでま》せり。號《みな》を櫛玉饒速日命と曰す。是れ吾が妹三炊屋媛を娶りて、遂に兒息《みこ》有れます。名をば可美眞手《うましまで》命と曰す。故れ吾饒速日命を以て君と為て奉《つか》へまつる。

長髄彦、即ち饒速日命の天羽羽矢一隻《ひとつ》又歩靫《かちやぎ》を取りて、以て天皇に奉示《みせまつ》る。……その衆《いくさびと》を帥《ひき》ゐて帰順《まつろ》ふ。天皇、素より饒速日命は是れ天より降れりといふことを聞しめせり。而るに今果して忠效《ただしきまこと》を立つ。即ち褒めて寵《めぐ》みたまふ。此れ物部氏の遠祖なり」

次に、天火明命の伝承の中で、最も精細に記録されている『先代旧事本紀』という文献があります。この書の題号は、古訓で「サキノヨノフルコトノフミ」というのですが、一般には『旧事紀《くじき》』といい慣わされています。

成立は平安時代初期とされていますが、原典は既になく、室町時代の卜部《うらべ》兼永による写本が残されています。

大きく別けて同書には、十巻本を始め、三十巻本と七十二巻本がありますが、三十巻本と七十二巻は、残念ながら学者から偽作本とされています。十巻本については、鎌田純一皇学館大学教授（一九二三年大正十二年生れ。現在宮内庁侍従職御用掛、皇学館大学名誉教授）の『先代旧事紀の研究』（校本の部）があります。又三十巻本については、享保年間に松庵三重貞亮が書改め注釈したもので、白川神祇伯家伝来の秘書となっている「旧事紀」がありますが、昭和六十年に公開され、元李王家の李方子様が推薦のことばを寄せておられます。更に又、七十二巻本として『先代旧事本紀大成経鷦鷯伝』というのがありますが、この幻の書の解読に没頭された、古神道家の宮東齊臣氏よりいただいた自筆原稿の写本があります。

なお、このほか、大野七三氏の編著による『先代旧事本紀訓註』という立派な一書があります。

ところで、この先代旧事本紀について、国学の大家に坐した本居宣長翁は、『古事記傳』の首巻で、偽撰であると断じておられるのですが、三巻、五巻及び十巻に記述されている饒速日命に関する条については、次のような奇しき一言を遺されています。

「是等は何の書にも見えず、新たに造れる説とも見えざれば、他に古書ありて取れるものなるべし」

さて、先代旧事本紀について、前置が大変長くなってしまいましたが、ここで、天火明命に関する記述を本文から幾つかを抜粋いたします。

「時に、高皇霊尊の兒《みこ》思兼神の妹萬幡豊秋津師姫栲幡千々姫命を妃と為して、天照国照《あまてらすくにてらす》彦天火明櫛玉饒速日《にぎはやひ》尊を誕生《あれま》す。天神御祖詔て、天爾玉瑞寶《あめのみしるしみづのたから》十種を授る。天神御祖教詔て曰はく、『苦痛處有ば茲十寶を令て一二三四五六七八九十と謂て布瑠部《ふるへ》。由良由良止布瑠部。如何為ば死人《まかれるひと》は反生《かへりていき》なむ。是則ち、所謂る布瑠之言の本なり」

そして、饒速日尊の御事については、

「饒速日尊天神の御祖の詔を禀《うけ》て天磐船に乗て河内国河上哮峯《いかるがのみね》に天降坐し則ち大倭国鳥見の白山に遷坐《うつりま》す。所謂天磐船に乗て大虚空《おおそら》を翔行《かけりゆき》て、是郷《このさと》を巡睨《めぐりみ》て天降坐す。即ち『虚空《そら》見つ日本國《やまとのくに》』と謂《のたまふ》は是なるか。

饒速日尊　便《つごうよ》く長髄彦の妹御炊屋を娶て妃と為し任胎令《はらまし》たまふ。未産時に及ざるに饒速日尊既神殞去坐《かむさり》しぬ」

「天照国照彦天火明櫛玉饒速日尊、亦の名《みな》天火明命亦の名は、天照国照彦天火明尊亦は云ふ饒速日命亦の名は、膽杵《たき》磯丹杵穂《にきほの》命。

饒速日尊、便く長髄彦の妹御炊屋姫を娶て妃と為て宇摩志麻治命を誕生す。天道日女命を妃と為て天上に天香語山命を誕生《あれま》す」

次に、古史古伝の中でもひときわ文学的香りの高い『秀真伝《ほつまつたえ》』に撰録されている事項を記します。「秀真伝」は、滋賀県安曇川町大字田中の田中神社にある境内社三尾神社が神宝として伝存してきた秘書とされていますが、本伝は、神代文字の一つであるホツマモジを以って記述されています。写本の前文によりますと、本伝を解読し、翻訳を完成したのは、大神神社の御祭神に坐す大物主櫛甕玉命の七拾八世の嫡孫に当る三輪容聡《みわやすとし》という人で、日付が安永八（一七七九）天経月吉祥日となっています。以来、今日まで有縁の方々がこの書をもとに幾つかの訳文を発表しておられます。

ではここで、天火明命に関する文節の一部を記します。本文は、五七調の詩文体となっていますが、紙面の都合により続けて記させていただきます。

「天照《あまてら》します　忍穂耳尊　御子は奇玉火之明《ほあかり》尊　諱《いみな》照彦　下さんと父　親《みずか》らの告げ文（ママ）お　香《か》久《ぐ》山《やま》命雄鹿《しか》に奉る……天つ神　十種宝お授けます　沖つ鏡と辺津鏡　叢雲剣《むらくもつるぎ》　うなる玉　魂《たま》返し

玉　千足玉　道明かし玉　大蛇領巾《おろちひれ》　羽々霊染む領巾《ははちしひれ》　木の葉領巾　この十種《とくさ》なり　傷《いた》むことあらば　一二三四　五六七八　九十まで数えて振ゑたゞゆらゆら振ゑ　かくなせば　すでに罷《まか》るも　蘇《よみがえ》る　振るの詞《こと》ぞと　勅《みことのり》……神詞《かんこと》宣れば　火之明尊　真占命お召して　占問《うらと》えば……浪速より　鴨船にて至る　斑鳩の　峰より鳥の白庭に　天の岩楠船　大空駈けり巡りてこの里の　なおも空見つ大和国」（鳥居礼著『完訳秀真伝』上巻より）

続いて、国司文書の一つである『但馬故事記』から天火明命の御神名が記載されているところだけを記します。この『但馬故事記』は、但馬国の国司文書の一部です。本国司文書は、嵯峨天皇の勅命によって編纂が着手されてから、一六〇年後の天延三年（九七五）に完成し、円融天皇に奉呈されています。従って、史書としても資料的価値の高い文書といえます。

『但馬故事記』が一般に公開されたのは、奇しくも御主ご生誕の明治四十三年のことで、但馬国の豊岡に鎮座する小田井県《あがた》神社の社司の大石繁正氏が、自筆謄写して発行されています。その内容を概観しますと、これ又奇しきことに、編年が天火明命の御事から始って、村上天皇の御代の天暦《てんりゃく》五年の記述で終っているということです。この詳細は後で記すこととし、関連の記述を掲げます。

「天火明命は奇霊宮に在し、妃天道姫命は老波宮に在し、（老波は志波奈美と訓む可し）大熊人命は大斎宮に在し、（いま大月と云う、是なり）蒼稲魂命は弥生宮に在すなり」（一の二第二巻　朝来郡故事記）

「天照国照彦櫛玉饒速日天火明命は、天照大神の勅を奉じ、外祖高皇産霊神より十種瑞宝（奥津鏡一、辺津鏡一、八握剣一、生玉一、死去玉一、足玉一、道反玉一、蛇比礼一、蜂比礼一、品物比礼一）を授かり、妃天道姫命と与に、坂戸天物部命……佐伎津彦命等を率い、天磐船に乗り、田庭の真名井原に降り……」（一の四第四巻城崎郡故事記）

更に続いて、丹後国一の宮元伊勢籠神社に伝わる海部氏の系図に記録されている御神名のことを記します。

我が国には最古の系図として国宝に指定されているものが二つあります。その一つが、海部氏の系図です。もう一つは、近江国の三井寺に所蔵されている和気氏の系図で、円珍俗姓系図と称されているものです。両方とも国宝に指定されているだけあって、由緒正しき貴重な系図といえます。海部氏の本系図は、正式には、「籠名神社祝部《はふりべ》海部直系図」といわれるもので、始祖の御神名の御名が彦火明命（亦名天照国照彦火明命、饒速日命）と記載されています。

最後にもう一つ、秋田物部文書と称されている古史古伝の書から記します。

この文書は、出羽国の唐松神社に代々秘伝として伝えられた「韓服宮《からまつのみや》物部氏記録」「韓服神社祈祷禁厭之伝物部氏」「物部家系図」の三書とされています。この三書の最初の「物部氏記録」に、饒速日命の天降りの伝承が次のようにのべられています。

「饒速日命其ノ大命ノマニマニ天ノ鳥船ニ打乗リ　天ツ日ノ御国ヲ久支出テ天降リマシマシテ

四方ノ大空ヲ翔廻リ国地ヲ尋求テ曰ク、豊葦原ノ中ツ地ニ国ハ多ナレ共、此處ハシモ樹五百樹生茂テ伊賀志美キ国処ナリト鳥見山上潮ノ処ニ天降リ玉フ　此レヨリ国名ヲ繁木カ之本ト号リ　此ノ山ヲ鳥海山ト号リ」

以上、天火明命（饒速日命）の御神名について、いろいろな文献資料から、名称と表記の仕方をみてきましたが、ここで、もう一度整理しておきます。

①『古事記』「天火明命」「邇藝速日命」
②『日本書紀』「天火明命」「天照国照彦火明命」「饒速日命」「櫛玉饒速日命」
③先代旧事本紀「天照国照彦天火明櫛玉饒速日尊」「饒速日尊」「天火明命」「膽杵磯丹杵穂命」
④秀真伝「奇玉天火明」「照彦」「火之明尊」
⑤但馬故事記「天火明命」「天照国照櫛玉饒速日天火明命」
⑥国宝海部氏系図「天照国照彦火明命」
⑦韓服宮物部氏記録「饒速日命」

さて、これまで尾張戸神社の主祭神に坐す御神名について、各種の貴重な文献の中でどのように記載されているかを考察してきましたが、むすびに、御主のロゴスの中から、天照国照を冠称されている御神名のところを抜粋させていただきます。

「この最高《いと》き霊の国より、永遠の火と永遠の生命《いのち》とを持《たも》ちて、天照国照天火明《あまてるくにてるあめのほあけ》の救世寿《くせじゅ》、天《あめ》の岩戸を押開き、天の八重雲を稜威《いづ》の道別《ちわき》に道別て、今葦原《あしはら》に天降《あまくだ》り、黄泉《よみ》に通へる平坂《ひらさか》の、千引《ちびき》の岩を打開き、煎りたる豆の煩悩《うたたね》を、いづらの法《のり》に審判し、とくさの愛に切替へて、罪の迷ひと疑ひとを清むるなり」（九・六・一二・一八）

「汝ら、今、汝らは天照国照天火明奇玉和速日尊《あものくせじゅ》の生命《とくさ》の真言《ロゴス》によりて、生《せい》の唯一の真実を知見し、その無限荘厳の法身《ほふしん》に正覚して、正《まさ》に随喜渇仰《ずいきかつがふ》せん」（一〇・一〇・八・二）

「汝ら、第七番《ななつめ》の灯台は久遠《くおん》の生《せい》のロゴスにして、無限の愛の聖炎《プロミネンス》なり。真理と善の源泉《いづみ》なり、天極《てんきよく》の寵児《ちようじ》、諸天《しよてん》の光子《ひかりご》なり。天火明《あめのほあかり》なり、天照国照天朝明《あまてるくにてるあめのほあけ》なり、生命霊《くしみたま》なり、平和日言《へいわのひのことば》なり、天照国照天火明奇玉和《あまてるくにてるあめのほあかりくしたまにぎ》速日尊《はやひのみこと》なり」（一〇・一〇・八・一二）

「天照国照天之火明奇玉饒速日《あまてるくにてるあめのほあけくしたまのにぎはやひ》の御子《みこ》、天降《あも》の救世寿《くせじゆ》、託身《おとばり》の救寿《みこ》となり給へる、天降《あも》の世の今日《このひ》の朝よ、聖き日よ」（一〇・九・一四・三）

「汝らよ、尾張国の天母《あも》の里の根本教座の玉手箱は、永遠《とは》の真理を物語る、北、南、東、西、八方光明《ひかり》に照徹《てりとほ》り、十方透徹《すみき》る水晶の世界、永遠《とは》の真理の妙音は、天照国照天之火明奇玉《あまてるくにてるあめのほあかりくしたま》の和羽矢火《にぎはやひ》の言《ことば》なり」（一〇・一二・二〇・一六）

右に掲げたロゴスは、ほんの一部ではありますが、これらのロゴスから、御神名の深い意義を読みとることができるのであります。

嘗て坐し給うた天火明尊の御神霊が久しき時を経て、天の摂理によって蔽顔《おとばり》の救主《くじゅ》を生ける御社として天降り給われたわけであります。このことを託身の秘義というのですが、そのお心は、かの『古事記』の神語《かむがたり》の件《くだり》に、「独《ひと》り神なりましてみまを隠したまひき」と、いとも厳かに記述されています。

十の巻のロゴスに、「汝ら、霊の世界の一時《ひととき》は、この現世《うつしよ》の時にして、三千年の一節と知れ。さらば汝ら、現世《うつしよ》の三千年の歴時《ときのながれ》は、霊の世界の時にして、瞬間刹那《しゅんかんせつな》の一日《ひとひ》なり」（一〇・六・四・八―九）とのべられていますように、まさに霊の世界は、超時超空の世界であります。従って霊眼を開いて観ずれば、古の御稜威弥高き天火明尊の御神霊が、此の、今の世に臨在し給うておられることとは、自ら感得されるのであります。

前にも書きましたように、平成十七年は、終戦の年と同じ乙酉の干支、即ち、昭和二十年（一九四五）から数えて六十周年の還暦の年に当り、各種の分野において驚天動地の事象が展開することと思います。

今回は、これにて失礼申し上げます。敬具

平成十六年五月二十六日

父裕亮の祥月命日の日に

追記　去る五月二十二日（土）小泉純一郎首相が北朝鮮の金正日総書記と平壌市で会談、その結果、拉致家族の五人がその日に帰国したことは、ご存知の通りです。

出発される日の早暁、首相のご使命の甚大なること、又両国間の行末を観じつつ、神前にて次のような黙示のロゴスをいただきました。

その（一）

「汝ら、怒《いか》る勿れ、誇《そし》る勿れ、怒らず誇らざるは賢者の心なり。賢者は諭して怒らず、教へて誇らざるなり。真に畏きことなる哉。賢者の心は恰も谷を流るる水の如し、心水《みづ》は岩間を巡りて清らに美《うる》はし、散り敷く秋の紅葉《もみぢ》の一葉《いちよう》をも乱すことなし、落葉《らくよう》の下間《したま》をくぐる愛知《きよ》き水の瀬は、燦《きらめ》き映《は》えて濁ることなく澄み透るなり。汝ら、斯くて唯徒《ただいたづら》に怒らず謗らず、是を忍びて徳を植え、是を耐へて善を積む、是即ち神の子の行法《ぎようほう》にして、自覚愛他《じかくあいた》の菩薩《ぼさつ》持戒《じかい》なるなり。汝ら、既に迷暗《めいあん》の夜は過ぎゆきて、暗《やみ》は跡《あと》なく消え去れり、大いなる光現《あらは》れ来《きた》りて、世の迷路の謎は解けぬ。視よ、心天《しんてん》に高く歓喜の太陽は昇りたり」（一〇・八・四・一一〇）

その（二）

「汝ら、水と霊とはむすひむすびて二つのものにあらず、そはうつす鏡とうつす光の相《すがた》と様《さま》にも似《に》たるものなればなり。高天原《たかまのはら》の安河《やすかは》の、天《あめ》の真名井《まなゐ》に立向《たちむか》ふ、すさとひるめの誓事《うけひごと》、万《よろづ》五百津御統《いほつみすまる》の珠佐矢気《たまさやけ》。いで掛巻《かけまく》も日の鏡、月の鏡とふるべゆら、玉を連ねて御統《みすまる》の、万の玉の和速日《にぎはやひ》、葦《あし》のしげみを掻分《かきわ》けて、よしすの道を開《ひら》顕かなん」（一〇・六・九・一一六）

読めば読むほどに、この二つのロゴスには、実に深い黙示が窺われます。訪朝に当り小泉首相は、谷の岩間を巡る清水の如く、賢者の心境を以って会談に臨まれたことと思います。又、この日、中日新聞の松雲庵主の運勢欄巳年の項に「悟りて悟りを忘れるが真の悟り。大吉祥日」。とでておりました。

小泉首相は、昭和十七年一月八日のお生れで、壬午年に当りますが、節分前のお生れですから、前年の辛巳で採りました。因に、壬午では、「あなたの人望に衆人皆仰ぐといった象。諸事援助者多い吉日」となっており、どちらにしても、吉祥の日柄となっていたのであります。

なお、その（二）のロゴスに、「天の真名井に立向ふすさとひるめの誓事《うけひごと》」とのべられていますように、互いに、真剣勝負をもって立ち向うトップ会談のことが黙示されています。

まさに、金総書記を虎とすれば、小泉首相は龍の立場であったわけです。

ところで、会談を終えてその日に帰国された首相は、拉致被害者の家族の集結する会場で、会談の模様を報告されたのですが、その折、人々から怒りと非難の声を浴びる結果となったのです。テレビの放映を観ていましたが、罵倒に満ちた凄まじいものでした。その（一）のロゴスに、「是を忍びて徳を植え、是を耐えて善を積む」とのべられていますが、首相はじっと耐え忍びながら耳を傾け、一言一言を誠意をもって応え、最後に、自分に課せられた責務と思い、自分がやらなければ誰もできなかったという意味の言葉で締めくくられたことが印象に残っています。

孟子の言葉だったと思いますが、「誠は天の道なり、之を誠にするは人の道なり」というのがあります。この言葉のように、誠をこめて実践躬行する人こそ、小泉総理ではないでしょうか。今回の会談を契機に、解決への糸口が少しずつ開けてくることを祈ってやみません。

拝啓　このまま梅雨が明けてしまうかと思われるような、晴れ間の多い暑い日が続いています。

さて、早速ですが、前回に引き続き尾張戸神社の主祭神の御神名について、その意味を考察いたします。

平安時代の初期に成立した『新撰姓氏録』を詳しく調べてみますと、祖神に天火明尊をいただく姓氏が余りも多いことに驚かされます。以下、それらの氏族を列記します。

（1）左京神別下天孫の部に「尾張宿禰、尾張連、伊福部宿禰、湯母竹田連、竹田川辺連、石作連、檜前舎人連、榎室連、丹比須布、但馬海直、大炊刑部連、坂合部宿禰」の十二氏族

（2）左京神別下天孫の部に「丹比宿禰、尾張連、伊与連、六人部、子部、大炊刑部造、朝来直、若倭部、川上首、坂合部宿禰」の十氏族

（3）山城国神別天孫の部に「尾張連、六人部連、伊福部、石作、水主直、三富部」の六氏族

（4）大和国神別天孫の部に「尾張連、伊福部宿禰、伊福部連、蝮壬部首、工造」の五氏族

（5）摂津国神別天孫の部に「津守宿禰、六人部連、石作連、蝮部、刑部首、津守」の六氏族

（6）河内国神別天孫の部に「襷多治比宿禰、丹比連、若犬養宿禰、笛吹連、次田連、身人部連、尾張連、五百木部連」の八氏族

（7）和泉国神別天孫の部に「若犬養宿禰、丹比連、石作連、綱津守連、椋連、綺連」の六氏族

以上計五十三氏族（重複氏族を含む）の多きに上ります。

このほか、公認の文献記録にみられない未定雑姓の部に、左京の忍坂連、右京の凡海《おほしあまの》連、山城の山代直、大和の山首、川内漢人などが挙げられています。

文献上の記録と伝承によりますと、我が国の古代における姓氏（氏族）として最も大きかったのは、右に記した火明尊を祖神とする尾張氏族と饒速日尊を祖神とする物部氏族とされていますが、先学の考証により火明尊と饒速日尊は、同一神に坐すことから、両氏族の奉斎するこの神がいかに偉大な御方であったかが、頷けます。

なお、長くなって恐縮ですが、ここで、火明尊と饒速日尊が同一神であるとする見解をとっておられる学識者の中から、田中卓博士の所説を紹介させていただきます。

「さて、ニギハヤヒノ命の異名が天火明命であるとする説は、紀、記にその旨が見えないから、一見、たしかに奇異の感じをうける。

しかし、既に述べたごとく、紀、記はニニギノ尊を中心とする立場で記されてをり、その先遣部隊に当るニギハヤヒノ命の詳細は、なるべく言及しない方針であるらしいから、天火明命がニギハ

ヤヒノ命の異名であることも、故意か偶然か、ともかく注記することを省略した。といふ推測も可能である。そして、そのことを考へる上で、特に注意せねばならぬことは、やはり（旧事紀の）天孫本紀に、尾張氏がニギハヤヒノ命の後裔として語られてゐる所伝であろう。即ち、「天照国照彦天火明櫛玉饒速日尊、天道日女命為レ妃、天上誕二生天香語山命一、御炊屋姫為レ妃、天降誕二生宇摩志麻治命一」とあり、……しかも、之に続いて、頗る詳細な尾張氏の系譜が記されてをり、決して物部氏側の勝手な造作と思はれず、紀、記、姓氏録その他の古伝との照合からみて、やはり尾張氏自身の系譜としなければなるまい。さうすれば、この尾張氏の古系譜をわざ〱持ち出して、それをニギハヤヒノ命に結びつけてゐるのは、やはりそのような伝承が存在したからのことであろうと思はれ、若しそうでなければ、尾張氏にとって之は甚だ迷惑なことであり、恐らくは承認しがたい造作と云はなければならぬ」（『日本国家成立の研究』昭和四十九年皇学館大学出版部刊）

次に、服部良男氏が、「尾張連始祖系譜成立に関する一試論」という論文の中で、火明尊の御神格の種々相について論じている方々の所説を整理し、要約されていますので、氏名を挙げて記します。

（1）ホアカリは、「穂赤熟」で、稲穂の熟し赫らむ様の象徴とする説。（本居宣長「『古事記傳』二二」）

（2）神話学上穀神が火中に誕生することから、火中出生譚に登場する火明命もまた穀神の人格化されたものとする説。（高崎正秀「神剣考」）
（3）火明命の亦名、天照国照彦火明命をもって、八咫鏡の霊能の美称と解する説。（栗田寛『栗田先生雑書』）
（4）天照神或いは天照御魂神を社名に含む神社の祭神が火明命である場合が多いとして、更に火明命が天照国照を冠称されていることからも、これを同一神視して太陽霊とする説。（吉田東伍、筑紫甲真、松前健）
（5）天照国照彦は天地を照らす神の意、ホアカリはヒカリの古語であるとして「天の光輝」即ち「天日を表わす名」とする説。（松前健『日本神話と古代生活』）
（6）播磨風土記餝磨郡伊和里条所伝によって、火明命に水の呪力の象徴と見る説。（吉井巌）
（7）（6）と同じ所伝によって、古代人の火に対する心的態度をよく伝えるものとし、或いは追跡神話と火神との関係から、火明命もまた火神と解する説。（松村武雄）

以上の通りですが、当の服部良男氏ご自身は、既出の書の第四章に、播磨風土記に関連する事項を考察された上で、次のようにのべられています。

「ここで大胆な推測が許されるならば、火明命は或いは石材加工の際の火花に関係づけられはしないであろうか。（中略）前述したように、播磨風土記は火明命をオホナムチとする。そしてこの風土記に於いてオホナムチは伊和大神である。とすれば、大汝命＝伊和大神＝岩《いは》石神となり、その岩石の子として生まれた火の神格化されたのが火明命ではなかったか。即ち大汝命（伊和大神）――火明命の系譜が推測されるのである」

いずれの説も、含蓄に富んだ貴重なものばかりですが、これらの全てを参照玩味することによって、はじめて、火明尊の実像が浮かび上ってくるのではないでしょうか。まことに御神名の尊さが思い偲ばれます。

さて、ここで火明尊についてのべられている御主のロゴスを掲げ、言霊の幸《さきは》によってその秘義の一端を註を附して繙くことにいたします。

「汝ら、現象世界《うつせみのよ》の投影《かり》の形相《すがた》を眺め見る、眼には見えねど天火明尊《あめのほあかりのみこ》の奇《くす》しき霊光《みひかり》、蒼穹《みそら》を遙けく天降《あも》り来て、幻夢《ゆめ》の浮世は神世《かみよ》となれり」（一〇・四・四・一）

「されど、ここに天暦《てんれき》の世とぞなるに及びて、火明《ほあかり》の尊天津御国《みこあまつみくに》を持《たも》ち、限りある世のをはりの門戸《みと》を打ち開き、限りなき世の栄顕《えいけん》をここに樹立《じゆりつ》して、永遠無限き《とこしへにかぎりな》象徴を印《しる》したまへり」（一〇・一〇・一二・一六）

「然《さ》れど、遂に尽劫の末日近くなりたれば、一字金輪奇玉《いちじきんりんくしたま》の、火明《ほあかり》の心王尊天降《みこあれ》まして、神宝《とくさ》の秘厳《くしび》を小搖《さゆら》がし、五十音霊光《いづらのかみび》を射照《いてら》して、夕《ゆふべ》の暗《やみ》を明け渡る、歓喜の朝となし給ふなり」（一〇・一〇・一六・一二）

「東《ひんがし》に明星の光り煌《きらめ》き、天地《あめつち》の道はさやけく東《ひがし》より西《ひにし》に及び、雷《いかづち》のはためく如く天霊《ほのほ》降りて、唯一《ただひとり》の天尊天降《あまみこあも》りますべし。南斗《みんなみ》の十界《とくさ》の秘鍵《ひけん》を左手《さて》に持《たも》ち、北斗七玉《きたのかたななつのほし》の御統《みすまる》を右手《めて》に懸けて、火明《ほあかり》の奇玉《くしたま》の天尊天降《あまみこあも》ります末日来《とききた》りたり」（一〇・四・四・二六—二九）

（註）このロゴスは、天祖《あまつみおや》の御子に坐す天火明尊が、東谷山《とこくにやま》の頂上において、天香語山命をうてなとなして、西の方位を向いてお立ちになられた御姿を写現されたものですが、多くの奇しき黙示が秘められています。その一つは、御姿の左の方位が南に当り、右の方位が北に当るわけですが、このことは他のロゴスの中で、「南の空に十字星、十《メシヤ》を黙示《かた》る象徴《しるし》なり、北の空には七つ星、卍《みろく》を黙示《かた》る象徴《しるし》なり」（一〇・四・一・四）とのべて、その秘義が示されているのであります。

「掛巻《かけまく》も云巻《いはまく》も　綾《あや》に畏《かしこ》き　如々《おほい》なる神聖法璽《あまつみたま》の実相《みすがた》　荘厳《かしこ》
霊妙《たへ》なる神示《ささや》き　全一《うるは》し　神《かみ》の天啓《みことば》　永遠《とこしへ》に響《ひび》き搖《ゆら》ぎ
百千萬《ももちよろづ》の御代《みよ》を讃美《たた》へん　阿那尊厳《あなたふと》しや

天《あめ》の火明《ほあけ》の法王《のりのきみ》　天《あめ》の火明《ほあけ》の法王《のりのきみ》　法王《のりのきみ》」（『おはりど聖唱』十番前節）

（註）この曲は、昭和五年（一九三〇）御年二十一才の時、九州高千穂峰において御神霊に感応せられ、後昭和十二年（一九三七）二月十三日に詞が、昭和二十年（一九四五）六月十五日に曲が啓示されています。「天《あめ》の火明《ほあけ》の法王《のりのきみ》」と啓示されていますように、火明尊は、宇宙より愛の法則《ダルマ》を携えて来臨せられた救霊の主（一〇・七・七・一一）（一〇・八・六・二三）に坐す御方であります。

次に、御神名の「天火明」の次に表記されている「櫛玉」について考察します。

白川静著『字訓』に、櫛と玉について次のように解説されています。

「細長い木や竹の棒でものを刺し貫くものを串といい、細い歯を多く列ねて髪に刺し、また髪を梳《くしけ》ずるものを櫛という。同じ語源から分化した語であるが、串には神事的な榜示の意味があり、これを地に刺して立てることは、そこに神を迎えいつくことを意味した。

櫛も同じく呪飾としての意味をもつものであった。玉、珠は呪的な力をもつものとして、また装飾として用いられる珠玉の類。玉は霊《たま》と同根の語で、霊の憑代《よりしろ》と考えられたのであろう」

ところで、櫛に邪霊を退ける呪能があることは、『古事記』に、醜女《しこめ》に追われた伊邪那岐命が、「湯津津間櫛《ゆつつまぐし》を引き闕《か》きて投げ棄《う》ち」難をのがれたという記述から明かです。又、櫛と同じ訓みの語に「奇、霊」がありますが、この語には、人智ではかりしれない、霊妙不可思議な意味があります。従って「櫛玉」は「奇玉」でもあり、御主のロゴスにおいては、御神名の中の語に「奇玉」の語が当てられているのであります。

又、「櫛玉」は「櫛甕魂《くしみかたま》」と表現される場合があります。大和国（奈良県）に三輪山をご神体とする大神神社が鎮座していますが、ここの御祭神の御名が大物主櫛甕魂命と称され、天火明尊（饒速日命）と異名同神の神といわれています。

ついでながら附言しますと、「櫛甕魂」の甕《みか》とは、水や酒などを入れる大きな瓮《かめ》のことですが、万葉集の三七九に「斎甕《いはいへ》を忌《いは》ひ穿《ほ》り居《す》ゑ」と記されていますように、甕も又神に祈るときの呪器の一つとされています。更に又、酒の異名が奇《くす》と同根の語に当る酒《くし》でもあることから、「櫛」は「奇」に、「玉」は「魂」に通じ、「櫛玉」と「櫛甕魂」そして「奇玉」は、共通の意味をもった語と解されているわけであります。

さて、御主のロゴスにおいては、「櫛玉」が「奇玉」及び「金輪」と表記されてをり、次のようにのべられています。

「天《あめ》の空《みそら》の月宮殿、星のまが玉きらめける、わたの底秘の龍宮の、摩尼宝珠《まにほうじゅ》や奇々《くすくす》し、北に七宝紫微《しび》の極《きよく》、南に十字の交叉点、天《あめ》の火明《ほあけ》の奇玉《くしたま》の、日の光にぞつらなりて、十方世界に転輪《てんりん》す、その法輪《ほうりん》の独楽《こま》の脚《あし》、玉の緒かけて御統麻留《みすまる》の、玉の御中《みなか》をめぐるなり」（九・七・

一〇・二九）

「天《あめ》の火明《ほあかり》奇玉《くしたま》の、奇火《くしび》の光世に天降《あも》りて、十方三世照徹《てりとお》り、無比荘厳《むひそうごん》の浄土なり」（二〇・四・一・四）

「雲井遙けき天空《あまぞら》に、七宝の栄光《グロリヤ》の塔現れぬ。観よ、金輪《くしたま》の心王尊《みこ》、白妙《しろたへ》の御衣《みけし》装ひ、右手《めて》をかざし左手《ゆんで》さしのべて、聖顔《みかほ》眩《まぶ》しく天《あめ》の磐座《いはくら》放ち、天《あめ》の八重雲を伊頭《いづ》の千別《ちはき》に千別《ちはき》て、御空を降《お》りて来《きた》りたまへり」（二〇・四・一六・一六）

「然れど、遂に尽劫《じんこう》の末日《まつじつ》近くなりたれば、一字金輪奇玉《いちじきんりんくしたま》の、火明《ほあかり》の心王尊《みこ》天降《あれ》まして、神宝《とくさ》の秘厳《くしび》を小搖《さゆら》がし、五十音霊光《いづらのかみび》を射照して、夕《ゆふべ》の暗を明け渡る、歓喜の朝となし給ふなり」（二〇・一〇・一六・一二）

「七つの色に染められし、奇《く》しき生命《いのち》の勾玉《まがたま》よ、ふるべゆらゆら天地《あめつち》に、窮《きはま》りもなく小搖《さゆら》ぎて、神の栄光《さかえ》に照り映えよ」（九・一〇・八・三）

（註）このロゴスに「奇しき生命《いのち》の勾玉《まがたま》よ」とのべられていますが、この言葉の約語がまさに「奇玉」

であり、奇玉の意味が如実に表現されています。因に、勾玉は「古代日本人が装身具などに使った巴形の玉。穴をあけ、ひもを通して首にかけたりした」と辞書にでています。本来は、神器の一つとして使われていたものと思われ、八瓊勾玉《やさかにのまがたま》といえば、三種の神器の一つとして、畏くも皇居賢所に奉安されている秘宝であります。

なお、奇玉《くしたま》に対応するものに奇魂《くしみたま》という語がありますが、この両者の関わりについてのべられた貴重な一節を十の巻から抜粋させていただきます。

「汝ら、人間《ひと》の識心《こころ》の内在《うち》なる霊智《くしみたま》と宇宙意識《ウチベルサコンスチーオ》の叡智《くしたま》なるものとは、その究極に於て感応《かんおう》同交《どうこう》して一致するものなること、恰もピラミッドの最頂上《いただき》なるものの如し」

（一〇・一一・五・一）

ここでは、霊智の語にくしみたま、叡智の語にくしたまと訓じておられますが、まことに深いご神慮のほどが窺われます。『明鏡国語辞典』には、「叡智は、すぐれて深い知恵。哲学で、最高の認識能力。霊智は、はかりしれないほど深く、すぐれた智恵。霊妙な智恵」と記されています。ところが、御主のロゴスにおいては、より高い次元のお立場から次のようにのべられています。

## 叡智について

「叡智は汝らの思惟とその意識との極限に奏《かな》でらるるところの小琴《をごと》の高きひびきなり」（一〇・三・一二・三）

「人間《ひと》の本能は信仰の心の自覚《めざめ》によりて、崇高《たか》き叡智の神にまで飛躍せん。……人生一般の条理のうちに喜怒哀楽の生活をする人達も、軈《やが》ては神の叡智に覚知《めざ》て、絶対の智慧と絶対の愛と完全の善とを思慕しつつ、永遠の生を認むる者とならん」（一〇・三・一三・六―九）

## 霊智について

「感覚は 光《ともしび》にたよらではものの有様《ありさま》をさだかに知ることの能はねど、霊智は闇《やみ》の底秘にかくされたるもののことを孔細《つまびらか》に窺《のぞ》き見るなり。そは感覚の船に乗りたる人の意識の脚《あし》は、波の面《おも》を踏むことの能はざるに、霊智は無明の岸辺を発《た》ちて、光明の彼岸に到ることの能ふべければなり。汝らよ、霊智は時空を超えて、此岸《しがん》無明の神秘を観破し、煩悩《ぼんのう》即涅槃《ねはん》の秘義に

通達《つうだつ》するなり」（九・一・一〇・七―九）

叡智と霊智の両方について

「神話以来の明暗の浮世生活《うきよぐらし》の繰返《チルクル》も、数の次元の綾織《あや》解けて、視よ、天地《あめつち》は、創化《ことたま》の原理《くしび》の門扉《かど》を開放《あけはな》てり。罪悪《あく》は無知故所産《しょさん》せり、その報復《はうふく》に理由《ゆえ》ありや、無知の迷路《めいろ》を破摧《はさい》して、叡智《えいち》を覚ます笞《しもと》なり。昧眠《ねむ》れる霊智《れいち》を呼び覚ます、至上神意《しじょうしん》の戒杖《いましめ》なり」（二〇・一一・二四・一〇―一二）

（註）このロゴスの中で、「数の次元の綾織《あや》解けて、視よ、天地《あめつち》は、創化《ことたま》の原理《くしび》の門扉《かど》を開放《あけはな》てり」とのべられていますが、言霊《ことたま》の真理と数霊《かずたま》の神秘によってご神意の一端を繙いてみますと、奇玉《くしたま》（叡智）は、九四〇《くしたま》により十三、奇魂《くしみたま》（霊智）は、九四三〇《くしみたま》で十六を表していますが、十三は、天祖《もとつかみ》の無限絶対数を象徴、十六は、菊花十六紋を黙示する天祖《かみ》の光の放射数となっています。

これまで、御神名についてかなり詳細に考察してきましたが、いつものように御主のロゴスの引用が多くなり、恐縮いたしております。然しながら、御主のロゴスの真意は、そのロゴスによって解明されるとの大原則に立って考察いたしておりますので、ご了承願い度く存じます。

今回は、この辺で失礼いたします。　　敬具

平成十六年六月三十日

拝啓　梅雨入りが宣言されたものの、一向に降雨がなく、真夏日に近い暑い日が続いています。さて、これまで尾張戸神社の石碑の表記に従って主祭神の御名天火明命について考察した後、その御名に続く櫛玉についても考察してきました。

今回は、『先代旧事本紀』の表記「天照国照彦天火明櫛玉饒速日尊」に従って、御神名に冠称されている「天照国照」について考察し、その黙示を繙くことにいたします。ご覧のように、フルネームで十四文字という極めて異例な長さに加え、その文字の一つひとつが実に尊く、深い意味を秘めた御神名となっています。八百万の神といわれる我が国の神々の中で、これほど神威弥高く、光輝に満ちた御神名の神が坐したことは、まことに驚異というほかありません。

御神名に冠称されている「天照国照」について

先学者鎌田純一先生の『先代旧事本紀の研究』（校本の部）によりますと、「天照国照」の訓読みが「アマテルクニテル」となっています。「アマテラスクニテラス」と訓じられていないところが

重要ですが、これに関して、民俗学者の谷川健一先生が「ニギハヤヒの栄光」と題する論文の中で、次のような卓見をのべておられます。

「アマテラスは他動詞で天下を治める意味を含んでいるが、アマテルは自動詞で、他者を支配する政治的太陽でなく、自然神である」（「東アジアの古代文化」二〇〇二年春一一一号）

ちょっと余談になりますが、これまで折々に書いてきましたように、谷川先生のご著作からは、奇しき黙示を幾つもいただいております。一例を挙げますと、法隆寺と尾張戸神社を結ぶ同一線上の太占奇路《ふとまにくしろ》を調べていた時に、千種正文館で、ふと手にとった雑誌「ユリイカ」の昭和六十年一月号に「もうひとつの降臨神話――ニギハヤヒと物部氏」と題する先生の論文に出会い、その中で、同一線上の東北端に当る常陸太田市天神林に、饒速日尊を祀る稲村神社と物部氏ゆかりの佐竹寺があることを知ったのです。因に、佐竹寺のご本尊は、奇しくも聖徳太子の御作と伝える十一面観音像となっています。なお、先の「ニギハヤヒの栄光」の終章に「四天王寺の守屋祠」のことが綴られていたことから大いに驚き、今年の二月二十二日、聖徳太子の祥月命日をトして家内と四天王寺に参詣、太子殿のほとりに鎮座する丹塗の神殿守屋祠で、往時を偲びながら祈りを捧げたのであります。

さて、次に「天照《あまてる》」の名を冠する御神名に天照《あまてる》御《み》魂神《たまのかみ》と称する神が坐すが、この神を奉斎する神社のことを記します。この神は、日神を象徴する神とされ、天火明尊（饒速日尊）の古称、或いは亦の御名といわれていますが、延喜式神名帳に次のように登載されています。

鏡作坐天照御魂神社《かがみつくりにますあまてるみたまのかみやしろ》（大和国城下郡）

他田坐《をさだにます》天照御魂神社（大和国城上郡）

木島坐《このしまにます》天照御魂神社（山城国葛野郡）

新屋坐《にひやにます》天照御魂神社（摂津国嶋下郡）

このほか、天照神の御名として祀られている天照玉命神社（丹波国矢田郡）粒坐《いひぼにます》天照神社（播磨国揖保郡）阿麻氏留《あまてる》神社（対島国下県郡）などがあります。いずれも、太陽信仰の古い形態が窺われる、由緒正しき古社といわれています。とりわけ、京都の太秦に鎮座する木島坐天照御魂神社は、印象深く、かって御主のご神意をうけて参拝し、境内の湧水に立つ三角鳥居（三柱鳥居とも）を撮影させていただいたことがあります。この鳥居は、霹靂神《へきれき》（雷神の別称）の本地とされる京都神楽岡に鎮座する吉田神社による神道方式に則り、建立されたといわれています。又、この神社は、古へ京都御所の造営に関わった秦一族が奉斎したもので、御所の地名に残る糺《ただす》の森の元地といわれています。

ところで、天照御魂神の御事については、その実体が幽遠で奥深いことから学説が多いのですが、ここでは、その中から、真義を考究されたお二方の学説の一端を記させていただきます。その一方は、奈良大学教授の松前健氏、もう一方は、古代史家の大和岩雄氏です。このお二方には、以前から御著作を通して大変お世話になっております。

松前健氏の学説より――二つの著書から

「アマテルクニテルヒコなる名が「天地を照らす神」の意らしいことは想像がつくが、ホアカリは、重胤翁の説いたように「ヒカリ」の古語である。天火明命は、従って「天の光輝」即ち天日を表わす名であることが察せられる。天照神・天照御魂神とは正にこの神の異名に他ならぬ」(「日本神話と古代生活」第九章天照御魂神考)

「要するにこの神については、

(a)『旧事本紀』の荒木田延佳頭註に、夙く淡島社司紀如尚の指摘したように、伊勢の天照大神とは別の日神であること。

(b)男性神格と考えられていること。

(c)海人族にゆかりのある霊格であること。

(d)その中の若干が、対馬系の日神天日神命《あめのひみたまの》であること。

(e)それ以外の天照御魂神の多くが、尾張氏およびその同族と伝えられる畿内の諸豪族の奉戴する神であったこと。

(f)これらの氏族の共通の祖先とされる火明命の名が『日本書紀』および「旧事本紀」では、天照国照彦火明命と呼ばれ、「天地を照らす光輝」即ち太陽の光を人格化した名であるらしいこと。
（g）実際に後世にも、これら天照神社、天照御魂神社の祭神としては、天照大神ではなくして、天孫火明命を祀ると伝えているものも少なくないこと。

等々の事実が証拠としてあげられる。而してこの天照御魂神は、火明命そのものであって、全て同一の存在に他ならず、それは、皇祖神天照大神の原型の一つとしての太陽霊格であろうと推定したのであった。……尾張国の大社、熱田神宮は、伊勢神宮とならんで、皇位の御璽《みしるし》としての三種の神器の一つ草薙剣を祀り、それこそ皇室にゆかりの最も深い社であるが、これも実は天照御魂・火明命の信仰の最も本宗である尾張国造家の奉斎する所であった。恐らくこれも、もともとは天照神を祀る社であり、その日神の象徴としての神剣を御正体としていた社であったのであろう。……

伊勢皇大神宮の祭神は、記紀に徴せられるように、明白に天照大神であって、かって天照御魂神であったとか、この奉斎者が尾張氏であったという、はっきりした証拠は何もない。しかし、この伊勢大神でさえ、古くはアマテル神と呼ばれていたことは、神楽歌に〈いかばかりよきわざしてか天《あま》てるや、ひるめの神をしばしとどめむ〉とあったり、皇大神宮鎮座の伊勢度会郡にある神路山の一名を天照山とか鷲日山とか、いっているのでもわかるのである。皇祖神であるための特別な言い方にすぎない。

天照大神さえ、かっては天照御魂神と同様に、男性太陽神であった形跡もなかったとはいえない。

古くは伊勢の学者にも「男体考証」その他の書が出たくらいである。折口信夫博士などは、皇大神宮の北隣にある荒祭宮を、そうした原始太陽神、男性日神だと考えられたようである。女性化したのは、これに神妻として仕える斎宮の印象が強大となり、神格に投影したからであるというのである。確かにそうしたケースによって、神の性がしばしば動揺した例は多いから、その可能性は大である」（『古代伝承と宮廷祭祀』三、火明命と天照御魂神）

大和岩雄氏の学説より

「日と火は、上代特殊仮名遣では甲・乙類に分かれるが、照り輝く明《あかり》としては同じものとみられていたことは、宮中の日置部が薪炭・燈燎のことを掌ることなどにもうかがわれ、天上の「ヒ」と地上の「ヒ」を分けるために音韻上区別がなされたと考えられる。

たとえば、「火明命」に『日本書紀』（一書の八）が「天照国照」を冠するのは、「日」を「天照」、「火」を「国照」とみてのことともいえよう。さらに、日（天照）が火（国照）に転ずることは、「日」を盗ってくるという神話が、「火」の誕生譚として世界中に流布していることからもいえる。……倭鍛冶にかかわる物部・尾張氏が太陽信仰と深い関係にあることは、「神社と古代王権祭祀」の天照御魂神社の章で書いたが、「旧事本紀」は物部氏の祖神を「天照国照彦天火明櫛玉饒速日尊」とし、尾張連の祖の火明命と物部連の祖の饒速日命を合体した神名に「天照国照」を冠している。このことからも、「日」と「火」との関係がわかるであろう」（『神社と古代民間祭祀』）

「天照大神の前に祀られていた男神とは、三輪山のアマテル神である。このアマテル神を中央王権の伊勢進出と共に伊勢へ持ち込んだのは雄略天皇であり、敏達紀が伊勢で祀ったと書く「日神」もこの神である。……天照御魂神の「天照」は、高御魂神、神御魂神の「高」「神」「御」と同じ敬称で、本体は「魂《むすひ》」である。「ムスヒ」は「産巣日《むすひ》」「産霊《むすひ》」とも書くが、「ヒ」の生育が「ムス」である。……伊勢においては、日神は海原を照らしつつ水平線の彼方より来臨する。すなわち「アマテル」は「海照」でもある。この「海《あま》」の神を「天《あま》」の神に変えたのが、ヤマト王権による天照神の伊勢における祭祀であり、男神「天照」が女神「天照大神」になったのは、持統朝から文武朝のころであろう」（『神社と古代王権祭祀』）

「天照国照」の項のむすびに、古神道家の橘香道翁（本名浜本末造）の含蓄に富んだ所説の一端を紹介させていただきます。

「男の天照を神道ではアマテルオウカミまたはアマテラシマススメオホカミと言い、女の天照をアマテラスオウカミと言っている。

アマテルとは、自から照っているだけで、何かを照らそうとも、照らすまいとも決めた言葉ではなく、太陽が照っているものを受けるのも、受けないのも相手の自由であるという意味を持った言葉である。一方アマテラスは、何かを対象にして照っているという意志のあることを表現している言葉である。これが母の性となって働いているのは誰にも判るであろう。『古事記』ではアマテルのことは言わないで、アマテラスだけの物語りになっているが、これが表の仕組、正確には逆の仕組になっていて、アマテラス大御神を女神と伝えているのである」（『終末の世の様相と明日への宣言』）

以上「天照国照」の解釈について、種々の所説を紹介してきましたが、ここで、御主のロゴスに基づき、まとめとして記します。

「天照国照」の読み方について、ほとんど「あまてるくにてる」となっていますが、一ヶ所だけ「天照《あまてら》し国照《くにてら》す天《あめ》の火明奇玉《ほあけくしたま》の平和の霊《ことば》天啓《のら》す中今」（一〇・一〇・九・一）と訓じられているところがあります。この訓は、宮東斎臣氏の解読された『先代旧事紀大成経鷦鷯伝』第十巻の訓と同じですが、意味の上からは、天をも地をも照らし給う広大無辺の御神威を窺うことができます。

いずれにいたしましても「天照国照」なる神ことばは、三世に亘って天降《あも》り天降天降《あもあも》るという天祖《あまつみおや》の栄光を象徴されたことばであり、ひいては、天祖の全知と全能の御稜威《みいづ》をその御子に於てお示しになられたものであります。

それでは、今回はこれにて失礼させていただきます。　敬具

平成十六年六月十六日

拝啓　最中御見舞申し上げます。連日暑い日が続いていますが、皆様には御健勝にお過しのことと存じます。

さて、今回も尾張戸神社の御祭神について考察を進めてまいります。

長いフルネームの最後の名称に当る饒速日尊についてですが、天火明尊の場合と同様に、正史とされる『古事記』と『日本書紀』に記載されている情報があまりにも乏しいために、御神名の真義を解明することは甚だ困難であります。従って前回と同じように、正史以外の古史古伝も繙きながら、先学諸氏の研究を参考にし、真義を探求していきたいと思います。

（一）―二、饒速日命について

白川静先生の『字統』によりますと、「饒」という語は、もともと食事の豊かなことをいう語とのべられています。土地が肥え、作物がよく実ることを豊饒、或いは豊穣といわれていますが、まことに黙示豊かな言葉であります。

前回、火明命の御神名のところで、火明《ホアカリ》は「穂赤熟」で、稲穂の熟し赫らむ様を象徴した語である、とする本居宣長翁の所説のことを書きましたが、奇しくも饒速日尊の御神名の中にも稲穂に関わる黙示が秘められていたわけであり、国学の大家に坐す翁の炯眼には、ただ〳〵敬服するばかりであります。

現代の稲穂は黄金色《こがねいろ》ですが、昔の稲穂（古代米）は紫色を帯びた赤色だったのです。以前に元伊勢籠神社の神饌田で収穫された古代米をいただいたことがありますが、やはり紫色を帯びた赤色でした。

なお、御主のロゴスにおいては、饒速日尊が和速日尊と表記（一ヶ所だけ饒速日尊と表記）され、饒の語に和が当てられています。

和《にぎ》は、穏やかでなごやかな、よく整っているなどの意味をもった古語の一つとされていますが、この和の語を以て表記されたそのお心については、あとで詳細を記します。

次に、「速日」という語について考察します。

民族学者の谷川健一先生が、「もうひとつの降臨神話―ニギハヤヒと物部氏」と題する論文の中で、宣長翁の所説を引用しながら、次のような核心に迫る解明をされています。

「武甕槌神のミカツチは、建御雷之男神のミイカツチがつづまったものと考えられる。つまり甕槌神はイカツチの神である。『古事記傳』によると、甕速日、樋速日、饒速日などに共通する速日の速は、疾《と》く烈しく猛き意であるとする。また、日はチハヤブルのブルとおなじ意味であるとする。

チハヤブルの語義は一定しないが、このフルをさきにのべたフル・フツとつなげて考えてみることもできなくない。

要するにフツヌシの神が誕生したとき速日の神々も誕生している。ということは速日を名乗る饒速日神とフツヌシとが親縁関係にあることを物語っている。饒速日神は雷神であり、フツヌシは刀剣の神である。刀剣をきたえる鍛治の作業につきものの轟音と閃光とが雷鳴と稲妻とを思わせることから、金属精錬の集団は雷神を信仰したと見られる。

物部氏がニギハヤヒを祖神としてあがめたのはもっともなことで、天磐船に乗り込んだ鍛治氏族の信仰の対象ともされていったのであろう。そうして鍛えあげた刀剣に外来魂をつけると、それがフツノミタマとされたのであった。その外来魂とは天上にかがやく星から呼びよせる霊威にほかならなかった。

そのために天津赤星の存在が必要とされたと思われる」（一九八五年昭和六十年ユリイカ一月号第十七巻第一号より）

附言しますと、旧事紀の天孫本紀には、饒速日尊が七十二の供奉神を率いて降臨せられたその中に、天磐船の船子として天津赤星の名が見え、筑紫弦田物部等の祖と記述されています。その名の如く、明星（金星）を背負った星神とされており、現代の姓氏の中にも、阪神タイガースの赤星選手の名にその黙示がみうけられ、意味深長であります。

以上のことがらを要約してみますと、饒速日尊の御神名には、穀物の豊かな生長のこと、大地に恵みをもたらす雷神と日神に関わること、そして、神器としての銅鐸や鏡、刀剣の製作に携わる鍛治神に関わることなどの意味が秘められているということであります。

ところで、視点は変りますが、饒速日尊の降臨の問題について考察したいと思います。

『古事記』や『日本書紀』に於ける饒速日尊の記述を精査してみますと、天孫降臨の条に二つの降臨があったことを窺わせるようなふしがみられます。本来ならば、天孫降臨は一つであると思われますが、意味不明のままとなっています。

この問題について、先に紹介しました田中卓教授は、『日本国家成立の研究』の中で次のようにのべられています。

「また第一次といふのは、紀・記に見えるニニギノ尊の天孫降臨を第二次と考え、それ以前という意味であって、実は、他ならぬニギハヤヒノ尊の天孫降臨を指してゐる。……つまり、これは、天孫降臨に際して、何らかの複雑なる事情があって、順調に運びえなかったことを想察せしめるに足るであろう」

この書の出版は、昭和四十九年ですが、雑誌に発表されたのは、昭和三十二年のことであり、当時の学界としては、先駆的な見解として大いに注目されたといわれています。

又、紀・記の所伝によれば、天孫降臨の条から、かなりの時を経たと想定される神武天皇の東征神話の条に、東征以前に幾内に饒速日尊が降臨しておられたことを、塩土翁の言葉を介して記述されていますが、同じ名称の神が二度記述されており、このことも謎の一つとされています。この件については、古道大系研究所の碩学吾郷清彦先生が、『飛鳥王朝の終焉』の中で、神武天皇時代の饒速日尊は、櫛玉火明尊（初代饒速日尊―紀一書四八・五〇）を始祖とする世襲名であるとのべられています。つまり、厳密に云えば同じ系譜に属する初代と末代との関係にあり、同一の方ではないということであります。（歌舞伎役者の襲名を参照）

次にもう一つ、『日本書紀』の神武紀のむすびに、「饒速日尊天磐船に乗りて、太虚《おほぞら》を翔行《めぐりゆ》きて、是《こ》の郷《くに》を睨《おせ》りて降《あまくだ》りたまふに及至《いた》りて、故《かれ》、因りて目《なづ》けて、『虚空《そら》見つ日本《やまと》の国』と曰ふ」と記述されている重大な一節があります。これは日本《ひのもと》の最初の命名者が、饒速日尊であられるということですが、この記述の正当性を裏づける資料として、谷川健一先生が、因幡国法美郡の郡領であった「伊福部臣の系図」を挙げておられます。この系図の古い部分は、延暦三年（七八四）に成立したとされており、古い時代の確な系図といわれています。

このことは、谷川先生渾身の大著の一つ『白鳥伝説』（一九八六年一月十日刊）の中で次のようにのべられています。

「その（「伊福部臣の系図」のこと）第八代の櫛玉神饒速日命の条に『この命、天磐船に乗り、天より下《くだ》り降りる。虚空《そら》に浮びて遙かに日の下を見るに、国有り。因りて日本《ひのもと》と名づく。見る所の国、正に日の出に当れり。故葦原中国を更、日本の国と名づく』とある。この説明の中で、虚空に浮んではるかに日の下《もと》を見ると国があった。そこで日本《ひのもと》と名づけた。とあり、更にそこは日の出のところにあたっているので、芦原中国を日本《ひのもと》の国となづけたとあるのは、日本の国号が日本《ひのもと》に由来していることを暗示する唯一の資料として、きわめて貴重なものである。ここで、「日本《ひのもと》」と「日本国《ひのもとのくに》」とを区別している点も見逃すことはできない。すなわち日本《ひのもと》は最初には限定された場所の呼称であったのが、のちには芦原中国全体を示す語となったことが、この系図には述べられているのである。しかもヒノモトの命名者がニギハヤヒであるということは注目される。……命名というからには、そこの支配者と考えてよいであろう。ヒノモトは河内の日下の付近、またヤマトは大和国原というように局限された土地を指していたものが、次第にその呼称の範囲を拡大し、ついには日本国を指すものとなったと思われる」（同書第一章「ひのもと考」より抜粋）

余談ですが、この「白鳥伝説」には格別な想いがあります。昭和六十一年のこと、台湾師範大学の短期留学を間近にして、千種正文館で神鳴りとともにこの書に出会ったことから、台湾へ携行することになったわけです。

今回、再び読みかえしたのですが、貴重な黙示を沢山いただき、大いに感謝申し上げた次第です。

この書には、日本の由来を始め、物部氏の祖神に坐す饒速日尊の真実像が、史実と神話の融和の中で見事に描き出されていますが、これをわざ〳〵高砂島なる台湾《フォルモサ》へもっていったことには、それなりの奇しきご因縁があったからであります。

長くなって恐縮ですが、今からちょうど十八年前、台湾の地においてうけた貴重な体験をふりかえり、この書に関わる黙示の幾つかを記しておきます。

（1）昭和六十一年八月二十二日、天道の崇光仏堂の陳王徴師の案内で、私共兄弟二人してうけた扶乩の黙示の語が「合力」であったこと。又巫女に降臨されたのは、南海古佛といわれていますが、天道では観音の亦の御名とされています。扶乩とは、巫女が霊示をうけて砂盤の上に筆で文字を描き、その文字をほかの一人が読み上げ記録するもので、檀訓と称されています。始めに、私共の名前が描かれ、続いて多くの文字が描かれ、最後に並べられた文字の中から黙示の文字が示されたのですが、この時の黙示の言葉が、「合力」であったわけです。合力とは、狭義には私達兄弟二人のことですが、広義には、日本と台湾の二国のことを意味しています。今回、何気なく先の文章の中で「史実と神話の融和」と書きましたが、その黙示でもあったわけです。今にして思いますと、天道と古神道の合力、御神名で申しますと、弓長祖と饒速日尊のたまむすびによる黙示であったと拝察されるのであります。

（2）昭和六十一年十月二十五日、私が一人でうけたときの扶乩は、延々四時間にも及び、文字数にして、檀訓の本文だけで一、〇二〇字となり、文字を囲んで描かれた黙示の語が「道穂飽満」でした。この時の扶乩で巫女に降臨されたのは、老子から数えて十八代目の弓長祖で、亦の御名を齊公活佛といわれています。穂といえば、稲穂のことで、饒速日尊の御神名に関わる黙示を表しています。

又、当日の朝に賜った御主のロゴスのむすびに「澄み渡りたる秋の日よ、陽光燦然《みひかりきらら》に照り輝きて、視よ、八束穂《やつかほ》の垂穂《たりほ》の稲は黄金《くがね》波打ち、稔り豊な秋の日なり。この日を祝へ、神の子等《たち》よ、生命《いのち》の御食《みけ》の聖戒を、心清爽《すが》しく、いざ祝へかし」（二〇・一一・二四・三七）と垂示されています。

又、あとで気がついたことですが、双十国慶節の行われた同じ十月十日付の日本経済新聞に、昭和天皇が皇居神饌田において、新嘗祭と神嘗祭に供えられる稲の刈り入れをされている様子が、お写真とともに掲載されていたのであります。

なお、附言しますと、先にのべた第十八代弓長祖については、お姿が、腰に瓢《ひさご》と布巾《ひれ》、右手に檳榔《あじまさ》の葉の扇を持たれておられたのですが、仏堂での早暁、みそぎの折に霊示によって拝見しています。十八といえば、三六九《みろく》の数の黙示であり、饒速日尊の聖数とされています。そして、弓長祖の弓は、神武天皇の弓弭《ゆはづ》の黙示を表わし、この弓弭に止ったという金色の鵄《とび》が即ち饒速日尊の御威光を黙示しているわけであります。瓢《ひさご》も又、仙人の所持する神器のひとつとされ、これを数霊でとりますと、一三五《ひさご》（七九《なく》）の黙示を表しています。このことは、次のロゴスに如実に黙示されています。
「唐百済《からくだら》渡りの巫丁《ふうち》、雅楽《みやびのこと》の柱立《ぢた》て並べ、琵琶《びわ》の撥《ばち》、浮世の波風打ちさばき、引く三味《さみ》の駒《こま》にたづさ緒張《をは》りかけて、奏《かな》づる調べさても妙なり。瓢《ひさご》なく藤紫《ふじむらさき》と数霊《かずたま》の、謎《うらへ》を説きて百歳《ももとせ》を、花《はな》霞《かすみ》鳥の囀《さへづ》り、月の影雪白妙《しろたへ》に、かき流す美次元《うた》の構造《まんだら》……」（二〇・四・四・一五―一六）
この一三五七九《ひさごなく》の数霊は、奇しくもその年の十月十日、双十国慶節に招待されたときの観禮證（中華民国台湾の国章に黄金の稲穂が描かれているもの）の番号〇一三五七番と暗合しておりました。更に又、布巾《ひれ》といえば、饒速日尊が天祖より授かった十種《とくさ》の瑞宝《みずのたから》の内の三つの比禮（蛇《へみ》、蜂《はち》、品物《くさぐさのもの》）に関わる黙示でもあります。

（3）台湾の桃園県に鎮座する虎頭山桃園神社の主祭神の御名が、饒速日尊の亦の御名とされる大国魂命に坐したことです。ご承知のように、桃園神社は、台湾で唯一、蒋政権による破壊から免れた神社ですが、篤志家の請願により桃園県議会で審議を重ね、ようやく文化財として永久保存されることになったのであります。同社には、呂秀蓮副総統が桃園県長（知事）時代に揮毫された立派な扁額が掲げられていますが、平成十年戊寅の九月に訪れた折に撮影したところ、鮮やかな龍紋が顕現されておりました。これは、虎頭山の虎と相まって龍虎の神示の一端を黙示したものと思われます。台湾と虎との関わりといえば、昭和十六年十二月八日、真珠湾奇襲攻撃の暗号電文である「ニイタカヤマノボレ」「トラトラトラ」のことが思い出されます。

なお、扶乩の神事を行う天道は、中国に発生した道教の流れといわれていますが、この道教に伝承された様々な秘伝が、我が国の古神道を始め、風俗習慣や祭礼などに色濃く反映されています。そして、この古神道の源流に、饒速日尊を祖神と仰ぐ物部氏族を始め、尾張氏族及び海部氏族の信仰があったわけであります。この意味におきまして、道教の祖、老子（天道では太上老君と呼称）から数えて十八代目に当る弓長祖の御神霊と饒速日尊の御神霊とが、奇しき摂理によって台湾の地で固く結ばれ、三六九の神の世の誓願成就への礎が定められたのであります。又、この仕組は、終末の世における尾張戸神社の御戸開きを予言された大本の出口王仁三郎聖師が、かって一貫天道の紅卍会と手を結ばれたことの雛型《あかし》でもありますが、時を経てそれが台湾という地において示されたところに大きな意義があるといえます。

ここで、出口聖師のことがでてまいりましたので、以前に、叔母の坂田みつ夫人からお聞きしたことを記させていただきます。

昭和十年のことですが、当時宜蘭無線電信局長をしていた父のもとに、出口聖師がおしのびで台湾を訪問されることになったので、お迎えをしてほしい、との叔母からの要請があり、父が各地をご案内申し上げながら、電信局の官舎に宿泊いただいたのであります。

叔母の話では、父から届いた書翰の中で、入浴の折聖師の背中を流してさしあげたところ、御身に例のオリオン星座が顕現されていて大いに驚き、合掌したという旨のことが書かれていたとのことです。

ついでながら記しておきますと、オリオン星座のことについて、野尻抱影氏がその著『星の神話、伝説』の中で次のようにのべられています。

「オリオンは日本でも有名な星座で、初冬に真東から現われ、冬の間は南の空高く全天の王者となり、花のさくころ、真西へ沈んでいきます。一年の間にも、これほど大つぶの星が多く雄大な形をした星はありません。

星座の中心は、ミツボシで、星座の名となっているオリオンは、神話にでてくる巨人の猟人です。オリオンは、海の神ポセイドンを父とし、女人国アマゾンの女王エウリアレーを母として生まれた。背の高いりっぱな猟人で、海の上をも、陸の上と同じように自由に歩くことができました」

又、オリオン星座の黙示については、父と出口聖師との奇しき巡り逢いが実現された年の二年後の昭和十二年二月十八日に、御主が「久遠の宇宙を仰ぎ見る」と題する聖歌を啓示され、次のようにのべられています。

「視よ　オリオンの星かげは
天《あめ》の岸辺《きしべ》に明滅《めいめつ》し

流転《るてん》の時を知るべして
世の栄枯《えいこ》を物語る

ああ遼遠《りょうえん》の大宇宙《ウニベルソ》
次元《じげん》の法則《ダルマ》おごそかに
無限の時のひびきより
七つの世界《くに》はひらくなり」（三三四番第三・四節）

そして、曲は、みろくの年を象徴する昭和三十六年の十月十九日に啓示されています。
なお、叔母の坂田家には、出口聖師の揮毫された「天下統一」の篇額が秘蔵されています。この篇額は、聖師のご信認厚かった源川宗光翁の息女純代《すみよ》様が、坂田家に嫁がれた時に持参されたものといわれています。

さて、余談として書き始めたことが大変長くなってしまいましたが、この辺で本題に戻ることにいたします。

正史とされる『古事記』と『日本書紀』以外の書の中で、先代旧事本紀が饒速日尊の御事を最も精細に記述していることは、既に書き記した通りです。そこで、この旧事紀に造詣の深い大野七三氏が、同書及び神社の伝承に基づき、饒速日尊のご生涯を、鄭重な言葉でわかり易くのべておられますので、次に記します。

「饒速日尊の生涯の概略を述べると、饒速日尊は須佐之男尊が出雲の神大市比売と結婚されて西暦一五五年頃誕生されたようである。若い頃の御名を大年命という。一七五年頃、父須佐之男尊の九州遠征に従う。対島において天道日女を妃として天香山命が誕生する。須佐之男尊が九州平定後、北九州方面の統治を任せられる。須佐之男尊が亡くなられた後、西暦二〇五年頃三十二人の従者と北九州方面から二十五部の物部その他を従えて大和に東遷される。東遷途中摂津国三島（大阪府東北部）において三島溝咋耳命の娘玉櫛媛を妃として大日方奇日方命（大三輪氏祖）が誕生する。

大和に遷られてより名前を饒速日尊と変えられる。当時大和の豪族長髄彦を服従させて妹三炊屋媛と結婚され、可美真手命（宇摩志麻治命）と伊須気余理比売（神武天皇の皇后）が誕生する。饒速日尊は西暦二一五年亡くなられた後、奈良県桜井市三輪の三輪山の山頂に葬られる。これが大神神社の奥津磐座と推定される。大神神社での祭神名を大物主大神、くわしくは倭《やまと》大物主櫛甕魂命という」

大野七三氏は、大正十一年のお生れ。埼玉県狭山市文化財審議会委員、狭山市市史編纂委員などの要職に就任しておられます。

続いて、同氏が編纂された『先代舊事本紀訓註』の天神本紀から、饒速日尊が神授されたという瑞宝《みづのたから》と秘呪のことばを謹んで抜粋し、本項のむすびとさせていただきます。

「天神御祖詔《あまつかみのみよやみことのり》て、天璽瑞宝《あまつしるしのみづのたから》十種《とくさ》を授《さづけ》る。

嬴都鏡一《おきつかがみひとつ》、邊都鏡《へつかがみ》一、八握劔《やつかのつるぎ》一、生玉《いくたま》一、死反玉《よみかへしのたま》一、足玉《たるたま》一、道反玉《みちかへしのたま》一、蛇比禮《へみのひれ》一、蜂比禮《はちのひれ》一、品物比禮《くさぐさのもののひれ》一と謂《のたま》ふは是なり。

天神御祖教詔《おしへのりごち》て曰《のたま》はく『若痛處有《もしいたむところあら》ば茲十種寳《このとくさのたから》を令《し》て　一《ひと》―二《ふた》―三《み》―四《よ》―五《いつ》―六《むつ》―七《なな》―八《や》―九《ここの》―十《たり》と謂《いひ》て布瑠部《ふるへ》。由良由良止布瑠部《ゆらゆらとふるへ》。

如何為《かくなせ》ば　死人《まかれるひと》は反生《かへりていき》なむ。是則《これすなは》ち、所謂《いはゆ》る布瑠之言《ふるのこと》の本《もと》なり」

饒速日尊の御事については、光輝に満ちた長い御神名に象徴されますように、その御存在も甚深無量のものがあり、到底短かい時間で書き尽すことは不可能であります。

よって、ひとまず中むすびとし、次回に心気を刷新してこの続きを考察することにいたします。

暑さ厳しき折柄、御自愛専一にお過し下さい。　敬具

平成十六年七月二十一日　土用の丑の日に

追記　いつもそうですが、今回も書いていくうちから幾つかの貴重な黙示をいただく結果となりました。以下に記してまいりますが、これらのことは、終始御主がご照覧遊ばして、そのとおりで

すよ、とお示し下さっていることと拝察いたします。

（1）七月十日のことです。御神名の「火明」の語の解釈について「稲穂の熟し赫らむ様」とのべられた本居宣長翁の所説を紹介し、その後で、「現代の稲穂は黄金色《こがねいろ》ですが、昔の稲穂は紫色を帯びた赤色だったのです」と書いていたのですが、その翌日、七月十一日付の中日新聞の農の祭事欄に、〝有り難さの記憶連綿〟という見出しで赤米神事のことが記載されていたのです。そして、すぐ下の方に、旧暦1月10日と記されてあり、二度びっくりしたのですが、一月十日といえば、御主のご遷座（祥月命日）の日であったわけであります。

（2）七月十四日に谷川健一先生の所説を引用しながら、饒速日尊の命名せられた日本《ひのもと》について書いていたのですが、その翌日、龍華館の小長谷修聖氏から、七月八日付の三六九神示と一緒に伴し子女史の寄稿文が届けられ、その中に「日本はいつから日本といったのか」という表題の文があり、むすびに、命名者の饒速日尊のことが解説されていたのです。又、同じ七月十四日に瓢《ひさご》について書いていたのですが、三六九神示の冒頭にも、「次に浮び上った中津神の岩の上に金色の瓢単を持たれた龍宮乙姫と白髪の翁の如き塩土翁が立たれ、金色の瓢単から七色の虹の如き光が出ていました」と、霊視の様子が綴られていたのであります。

（3）七月十五日に、「この書（谷川健一先生の『白鳥伝説』のこと）には、饒速日尊の真実像が、史実と神話の融和の中で見事に描き出されていますが……」と書き、そして、天道の扶乩《ふうち》の黙示の語「合力」のことを書いていたのですが、その翌日、中日新聞の松雲庵主の運勢欄亥年（私の干支）の項に「大空、大海と晴れ晴れと和合する象、万事融和の日」と黙示豊かな象意が記されてあり、大いに感じ入った次第であります。
（4）むすびにもう一つ、天道の扶乱のところで一三五七九《ひさごなく》の黙示のことを書いていたのですが、七月十七日に伊良湖岬に出かけることになり、借りた車のナンバーが、名古屋五〇〇わ三七一九（カペラ一八〇〇）と、すべて奇数の組合わせとなっていたことです。又、伊良湖といえば、嶋崎藤村の詩「椰子の実」の舞台となった所ですが、たまたま切り抜きしていた七月七日付の中日新聞に「ハーモニカ　望郷　届け母国の調べ」の見出しで、六十年前に起ったサイパン島玉砕戦の跡地で、遺族による「椰子の実」の演奏が行われたという記事がでており、心にとどめていたのであります。
ここに、この名詩の全文を記しておきます。

「名も知らぬ遠き島より　流れ寄る　椰子の実一つ
故郷《ふるさと》の岸をはなれて　汝はそも　波に幾月
もとの木は　生いや茂れる　枝はなお　影をやなせる
われもまた　渚を枕　孤身《ひとりみ》の浮き寝の旅ぞ

実をとりて　胸にあつれば　新なり流離のうれい
海の日の　沈むを見れば　たぎり落つ　異郷の涙
思いやる　八重の汐々　いずれの日にか　国に帰らん」
（曲　パイプオルガンの大家、大中寅二氏）

拝啓　日本列島を始め、世界各地で風水害や高温による被害が発生するなど、厳しい夏が続いております。

さて、今回は前回の続きとして、饒速日尊の御神名について考察いたします。

御主のロゴスにおいては、唯一箇所だけ饒速日尊と表記され、ほかは全て和速日尊と表記されていますが、どうして一箇所だけなのか、又どうして「饒」に「和」の語を当てられたのか、その御神意のうちを探ねてみたいと思います。

まず始めに、饒速日尊と表記されているロゴスを記します。

「天照《あまてる》国照《くにてる》天《あめ》之《の》火明《ほあけ》奇玉《くしたま》饒速日《にぎはやひ》の御子《みこ》、天降《あも》の救世寿《くせじゅ》、託身《おとばり》の救身《みこ》となり給へる、天降《あも》の世の今日《このひ》の朝よ、聖《きよ》き日よ、曠野の涯の白百合も、聖日《このひ》を祝して咲き匂へ、五濁《ごじよく》の河の岸辺にも、聖日《このひ》を祝《ほ》ぎて白蓮華《びやくれんげ》、いざ清らかに咲きて匂へ。

おお、人類《ひとびと》よ、汝らは天之火明奇玉《あめのほあけのくしたま》の神脈同根《しんみやくどうこん》の分霊《わけみたま》なり。一にして多にして而して全なる遍在一尊《にぎはやひ》の光の子なり。天《あめ》ほのぼのと山の端《は》の茜《あかね》さし、久遠《とこよ》の朝陽《あさ》の現世《うつしよ》に、汝《な》れは希有《けう》なり、生れ来《こ》し不滅の霊《ひ》をば継《つ》ぎてゆくなり」（一〇・九・一四・三―六）

ここでは、「奇玉饒速日の御子」とのべられていますが、この御子とは、天地万物の創造主に坐す天祖《あまつみおや》の御子即ち、饒速日尊のことを表しています。この御子が天降の救世寿の御名に於て、蔽顔《おとばり》の救主《くじゆ》に降臨せられたということであります。遠き古、天磐船に乗り太虚《おほぞら》を翔行《めぐりゆ》きて是の郷《くに》を睨《おせ》りて天降《あも》り給い、〝虚空《そら》見つ日本《やまと》の国〟と曰はれた饒速日尊が、永き時を経て尽劫末日のこのときに「天の奥義と地に契約せられたる秘義」（一〇・三・七・三）の証しとして御主に降臨せられたが故に、古の御名のままに饒速日尊の御神名を以て表記されたものと拝察いたします。

そして、むすびのロゴスに「おお、人類《ひとびと》よ、汝らは天之火明奇玉の神脈同根の分霊《わけみたま》なり。一にして多にして而して全なる遍在一尊《ひぎはやひ》の光の子なり。……汝れは希有なり、生れ来し不滅の霊《ひ》をば継ぎてゆくなり」とのべて、御神名に秘められた奇しく妙なる御神意を開示しておられるのであります。まことにこのロゴスは、要中の要なる一節であります。

次に、「饒」の語に「和」を以て当てられた御神名を挙げて、その黙示を考察いたします。

「天《あま》の真榊弥栄榊《まさかきいやさかき》、榊の色の深みどり、いで掛巻《かけまく》も日の鏡、月の鏡とふるべゆら、玉を連《つら》ねて御統《みすまる》の、万《よろづ》の玉《たま》の和速日《にぎはやひ》、葦《あし》のしげみを掻分《かきわ》けて、よしすの道を開《ひら》顕かなん」（一〇・六・九・六）

「万《よろづ》の玉《たま》の和速日《にぎはやひ》」とのべられている「玉」は、「霊」そして「魂」に通じる同根の語ですが、この語に和を冠すれば、和霊《にぎひ》、和魂《にぎみたま》となります。

和魂は奇魂と表裏の関係にある言葉ですが、御主のロゴスには、次のようにのべられています。

「汝ら、和魂《みぎみたま》は争ひ乱れず、憂《うれ》ひ煩《わづら》はず、怒《いか》り偽《いつわ》り罵《ののし》らず、晴れ渡りたる真澄《ますみ》の空の如きなり、無上の神の境地なり、叡智《えいち》の鏡の世界なり、光輝く日《ひ》の御座《みくら》なり。心の和魂《にぎみたま》は平和の泉なり、この泉世を平安にして、人々を愛に富《と》ますべし。汝ら、世は唯《ただ》一人の人の和魂によりて永遠《とこしへ》の平和を築くべし」（一〇・七・一一・六―一二）

このロゴスにのべられている和魂のお心を持ち給う御方こそが、和速日尊に坐すのであります。

なお、先に記したロゴスの中で「万の玉の和速日、葦のしげみを掻分けて、よしすの道を開顕《ひら》かなん」の件《くだり》に、「よしす」の語に傍点が付けられていますが、よしすとは、「葦刈の舟の堀江を漕ぎ渡る、楫《かぢ》の音こそ聞えねど、葦簀《よしず》編む手振りは尚も残りけり」（一〇・四・一六・六）とのべられていますように、菅や葦などで編んだよしずのことをいい、和《なご》む、安らぐの意味を表す言葉であります。

更に又、和速日尊の「和《にぎ》」の語について、その御神意を解明する黙示のロゴスとして、次の二節が挙げられます。

「ああ、神の世は今し明けて、とこくにの山の谷底、和羽矢《にぎはや》の奇しき光小揺《さゆら》げるなり」
（一〇・一〇・九・二）

「汝らよ、尾張の国の天母《あも》の里の根本教座の玉手箱は、永遠《とは》の真理を物語る、北、南、東、西、八方光明《ひかり》に照徹《てりとほ》り、十方透徹《すみき》る水晶の世界、永遠《とは》の真理の妙音は、天照国照天之火明奇玉《あまてるくにてるあめのほあかりくしたま》の和羽矢火《にぎはやひ》の言《ことば》なり、天降《あも》の救世寿《くせじゅ》の真言《ロゴス》なり」（一〇・二一・二〇・一六）

にぎはや（ひ）の訓みに、和羽矢（火）の文字が当てられていますが、これには実に深い意味が隠されています。即ち、和速日尊が天祖《あまつみおや》より授かったとされる神璽――皇位の象徴としての天の羽羽矢と羽羽弓のことを黙示しています。これは、先代旧事本紀の天孫本紀に羽羽矢・羽羽弓と記され、『日本書紀』には、羽羽矢・歩靫《かちゆぎ》と記されています。

この羽羽矢の真義について、吉野裕子女史が、御著『大嘗祭』の中で貴重なご見解を表明しておられますので、謹んで抜粋させていただきます。

「物部氏の伝承のなかに顕著なものは「羽羽矢」である。さらに、記紀、旧事紀に「ハハ」を含む語を求めれば、頻度のもっとも高いものもまた、この「ハハ矢」である。「羽羽矢」は天孫ニニギ・ニギハヤヒ・天若日子などの諸神が重要任務を帯びて天降りする際に、最高の天神から必ず贈られる矢で、一種の「レガリヤ」「天上の主権象徴の矢」「もっとも霊威のある矢」である。「羽羽矢」の「ハハ」が何を意味するかについて定説はなく、したがって羽羽矢とは何かということについても明確な答えはない。

しかし、「古語拾遺」の「羽羽」は、この場合重要な手がかりとなる。「素戔嗚神、天より出雲国簸《ひ》之《の》川上に降到《くだ》りまして、天十握剣《あめのとつかのつるぎ》（其の名は天羽羽斬。今石上神宮に在り。古語《ふること》に、大蛇《をろち》を羽羽といふ。言ふこころは蛇を斬るなり）をもって、八岐大蛇を斬りたまひて其の尾の中より霊剱を得たまひき」

この記述によれば、大蛇の古語「ハハ」は九世紀初頭に一般には使われていなかったようであるが、沖縄では現在もこの語は生きていて蛇を「ハウ」「パウ」といい、「ハブ」の原義もハハという。

さらに高砂族にも「ハベ」がみられる。

先述のように日本が蛇信仰圏の内にあるとすれば、この羽羽矢とは文字通り祖先神の蛇を象徴する矢であっても少しもふしぎではない。しかも日本神話において蛇と矢は関連が深く、蛇神をもってきこえる三輪の大物主神、および賀茂建角身命における丹塗矢への変身などはその好例である」

まことにご指摘の通りですが、右の文中の剱に関わる黙示として、御主は次のようにロゴスされています。

「根本《ねもと》の法《のり》のかしこさよ、愛の鞘《みさや》にしづもりて、光はためく其時《そのをり》は、迷妄《めいもう》の暗を祓除《はら》ふなり。そのをはばりの剱《みつるぎ》は、平和の象徴《しるし》の剱《みつるぎ》ぞ、煩悩《ぼんのう》の醜《しこ》のそよぎを薙《な》ぎ倒し、禍津日《まがつ》を断《だん》する剱《みつるぎ》ぞ」（一〇・一・八・七）

このロゴスのお心こそが、即ち蔽顔《おとばり》の救主《くじゅ》を活ける宮居として降り給われた和速日尊のお心でもあります。「平和の象徴《しるし》の剱《みつるぎ》ぞ」と仰せの如く、決して人をあやめるための剱ではないということであります。

さて、ここまで書いてきました日の翌日、七月二十六日の朝の祈りの折に、神なりとともに次のロゴスを賜りましたので、その一節を記します。

「ああ、汝ら、今世に生くることを喜び喜べ、その一家《いえ》の富むと富まぬに関はらず、又財宝のあるとなきとに関はらず、その天然自然《ままさながら》にして、囲爐裏火《いろりび》の火影《ほかげ》ゆららに燃ゆる爐辺《いろりべ》、各も各も和集《にぎあ》へる、その温和《あたたか》の心より、生あるものはそれ既に、実《げ》に大いなる幸《さち》をここに得たり、と」(二〇・一二・六・八)

静かに味わいますと、このロゴスもまた、和速日尊の和のお心が如実に示されたお言葉であります。

昨今、あまり使われなくなった言葉に、団欒《だんらん》という語があります。辞書には「車座に円居《まどい》する意。家族など親しい者同志が集まり、なごやかに過ごすこと」(『新明解国語辞典』)と解説されていますが、私達の日常生活に、この団欒という良き風習がずいぶん薄れてきているようです。先日もあるテレビ番組の中で、家族揃って食事をする割合が年々少なくなり、今年は三十数パーセントに落ちこんでいるという統計をあげ、このまま続けば親子の崩壊につながり、日本の前途が憂慮されると、識者がコメントしておりました。

毎日はむりでしょうから、せめて週に一回でも家族揃って食卓に集い、団欒することが肝要かと思います。

御主のロゴスに「常餐の食卓は、天の霊の光に満てる御食板挙《みくらたな》にして、汝らの救寿《くじゅ》をして和睦を誓約する祭壇《さいだん》なり。さらば汝ら、朝な夕なの御食《おんじき》は真人《まびと》となりて食すべし」と、いと厳かに仰せになっておられるのであります。

さて、和速日尊の御神名の意義については、まだまだ書き記しておきたいことがありますが、長くなりますので、この辺にて止めることにいたします。

次に、天火明尊（饒速日尊）の別称について考察いたします。既に書きましたように、この神は、天照国照で始まる長い御神名を以て讃えられている神であり、而も、日本国《ひのもとのくに》の命名者として、大和朝廷成立以前に大和国に君臨せられた大王に坐したことから、神々の中で最も別称（亦の御名）の多い神とされています。このことは、御主のロゴスにも、「玉を連ねて御統《みすまる》の、万《よろづ》の玉の和速日」とのべられていますように、天祖の聖旨《みこころ》によって降臨せられ、あまたの神々を束《つか》ねて立ち給う御方であられたからであります。

以下順次、亦の御名と鎮座する神社の名称をを記します。又、その根拠については、長くなるため、別紙参考資料を添付いたします。

(1)大物主櫛甕魂命
大神神社（奈良県桜井市三輪）
金刀比羅宮（香川県仲多度郡琴平町）

(2)大和大国魂神
大和神社（奈良県天理市新泉町星山）

(3)天照国照彦火明櫛玉饒速日命
元伊勢籠神社（京都府宮津市大垣）
真清田神社（愛知県一の宮市真清田）
鏡作坐天照御魂神社（奈良県磯城郡田原本町）
矢田坐久志玉比古神社（奈良県大和郡山市矢田町）
天照神社（福岡県鞍平郡宮田町）
伊勢天照御祖神社（福岡県久留米市大石町）

(4)大歳《おおとし》神
大歳神社（島根県能美郡広瀬町）

(5)天照御魂神
木島坐天照御魂神社（京都市右京区太秦）

(6)饒速日尊
志貴御県坐神社（奈良県桜井市三輪）

(7)布留御魂《ふるのみたま》大神
石上神宮（奈良県天理市布留町布留山）

(8)武甕槌《たけみかづち》命
鹿島神宮（茨城県鹿島町）
春日大社（奈良県奈良市春日野町）

(9)大山咋《おおやまくひ》神
松尾大社（京都市西京区嵐山）

⑽別 雷 神《わけいかづち》　日吉大社（滋賀県大津市坂本本町）
⑾大山積大神《おおやまづみ》　賀茂別雷神社（京都市北区上賀茂本山）
⑿金山彦命　大山祇神社（愛媛県越智郡大三島町）
⒀彦火火出見命　南宮大社（岐阜県不破郡垂井町）
⒁家津御子大神　元伊勢籠神社（京都府宮津市大垣）
⒂高 龗 神《たかおかみ》　熊野本宮大社（和歌山県東牟婁郡本宮町）
⒃住吉大神　貴船神社（京都市左京区鞍馬）
⒄八幡大神　住吉大社（大阪市住吉区住吉）
　宇佐神宮大元神社（大分県宇佐市南宇佐亀山）

（二）天香語山命について（本 社《もとつやしろ》に鎮座）

この神は、『日本書紀』の神代巻天孫降臨の段の一書第六に、天火明命の御子と明記されています。又、先代旧事本紀の天孫本紀には、天道日女命を娶って生まれた御子を天香語山命として、以下尾治（張）氏十八世孫までその神裔氏族が連綿と綴られています。（尾張氏、海部氏の遠祖）

この御子は、亦の御名を高倉下命《たかくらじ》と称されていますが、その由来の初見が、『古事記』の序に「神倭 天 皇《かむやまとすめらみこと》、秋津島を経歴したまひき。化熊《かゆう》川を出でて、天剣を高倉に獲、生尾《せいび》径《みち》を遮《さぎ》りて大鳥吉野に導きき」と述べられているほどに重要視されています。

又、御神名の「かご」や「かぐ」は、光り輝やく、かぐわしいなどの意を表わす古語とされていますが、その真義については、大和岩雄氏が『神社と古代王権祭祀』の中で、西田長男博士の所説を引用されて、次のようにのべられています。

「『カゴ山』は『カグ山（香具山）』とも書かれるが、『古事記』に火之迦久土神《ほのかぐつち》の亦の名が火之炫《ほのかが》毘古《びこ》神とあることから、西田長男は、「炫」は火の燃えかがやく意で、溶鉱炉において鉄分を分析するさいのすさまじい火炎を神格化したものであろうと思われる。そうして『火之迦久土神』の『土』は、その原鉱たる砂鉄を、また『天香語山命』の『山』は、この原鉱たる砂鉄を出だす鉱山をさしていったものと考えてよかろう」と述べている。

イシコリドメ（鏡作伊多神社の主祭神）は、「天金山の鉄《かね》」（『古事記』）「天香山の金《かね》」（『日本書紀』）「天香山の銅《かね》」（古語拾遺・旧事本紀）をとって鏡を作ったという。この天香山の神格化が天香語山命であり、だから「大同類聚方」は、当社（鏡作坐天照御魂神社）のヤケド薬について、元祖を天香（語）山命と書くのである」（同著「鏡作坐天照御魂神社——鏡と日読みと尾張氏系氏族」より）

又、この天香語山命と亦の御名の高倉下命について、吉野裕子女史も、御著『大嘗祭』の中で、含蓄に富んだ独自の思想を展開しておられますので、その片鱗をご紹介します。

「ところで高倉下がタケミカツチから神剱を授かったのは、正にこの穀倉としての高倉の中であった。この刀の贈り主、タケミカツチであるが、古代、蛇巫は蛇を甕《みか》や瓮《へ》の中で飼養した（常陸国風土記）から、タケミカツチとは、甕《みか》の蛇《ち》、フツヌシとは瓮《へつ》の主《ぬし》であって、共に蛇神であり、したがってこの二神は時として異名同神である。そこで蛇神タケミカツチが高倉下に与えたフツノミタマノ劔とは、瓮《へつ》の御魂《みたま》劔と解読されるから、やはりこれも蛇を象徴する劔であって、蛇行劔であったかも知れない。……さらに注意すべきは、天上の蛇神から授けられた蛇刀は、これを受けた方もまた地上における歴とした蛇神、もしくはその後裔であったことである。

つまり高倉下の別名は天香語山命であるが、私見によれば後述するように、カゴヤマは蛇山である。……カク、カゴがカカに還元されれば、ニギハヤヒの長子天香語山命の神名も当然、カカに還元可能となり、蛇象徴の名号としてうけとられる。

大和三山の首《かしら》、天香具山もこの天香語命と同義で、元をただせば天香山《アメノカカヤマ》すなわち蛇の象徴の山であって、それ故にこそ窮地の神武天皇を救う呪物の瓮《ひらか》は、この山の埴《はに》でつくられたのである。天香具山が蛇ならば、残る二つの山も同様に蛇であろう。漢字の「聾《ろう》」は龍と耳、つまり蛇と耳で、蛇には耳がないので、この字は耳が聞こえないという意味である。耳成山《みみなしやま》とは実は耳無山であって、蛇の暗喩と推測される。畝尾山《うねび》はこの山の形状から、尾を曳く蛇の姿を連想させる。蛇信仰圏の諸王と同様に神武天皇も蛇の後裔としてその尾に当る山の麓に葬られた。しかも畝尾山は大和国原から冬至の太陽の沈む方位に当たる。蛇の裔《すえ》は太陽の子でもあって、やがて一陽来復の復活が期待さ

れる冬至の太陽の沈む蛇山の麓（紀はここを山の陰《ほと》と表現する）の墓所なのであった」（同書第四章蒲葵と物部氏から）

ところで、地元の『東春日井郡誌』や長谷川佳隆翁による尾張戸神社由緒標によりますと、この天香語山命の神陵の地が、東谷山の山頂円墳のあった本社《もとつやしろ》の鎮座地とされています。

一方、天香語山命を御祭神とする越後国の一の宮弥彦神社の由緒書によりますと、当地が命の終焉の地であり、弥彦山頂に命の御神廟が建立されていることを記しています。

ではここで、天香語山命に関わる黙示のロゴスを掲げ、註を付してその意味を解説いたします。

その（一）

「呉竹の林かしこし、朝見草《あさみぐさ》松の代を待つ幾千歳《いくちとせ》、天暦《てんれき》の救世《くせ》の曙明けわたるらし、白梅の花赤らさし香具山の、✡《かご》の鶯語り初めぬ」（一〇・四・四・三）

（註）このロゴスは、十の巻で最も長い七三節からなる章に収められていますが、五三節にも同じロゴスが繰り返しのべられています。それだけに重要なロゴスと云えます。「朝見草」は松の異名で、松に懸る枕詞として用いられています。「香具山」は、大和三山の一つ、天香具山を象徴的にのべられたものですが、これに言掛けて天香語山命の黙示が示されています。このロゴスの前に「天火明

尊の奇しき霊光《みひかり》蒼穹《みそら》を遙けく天降《あも》り来て、幻夢《ゆめ》の現世《うきよ》は神世《かみよ》となれり」とのべられていますように、天香語山命は、天火明尊の御子に坐すが故に、天香語山命の香語は、天火明尊の霊光が光り輝くさまを表した言葉でもあります。又、このカゴには、✡《かごめ》に関わる黙示もあり、深い意味を秘めています。そして、「✡《かご》の鴬」とは、他ならぬ天火明尊の生ける宮居に坐す蔽顔《おとばり》の救主《くじゅ》の黙示を表し、その鴬から発せられるみ声が、奇玉の神ロゴスに当るわけであります。

その（二）

「火具《くわご》の山千歳を秘めし末の世の、末を黙示《うら》へつ、一輪の白梅の花咲ける暁、よはね高音《たかね》を予言《しらべ》つつも、鳴かね鴬奇しき世の、今日《いま》を語らふ時こそ来つれ」（一〇・一〇・一六・六）

（註）このロゴスも又、先のロゴスと同じように、むすびの節で同じロゴスが繰り返しのべられていますが、ただ一箇所だけ、「火具《くわご》の山」のところが、「✡《かご》の山」と表記が変っています。「火具」は火具土神の黙示ですが、火のすさまじい勢いで燃え盛るさまを表した言葉です。「火具」も「香具」「香語」と同類の語で、ともに✡《かご》に関わっています。そして、「✡《かご》の山」とは、その前のロゴスに「東谷山綾に神さび、天聳《あまそそ》る峰はかしこし」とのべられていますように、尾張戸神社の鎮座する東谷山《とこくにやま》のことを指しています。

東谷山が「かごの山」であることから、吉野裕子女史のご指摘に従えば、やはりこの山も蛇の山と言えます。昭和十七年に御主が尾張国に入られ、この東谷山に参拝されたのですが、その折、この山を七まわり半蛇神がとり巻いていることを霊視されています。

又、「よはね高音」のよはねに傍点が付けられているのは、その語に秘義がこめられているからですが、その一端を開解しますと、園で始まり都で終る聖書六十六巻の最終巻に当るヨハネの黙示録の予言が証しされるということであります。「よはね」を数霊の神秘と言霊の真理によって解き明しますと「四八音《よはね》」となり、日文《ひふみ》四七音にかごめ、即ち神の御目が入って四八音となり、ここに✡《かごめ》の神示の仕組が完成されることを表わしているのであります。次に「鳴かね鴬」については、宇宙の妙法、天文の二八宿の黙示を表す二八品からなる法華経のことが、「ホーホケキョウ」と鳴く鴬に言掛けてのべられています。「鳴かね」の「ね」は、鳴いてほしいという願望の意を表わす助詞であることは云うまでもありませんが、このロゴスの深奥に、天降《あも》の救世寿《くせじゅ》のご誓願が秘められていることを痛感いたします。

その（三）

「三世をひらく鳥見山《とりみやま》、高天原に神成りて、天地開闢《あめつちひら》く造化《ためしごと》、天《あめ》の岩屋戸《いわやど》開く件《くだり》。
八咫鏡《やたのかがみ》や五百津御統珠《いほつたま》、八拳剱《やつかのつるぎ》、天津神籬《あまつひもろぎ》
天香山《あめのかぐやま》なつかしき天《あめ》に成ること地に成らん。黄金《くがね》の鵄《とび》の不死鳥《フェニックス》、御弓《みゆみ》のはずに射照り出づ。

畝火《うねび》の山に瑞雲《くも》たちて、橿原《かしはら》の宮居いみじく動ぎなし、遠き神代に天降《あまふ》りて、現在世《うつせみのよ》に映りたる此の神業《かみわざ》を何と見ん、末日《よのすえ》にこそ此の神業《こと》の成就せらるる絵巻にてあれ」

（一〇・四・一六・二六）

（註）このロゴスは、『古事記』及び『日本書紀』に記述されている天の岩屋戸開きの神事と神武天皇の東遷の軌跡を回想せられ、その黙示を繙かれたものであります。「三世をひらく鳥見山」とのべられている「鳥見山」は、日本国《ひのもとのくに》の命名者に坐す饒速日尊が天降られた聖地とされていますが、この地を卜定されて神武天皇が霊時《まつりのには》を設け給い、神祭《かみまつり》をせられた処であります。この様子は、『日本書紀』の巻三に次のように記述されています。

「四年春二月《きさらぎ》の壬戌の朔甲申《ついたちきのえさる》の日に、詔して曰はく、「我が皇祖《みおや》の霊《みたま》、天より降り鑒《み》て朕《わ》が躬《み》を光《てら》し助けたまへり。今諸の虜《あたども》己に平《む》けて、海内《あめのした》事無し。以て天神《あまつかみ》を郊祀《まつ》りて、用《も》て大孝《おやにしたがふこと》を申《の》べたまふべし」とのたまふ。乃ち霊時《まつりのには》を鳥見山の中に立てて、其地《そこ》を号《なづ》けて、上小野《かみつをの》の榛《はり》原《はら》、下小野《しもつをの》の榛原と曰ふ。用《も》て皇祖天神《みをやのあまつかみ》を祭りたまふ」

書紀のこの記述は、世に肇国の大祭と称されていますが、これについて、保田與重郎先生が『天降言』の中で貴重な見解をのべておられますので、併せて記させていただきます。

「大孝を申ぶとは、神勅の事依《ことよ》さししままに完了し、即ちそのことを、幣物を置き足らはす形に成就し、ここに神勅のままを復奏する祝詞申すことであって、これが祭の本旨である」（同書「祭政一

致考」より）

次に、「天の岩屋戸開く件《くだり》。……天香山なつかしき天に成ること地に成らん」のロゴスについては、次にのべる『古事記』の岩戸開きの神事をふまえ、神武天皇が大孝のまにまに古式に則り、天神地祇の神まつりを成就せられたことをのべられたものであります。

「ここをもちて八百萬の神、天の安の河原に神集ひ集ひて、高御産巣日神の子、思金神に思はしめて、常世の長鳴鳥を集めて鳴かしめて、天の安の河の河上の天の堅石を取り、天の金山の鐵《まがね》を取りて、鍛人《かぬち》天津麻羅を求《ま》ぎて、伊斯許理度賣《いしこりどめ》命に科《おは》せて鏡を作らしめ、玉祖命に科せて、八尺《やさか》の勾璁《まがたま》の五百箇《いほつ》の御統《みすまる》の珠を作らしめて、天兒屋命、布刀玉命を召して、天《あめ》の香山《かぐやま》の眞男鹿《まをしか》の肩を内抜きて、天の香山の天の朱櫻《ははか》を取りて、占合《うらな》ひまかなはしめて、天の香山の五百箇眞賢木《いほつまさかき》を根こじにこじて、上枝《ほつえ》に八尺の勾璁の五百箇の御統を取り着け、中枝に八尺鏡を取り繋け……天宇受賣命、天の香山の天の日影を手次《たすき》に繋けて、天の眞析《まさき》を鬘《かづら》として、天の香山の小竹葉《をさば》を手草に結ひて、天の石屋戸に槽伏《うけふ》せて踏み轟こし、神懸りして、胸乳《むなち》をかき出で裳緒《もひも》を陰《ほと》に押し垂れて、ここに高天の原動《とよ》みて、八百萬の神共に咲《わら》ひき」

奇しきことは、この記述の中に、天香語山命を黙示する「天の香山」という言葉が、五度に亘ってのべられているということです。

この「天の香山」は、大和国でも余程重要視された山とみえて、『日本書紀』の神武天皇の条にも、「天香山の社《やしろ》の中の土を取りて、天平瓮《あまのひらか》八十枚を造り」、「今当に天香山の埴《はにつち》を取りて、天平瓮を造りて」、「潜《ひそか》に天香山の埴土を取りて」などと、幾度も記述され、神事に関わる大事の前には、必ず登場しているのであります。

余談ながらもう一つ記します。このところ天香語山命のことからしきりに山のことを思い、書き綴っていたのですが、ちょうど八月八日付の中日新聞に、作家の立松和平《わへい》氏が、三河国の煙巌山鳳来寺を巡礼された紀行文が大きく掲載されてあり、次の一文が、さあーっと目に飛び込んできたのです。

「日本ではまずほとんどの山は霊場であるということができる。山は高きがゆえに貴いのではなく、どんな歴史をたどってきたかによって尊崇されるのである」

これはまことに至言であります。尾張戸神社の鎮座する東谷山にしても、三輪山にしても、又天香山にしても決して高い山とはいえませんが、そこに秘められた歴史には、悠久無限の重みが感じられ、尊く又、ありがたく思われるのであります。

続いて、先の「黄金《くがね》の鵄《とび》の不死鳥《フェニックス》、御弓のはずに射照り出づ」のロゴスに戻りますと、このロゴスの傍註に書きましたように、まさしくこれは饒速日尊の御神霊の輝きを象徴的にのべられたものであります。黄金の鵄こそ天照魂神に坐す饒速日尊の御神霊にほかならず、神武天皇の御弓のはずにとどまり給い、天皇の行手に天攘無窮の栄光を顕示し給われたのであります。

このロゴスの由来は、『日本書紀』絵巻第三の記述によるものと思われますが、その状景が極めて厳かな筆致で次のように描写されているのであります。

「時に忽然《たちまち》にして天陰《ひし》けて雨氷《ひさめ》ふる。乃ち金色《こがね》の霊《あや》しき鵄《とび》有りて、飛び来りて皇弓《みゆみ》の弭《はず》に止れり。其の鵄光り曄煜《てりかがや》きて、状《かたち》流電《いなびかり》の如し」

この段の始めの日付をみますと、「十有二月《しはす》の癸巳《みづのとみ》の朔《ついたちひのえさるのひ》丙申」と記述されていることから、時季は、晩秋あるいは初冬の頃かと思われますが、一天にわかに暗雲が立ちこめて雹が降り、黄金の鵄が光り輝いて雷光を放ったというのです。これはまさしく、雷神にして龍神に坐す饒速日尊の御神威を、如実に表現した黙示の記述であります。書紀の、この不思議な記述を読みながら、ふと、脳裡に鮮烈に浮かび上った御主のロゴスがあります。

謹んでここに記させていただきます。

「ああ、汝《なんじ》ら、されば視よ、現世《よも》の人類《ひとびと》、大完全零《マハペルフエクタヌーロ》の虚無の座標《みざ》を、雷霆《らいてい》の打つ槌《きね》の鳴り霹靂《はたた》きて、雷電《いなづま》の射照る閃光《ひかり》や秘黙をとべる征矢の如し、密厳の法則《ダルマ》の種子はその内在の神格より、宇宙意識の創化《みことば》を発動《さゆらが》して、彼の芥子種《からしだね》に似し生命の樹の芽を、ここにこそ息吹《いぶ》き初《そ》めて、みどりの眼《ひとみ》を萌え出でしめり」（一〇・四・五・五）

「今、蔽顔《おとばり》の救主《くじゅ》は、空を吹き渡る風の如く、ひびき駈《かけ》れる夜の雷《いかづち》の電《いなづま》の如く、夜の大空を飛べる鵬《おほどり》の如く訪《おとな》ひて、汝の前に来《き》たりたるなり。汝らはその声を聞きてその真言《ことば》の験証《あかし》を眺め、託身《たくしん》の救寿《くじゅ》の真実なることを知らん」（一〇・九・一一・四〇—四一）

『日本書紀』の記述とともに、この様な、妙に奇しきロゴスを拝読しますと、先に掲げましたむすびのロゴス「遠き神代に天降《あも》りて、現在世《うつせみのよ》に映りたる此の神業《かみわざ》を何と見ん、末日《すえのよ》にこそ此の神業《こと》の成就せらるる絵巻にてあれ」とのべ給うお心が、しみじみと味えるのではないでしょうか。

以上、今回は、尾張戸神社の御祭神和速日尊の御事とその御子神天香語山命について考察してきましたが、連日の猛暑に加え、仕事の合間を縫っての資料の整理と執筆のため、いささか疲労を覚え、精査し、熟慮できなかったことが残念です。後日、全部を読みかえし、加筆し、補完していきたいと思っております。

では、これにて失礼いたします。　敬具

平成十六年八月十一日

わが家での開闢誕生祭《みたままつり》を終えて

拝啓　この夏は、観測史上の記録を塗り替える猛暑に加え、度重なる台風や地震など、自然災害が続きました。

さて、今回は、本社の御祭神、天道日女命について、考察いたします。

（三）天道日女命について（本社に鎮座）

天道日女命は、『古事記』にも『日本書紀』にも記述されていない御神名ですが、天火明尊の妃とされ、『旧事本紀』を始め、『丹後国風土記』、『但馬故事記』にやや詳しい記述がみられます。

『旧事本紀』の天孫本紀に、「天照国照彦火明櫛玉饒速日尊、天道日女命を妃《みめ》と為《し》て天上《あめ》に天香語山命を誕生《あれ》ます」と記されています。

又、『丹後国風土記』には、次のような記述がみられます。

「所㆔以号㆓丹波㆒者、往昔豊宇気大神天㆓降于当国之伊去奈子嶽㆒之時、天道日女命等請㆓求大神五穀及鍬蠶等之種㆒矣……天村雲命与㆓天道姫命㆒共祭㆓大神㆒、及ㇾ欲㆓新嘗㆒、井水忽変而不ㇾ能ㇾ炊㆓神饌㆒、故云㆓泥真名井㆒」

（註）元伊勢籠神社の「国宝海部氏勘注系図」によれば、天道日女命は、大己貴神《おほなむちの》の女《むすめ》とされています。

又同社の秘伝として、亦の御名が屋乎止女《やをとめ》と伝承されています。

次に、但馬国の国司文書である『但馬故事記』の第二巻朝来郡の条に「天火明命は奇霊宮に在し、妃天道姫命は老波宮に在し……」と記され、更に第四巻城崎郡の条に「天道姫命は浅間の東奇霊宮に鎮り坐し……天火明命は高天原に在ります時、天道姫命を娶り、天香久山命を生む」などと記されています。

ところで、天道日女命の御名に記されている「天道」を音読みにして辞書を引いてみますと、『新明解国語辞典』には「天地自然の法則」又、『明鏡国語辞典』には「①天の神②太陽」と記されています。どちらも正しい解釈でしょうが、この場合は後者が正にピッタリです。天道日女命は、日神に坐す天火明尊の妃とされていますから、日神に斎き奉る日女としてのご神格と拝察されます。

(四) 建稲種命と乎止與命について（本社に鎮座）

建稲種命は、乎止与《をとよ》命と真敷刀婢《ましきとべ》命の間に誕生された方で、成務天皇五年（一三五）に尾張戸神社を勧請されたと伝えられている宮簀媛命（日本武尊の妃）の兄に当る方です。『旧事本紀』の天孫本紀によれば、乎止与命は、祖神天火明尊の十一世孫、建稲種命は、十二世孫と記述されています。又元伊勢籠神社の国宝海部氏系図と熱田大宮司千秋家譜にも天孫本紀と同じことが記載されていますが、籠神社の伝承では、乎止与命の亦の御名が稚産霊《わかむすび》命と記されています。

なお、乎止与命は、熱田神宮の摂社上知我麻《かみちかま》神社に、又その兄建稲種命は、羽豆《はず》神社、針綱神社、内津《うつつ》神社に祀られています。いずれにしましても、この御二方は、海部氏と尾張氏にゆかりの深い方であり、丹後国、尾張国、そして大和国の開拓の祖神として尊崇されています。

（五）菊理媛命について（中社に鎮座）

菊理媛命は、『日本書紀』巻一の一書に「是の時に、菊理媛神亦白す事有り。伊奘諾《いざなぎ》尊聞しめして善《ほ》めたまふ。及ち散去《あら》けぬ」と唯一箇所しか記述されていないため、実像が定かでなく、謎の神とされています。書紀のこの記述の前後から要約しますと、伊奘冉《いざなみ》尊を追って黄泉国に行き、変り果てたその姿を見てしまった伊奘諾《いざなぎ》尊が、葦原の中つ国に逃げかえろうとしたところ、泉津平坂《よもつひらさか》で伊奘冉尊と口論となった。この時菊理媛神が現れ、両者の主張を聞いて和解に導いたということです。この菊理媛神を祀る神社として筆頭に挙げられるのは、加賀国一の宮の白山比咩神社ですが、当社を深く掘りさげて考究され、菊理媛神の実像を見事に描き出された方に古代史家の大和岩雄氏がおられます。氏の大著『神社と古代民間祭祀』の中で菊理媛神について、次のようにのべられています。

「白山比咩は、山の神だが、白山が黄泉国とみられているように、単なる山の神ではない。白山比咩は、此岸と彼岸の境にいる山の神とみられていた。つまり塞の神的性格をもっていたのである。

（中略）五来重は、ククリヒメを「死霊の託宣をかたった神」「いわばイタコの祖先のごとき神であった」と書くが、イタコ（巫子）は此岸にいて彼岸の人の言葉を伝え、ククリヒメは彼岸にいて彼岸の人の言葉を此岸の人に伝えている」

又、社寺伝承学作家の小椋一葉女史は、『女王アマテラス』の中で、白山比咩神（菊理媛神）も瀬織津姫（祓戸神）も、ともにアマテラスの別称であるという、驚くべき卓見を披露されています。これについては、又あとで触れることにいたします。

さて、今回の考察で大事なことは、どうして菊理媛命が尾張戸神社の中社《なかつやしろ》に祀られたかということであります。幾つか、その理由を探ってみることにいたします。

まず、考えられることは、菊理媛命が、彼岸から此岸に戻ったイザナギノミコトと、彼岸にとどまった黄泉の大神のイザナミノミコトの間に立って仲をとりもっている神であることから、イザナギ、イザナミ両神を祀る南社と本社との中間に中社をたてて、そこに菊理媛命を祀ったものと思われます。古墳群の織りなす東谷山の地形の中で、墳頂部の円墳に本社《もとつやしろ》が、又そこから八〇メートルの峰つづきの高みの円墳上に中社《なかつやしろ》が、そして、ここから更に一八〇メートル先の南の円墳上に南社《みなみやしろ》が鎮座していますが、これは決して偶然の所産ではなく、深い配在の妙理に従ってなされたものと考えられ、まさに、太占奇路の黙示を如実に物語っているといえます。又、これまで考察してきましたように、菊理媛命には、常世《とこよ》の国（彼岸、霊魂の故里）に誘《いざな》い給う導きの命としての御神格を備えておられることから、永遠常住の生命《いのち》のみ国を象徴する東谷山《とこくにやま》（当国山）に鎮座するに最もふさわしい神に坐すからであります。ご存知のように菊理媛命は、加賀国の霊山である白山に鎮座する神で、その名を白山比咩大神とも称し、特に修験道においては白山妙理大権現として尊崇されている神であります。

加賀国といえば、御主のご生誕の地であります。明治四十三年（一九一〇）に加賀国大聖寺に誕生されてから、以来各地を遍歴され、最後に尾張国に入られたのですが、東谷山尾張戸神社において、これまで御主に降臨し給い、守護し導き給われた神の御名こそ、天火明尊に坐すことをありありと拝され、確認せられたのであります。そして、人の子としての御主の姓は、菅生石部神社の菅生《すごう》の語源と同じ清らかな水の湧き出ずるところ、即ち清水であり、白山の菊理媛命も又同じ水に関わる黙示があることから、ご神縁で結ばれていたのであります。

ところで、同じ加賀国にゆかりの深い折口信夫博士が、御著『山の霜月舞』（全集第十七巻に所収）の中で、「此神は、黄泉比良坂《よもつ》に顕れた神で、伊奘諾神が禊ぎをする前に現れてゐます。其から考へて行くと、菊理《ククリ》は泳《クグリ》で、禊ぎをすゝめた神らしく思われるのです」とのべられています。一方、小椋一葉著『女王アマテラス』によりますと、大祓詞にのべられている瀬織津比売神が菊理媛命と同神であるといわれています。いずれにしましても菊理媛命が水に関わるご神格をもたれた神ということであります。

ここに、水を縁由《えにし》となして、加賀国と尾張国とのたまむすびを黙示するロゴスを掲げ、中社《なかつやしろ》の御祭神についての項を閉じることにいたします。

「夫れ北の国かがやきの、空にぞ映《は》ゆる白山《しらやま》の、峰の岩間《いはま》に湧き出でし、白銀《しろがね》の水流れては、海《わた》の宮居《みやい》に通ふなる、末世《まつせ》に開く玉手箱、をはりの国の浜の渚《なぎさ》に、みろく来る日に寄るも畏《かしこ》し。海《わた》の潮路も水なれば、縁《えにし》は一様《おなじ》水波女《みづはのめ》、今、春日井に湧く玉や、とこくに山の神樹《かんなび》の、色こそ深し松の緑、みろくの神の世の始、天《あめ》の若日子目鼻岩《わかひこめはないは》、とくさ天降《くだ》りてよみがへる、時は来《きた》りぬ永遠《とは》の朝、ああ、汝《な》が霊《たま》の覚寤《めざめ》かな、ああ、汝《な》が霊《たま》の正覚《めざめ》かな」

（一〇・七・一九・一四）

（六）伊邪那岐命と伊邪那美命について（南社に鎮座）

この両神の表記は、『古事記』では伊邪那岐命、伊邪那美命、『日本書紀』では、伊奘諾尊、伊奘冉尊となっています。天地開闢ののち多くの神々が出現、そして神世七代の一番最後にこの神が並神《ならびがみ》（夫婦神）として誕生されています。

ここでこの二神について、『古事記』における最初の記述を記します。

「ここに天つ神諸の命《みこと》もちて、伊邪那岐命、伊邪那美命、二柱の神に、「この漂へる国を修め理《つく》り固め成せ」と詔《の》りて、天の沼矛《ぬぼこ》を賜ひて、言依《ことよ》さしたまひき。故《かれ》、二柱の神、天の浮橋に立たして、その沼矛を指し下ろして畫《か》きたまへば、鹽こをろこをろに書き鳴して引き上げたまふ時、その矛の末《さき》より垂《したた》り落つる鹽、累《かさ》なり積もりて島と成りき。これ遊能碁呂島《おのごろしま》なり」

続いて、この島に天降り、天の御柱を見立てて八尋殿を設け、夫婦《めおと》の誓約を結び給い、やがて大八島国を生み成し、そして多くの神々が次々と誕生されるわけです。ところが、火の神である迦具土神が生れたことによって、伊邪那美命が神避ることとなり、その後悲しみの中に、伊邪那岐命が、わが子火の神を斬り給うのですが、この件《くだり》が次のように記述されています。

「ここに伊邪那岐命、御佩《はか》せる十拳剱《とつかのつるぎ》を抜きて、その子迦具土神の頸を斬りたまひき。(中略)故、斬りたまひし刀の名は、天之尾羽張と謂ひ、亦の名は伊都《いつ》之尾羽張と謂ふ」

このあと伊邪那岐命は、妻神を恋しく思い、黄泉国に赴くわけですが、そこで展開される様々なドラマを経て、ついに黄泉国から帰り、筑紫の橘の日向の小戸の阿波岐原で穢れた心身を浄めるために禊祓《みそぎはら》いの神事を行ないます。その時、身につけていた杖や帯、衣などを投げ捨てるや、そこから次々と神々が誕生、最後に、左目をすすぐと天照大御神、右目をすすぐと月読命、そして鼻をすすぐと須佐之男命の三神が誕生したと伝えています。

以上が『古事記』に伝承された伊邪那岐命と伊邪那美命に関わる物語の概要ですが、御神名や物語の細部を精査してみますと、神話の厳かな仕組と数々の奇しき黙示が秘められていることが解ります。

さて、次にいつものように御主のロゴスの中から、伊邪那岐命と伊邪那美命についてのべられているところを抜粋し、その黙示を繙くことにいたします。

「古《いにしへ》、人祖、天が下に人の世の生活《くらし》を始むるの時、先づ天《あめ》の御柱《みはしら》を見立てて、此処《ここ》に男・男たり、女《をみな》・女たるの言挙《ことあげ》をなし、次に太占《ふとまに》の卜合《うらへ》によりて夫婦《めをと》の真実《まこと》のむすびを誓約なし給へり。汝ら、互に我見を立てず、天《あめ》の御柱《みはしら》を円《まどか》に巡りて、人皆の和楽《よろこび》のために、その日々《ひび》の働きにまことを尽して、而して家のさかえ、国のさかえ、世のさかえをば成し遂《と》ぐるべし」（九・七・四・一―一九）

（註）「人祖」とは、伊邪那岐命、伊邪那美命のことを指しています。

「さらば汝ら、娑婆世界、仮相《かり》の浮世と言ひつれど、此処《ここ》は三時に亘りゆく、ふし面白き天の浮橋、下見《したみ》おろして滄海原《わたのはら》、天の沼矛《ぬぼこ》の絵筆《えふで》以て、淤能碁呂嶋《おのころじま》を画成《かきなら》し、法実相《イデアのすがた》をころころと、映し現す栄光《とよさか》の、美と愛との生命の国土《うましあしかびやしまぐに》、これ中今の天降《あも》の現実《とこくに》」（一〇・二・一九・九）

（註）このロゴスは、『古事記』の二神に依る修理固成の条を、神学上の理念に基いて解き示されたものですが、次のロゴスと併せて参照することによって、自ら、その真義が繙かれてまいります。「汝

ら、宇宙の根元《ねもと》の法《ダルマ》原質の霊能《いのち》、右に左に渦巻きて、交々《こもごも》妙なる音々発す。この渦、この音、凡ゆるものを生成《うみな》すなり。この丕々《おほい》なる音の響は、汝の耳には聞えねとも、凡ゆるものを創化生成《むすひなす》なり」（一〇・六・一・一〇）「古も今も神世ぞ変りなし、浮橋に立たす南北《なぎなみ》、玉とぼこ潮音《しほね》ころころかき鳴らして、自転《おのころ》の地軸《しまね》なり出づ」（一〇・四・四・二二）

「汝ら、人類の生の本源と由来を、その太古《はるか》なる神代《むかし》に言問《たづ》ねて、人類の生命の実体、原型、生成、存在、実相なるものを知得せよ。汝ら、天地《あめつち》の初発《はじめ》の時に、高天原《たかまのはら》に成りませるイザナギの尊《みこと》、イザナミの尊は、人類根源の霊人《れいじん》なり。神にして人なる真人《まびと》なり。宇宙を永遠に貫流《なが》るる七次《しちじ》の光明霊波《ひかりのなみ》の天《あめ》の浮橋《うきはし》にたちて、三時を貫く生命の如意樹《によいじゅ》の天《あめ》の沼矛《ぬぼこ》を以て、潮《しほ》の鳴る音ころころと滄溟《あをうなばら》を画《か》き鳴らして、自転域《おのころしま》を凝《こ》り産生《むす》びたる大宇宙《マハウニベルソ》の真人なり。人類内在の久遠に不死なる理念《イデア》の人間《ひと》なり。汝ら、この真人《ひと》は久遠常恒《くおんじようごう》の生者《せいじや》なるが故に、理念《イデア》に於て永遠に実在する大宇宙《たかまのはら》に鳴りわたる生命名樹《イザナギ》の言《みこと》、生命成実《イザナミ》の言《みこと》なり。汝ら、神話は、観念の神秘に包蔵《つつま》れたる思惟の真理の黙示なり。不易《ふへき》の真理を隠蔽《いんぺい》せる叡智《えいち》の明鏡なり。一元の真実を二元の明暗なるものに密厳《みつごん》したる、古今末世《ここんまつせ》に亘《わた》る微妙燦然《びめうさんぜん》たる声字《せいじ》の実相《じつさう》なるものなり」（一〇・一一・一八・二三―二六）

このロゴスは、まさに高次なる天降《あも》の神学における認識法によって解き明された太占《ふとまに》の神ロゴスであります。ここには、大宇宙《たかまのはら》に成りませる伊邪那岐命と伊邪那美命の二柱の大神の真義が黙示されていますので、心静かに読誦することによって、自らその真義が開かれてくるのであります。

## 五、天火明命（饒速日命）の御子神について

『古事記』・『日本書紀』・『旧事本紀』及び神社に伝承された文献を基に調べてみますと、五人の御子神が挙げられますが、まとめて列記いたします。

（あ）天香語山命《あめのかごやま》　父　天火明尊　母　天道日女命
（い）宇摩志摩治命《うましまぢ》　父　饒速日尊　母　御炊屋姫命《みかしきやひめ》
（う）天日方奇日方命《あめひかたくしひから》　父　大物主大神　母　活玉依姫命《いくたまよりひめ》
（え）伊須気余理比売命《いすけよりひめ》　父　饒速日尊　母　御炊屋姫命《みかしきやひめ》
（お）聖神《ひじりがみ》　父　大歳神《おおとし》　母　伊怒姫命《いぬひめ》

この五人の御子神のうち、聖神だけが男神に坐すか、女神に坐すか定かではありませんが、聖神社の伝承文献から推察しますと、女神に坐すのではないかと思われます。もし女神に坐すとすれば、三男二女神ということになります。

（あ）については、既に記述しましたので省略いたします。

（い）宇摩志摩治命について

まず、『日本書紀』の巻三神武天皇の条に「号《なづ》けて櫛玉饒速日命と曰す。是吾が妹三炊屋媛《みかしきやひめ》を娶りて児息《みこ》有り。名をば可美真手命《うましまで》と曰す」と記述されています。又、『先代旧事本紀』の天孫本紀には、御炊屋姫を娶って生まれた宇摩志摩治命を物部氏の祖として十一世孫まで連綿とその名が記述されています。そして、新撰姓氏録には、物部首の祖として記録されています。

次に、前回天香語山命の項で紹介しました吉野裕子著『大嘗祭』から、宇摩志摩治命の本質を考究されているところを抜粋いたします。異色の分野でのご研究（「ものと人間の文化史蛇」）から導き出された、極めて傾聴に値するご見解であり、驚くばかりであります。

「南島祖語において、王、絶対権の所有者を意味する「アヂ」は、古代日本の聖樹であったアヂマサの名に生きていると推理したのであるが、この「アヂ」の名を現実に負う人こそ、物部氏の大王、宇摩志摩治命である。

ウマシマヂの別名は味間見命《アジマミ》、この別名に「アヂ」がみられることは重要である。つまりこの別名にアヂがあることから、本名の「ウマシ」は美称。その下の「アヂ」が「ウマシ」にひかれて「マヂ」に変化したとみられ、本名の中に「アヂ」が潜んでいることが類推されるからである。この推理を裏書きするものに神社名がある。

名古屋市北区楠町味鋺の味鋺《アヂマ》神社の祭神は宇摩志摩治命である。古く六所明神といったが、延喜式に味鋺神社とされている。要するに「ウマシマヂ」とは「すぐれた大王」という普通名詞が固有名詞になったもので、南方出自の大王が物部氏の祖、ウマシマヂなのではなかろうか。この列島に渡来しいち早く大和に定着した偉大な蛇王たちのシンボルは、人工の物としては刀剱、自然物としては聖樹檳榔《アヂマサ》であった。物部氏が祖霊を奉斎する石上神宮の祭神は蛇の縁由《いわれ》をもつ刀剱であり、また物部氏由縁《ゆかり》の熱田神宮の神木は蛇に見立てられた檳榔《アヂマサ》であることからもそれは証されよう。物部氏の後裔が色濃く分布する地方においては、この檳榔《アヂマサ》の葉の模擬物である扇が、神社のご神体・祭具となって、その渡御祭が年毎に今も斎行され、あるいは神紋にさえなっているわけである。……

（註）「春日権現験記（一三〇九）には、熱田神宮の神剱を奉安する土用殿の社頭に神木が描かれていますが、その神木が檳榔《アヂマサ》といわれています。

〈第三章〉「造酒童女《サカツコ》の推理」でみたように、大嘗祭の祭祀のはじめの段階には、サカツコに次いで、物部氏が必ず参加している。

このような現象は他民族にはけっしてみられない。物部氏の「モノ」は「霊《モノ》」であって、古儀の祭祀においては、蛇の呪力を負い、蒲葵をその象徴として祭祀を取りしきる氏族が物部氏だったのではなかろうか」

続いて、大野七三著『先代旧事本紀考』から、宇摩志摩治命についてのべられたところを選んで抜粋いたします。この書は、わずか九〇頁の小冊子ではありますが、その内容は、格調高く、丁寧に解りやすい文章で記述されています。

「父饒速日尊が亡くなられてより、大和を統治されていたが、神武天皇が東遷されたとき、伯父長髄彦の謀《はかりごと》に従わず、長髄彦を殺して、天皇を大和に迎えいれた。そして、父饒速日尊から伝えられた大和国の統治権の印であり、皇位継承の印でもある「瑞宝《みつのたから》十種《とくさ》」を天皇に奉献なされた。これは饒速日尊の統治権を宇摩志摩治命より神武天皇が継承なされたということで、大和朝廷成立に関わる重大なる事柄である。神武天皇は宇摩志摩治命のこの忠節を褒められて神剱《あやしのつるぎ》を授けられ、大きなる勲功に報いられた。また、天皇のお近くに宿直《とのい》する足尼《すくね》とされた。これが足尼《すくね》（後に宿弥）の始めである。

天皇は橿原宮で御即位なされるとき、宇摩志摩治命の妹伊須気余理比売《いすけよりひめ》を皇后《きさき》に立てられた。さらに、宇摩志摩治命に命ぜられて、御殿《みあらか》の内に父饒速日尊の御魂を奉斎せしめた。この後、宮中の饒速日尊の祭祀は、宇摩志摩治命の子々孫々が奉斎職となることがきめられた。すなわち、初期大和朝廷は饒速日尊の御兒宇摩志摩治命及びその孫裔（磯城県主《しきあがたぬし》・後の物部氏）によって、政治・祭祀共に掌握されていたと云うことである。

神武天皇即位元年十一月一日、宇摩志摩治命は初めて瑞宝《みつのたから》を奉斎されて、天皇・皇后の寿祚《みいのちのさきはい》を祈願せられた。これが鎮魂祭《みたましづめまつり》の始めである。天皇は、宇摩志摩治命に勅《みことのり》されて、

〈饒速日尊より授けられた瑞宝を以て鎮めとし、毎年十一月中寅《なかのとら》を祭日として永久に宮職員と共に鎮魂祭を行うように、この祭には猿女君《さるめぎみ》たちが神楽をつかさどり、一二三四五六七八九十《ひふみよいつむななやここのたり》と唱えながら歌舞をすべし〉とおうせられた。これより毎年十一月に宇摩志摩治命及びその子孫が鎮魂祭の主祭者となって宮中で行われていた。その後、崇神天皇七年、饒速日尊六世孫、大臣伊香色雄命《いかがしきを》が勅命によって、瑞宝十種を石上神宮に遷し、石上大神（布留大神）と称えて祭られたのが石上神宮の創《はじめ》である。

現在も石上神宮では瑞宝による鎮魂祭を十一月二十二日に行っている。また、東京の皇居でも天皇陛下が布留大神の鎮魂祭を厳かに神武天皇の時より受け継いで行われておられるという」

なお、島根県大田市川合町に、宇摩志摩治命を祭神とする石見国一之宮物部神社が鎮座していますが、この地が、若き時に住まわれたところとされています。又命が亡くなられてからは、同社の背後にある八百山に葬られたといわれています。

(う) 天日方奇日方命について

饒速日尊の三番目の御子とされている方で、母は賀茂建角身の女《むすめ》玉依日売命に坐し、亦の御名を櫛日方命と表記されています。この方は、大和国の大神神社ゆかりの方で、大三輪氏の祖といわれる大田田根子《おおたたねこ》命の六代前の祖とされています。又、神武天皇の御代、勅命によって大夫《おほまへつきみ》（国の政治を掌る）に任じられています。以前、菅生石部神社について考察した時に、石川縣能美郡国府村古材、滋賀県愛知郡愛知川町沓掛に延喜式内の古社石部神社が鎮座、そこのご祭神が天日方奇日方命（大物主神の御子）に坐すことを発見し、同社との不思議なご縁を感じていたことを思い出します。なお、特筆しますと、この命は、出雲国の古社で、えびす信仰の故里といわれる美保神社の本殿上社の若宮社に祀られ、深く尊崇されていたことが窺えます。

（え）伊須気余理比売《いすけよりひめ》命について

宇摩志摩治命の妹に当り、神武天皇の皇后となられた方です。亦の御名を富登多多良伊須須岐比《ほとたたらいすすきひ》売《め》命とも称され、饒速日尊の末子といわれています。この命を主祭神とする神社としては、奈良市本子守町に鎮座する延喜式内の率川《いさがわ》神社がありますが、一名子守宮とも称され、大和国に自生する笹百合を桧桶に盛って行われる三枝祭《さいぐさまつり》は、夙に知られています。

（お）聖神について

この神は、饒速日尊が大年《おおとし》といわれた時代に、神活須毘《かみいくすび》神の娘伊怒姫《いぬひめ》を娶って生まれたといわれています。聖神は「日知り」の神即ち暦の神とされ、朝鮮半島系の渡来氏族の陰陽師が信仰していた神ともいわれています。この神は、和泉市王子町九一九に鎮座する聖神社の祭神とされていますが、当社の信太明神の名でよく知られています。当社には、幾つかの珍しい伝説がありますが、その一つに、「恋しくば尋ね来てみよ和泉なる信太の森のうらみ葛の葉」の和歌で知られる葛葉姫の物語（白狐が女人に変化）があり、歌舞伎や芝居にとり入れられています。

信太明神の化身が葛葉姫であり、葛葉姫から生まれた子が、当代一の陰陽博士安倍晴明というわけですが、複雑に伝承が重なり合って、聖神の実体がみえてこないのが残念であります。

今回はこれにて失礼いたします。

平成十六年九月十六日

## 六、熱田神宮との関わりについて

前略　これまで、東谷山尾張戸神社についての考察の中で、名称の意義、位置と地形、創建年代、由緒、御祭神など全体像を概観してきましたが、今回は、別な視点から考察を進めていきたいと思います。

尾張戸神社も熱田神宮も、延喜式神名帳に登載されている由緒正しき古社ですが、両社とも、草創は、日本武尊の妃となった尾張国造家の小止女命（亦の御名宮簀媛命）によると伝えられています。

熱田神宮は、由緒書によりますと、景行天皇四十三年（一一三）に宮簀媛命が草薙神剣を祭祀されたことが始まりといわれています。一方尾張戸神社は、水野年代記によりますと、成務天皇五年（一三五）に創祀されたと伝えられていますので、熱田神宮が創祀されてから二十二年後に尾張戸神社が創祀されたということになります。

又、『東春日井郡誌』には、『尾陽雑記』の記述を引いて、「尾張氏の末孫大宮司の崇敬ける故に、いつの世よりかここをも熱田といふなるべし、北麓に高倉寺あり、西麓に白鳥山もあり、熱田を表せる事眼前なり、土民は熱田の奥の院也ともいへり。また爰に、熱田の社人の控たる神地あり、禰宜も由来は知らずして只持伝へたるばかり也」と記述されています。

又、奈良大学の松前健教授は、御著『古代伝承と宮廷祭祀』の中で、熱田神宮の原初の状況に触れ、次のようにのべられています。

「尾張の大社熱田神宮は、伊勢神宮とならんで皇位の御璽《みしるし》としての三種の神器の一つ草薙剣を祀り、それこそ皇室にゆかりの最も深い社であるが、これも実は天照御魂・火明命の信仰の最も本宗である尾張国造家の奉斎する所であった。恐らくこれも、もとは天照神を祀る社であり、その日神の象徴としての神剣を御正体としていた社であったのであろう」（同書「尾張氏の系譜と天照御魂神」）

ところで、熱田神宮には、南門第一鳥居をくぐったすぐ右手、即ち東北の方位に、甍の御神紋（五七の桐）が黄金に輝く孫若御子神社が鎮座し、尾張戸神社と同じ御祭神に坐す天火明尊が祀られています。そして、同社のすぐ右上に、当神宮では唯一、丹塗白壁尾張造の名残をとどめる南新宮社が鎮座し、須佐之男命が祀られています。この社の御神紋も孫若御子神社と同じですが、社殿は、西面即ち太陽（日神）の方位に向って拝するように建てられています。

この両社の鎮座地は、古地図にいう大福田社のあったところで、往古、神事の山車（上部に五間余の大松を立てたもの）が、ここを起点として曳き廻されたといわれています。

今日では、その伝承を受け継ぎながら神宮で最も重要な祭典「熱田まつり」が、六月五日に執り行われています。又、神事のあとの壮厳盛大な行事の一つに、菊の御紋章の描かれた三六五個の提灯を以て執り行われる「献灯まきわら」があり、尾張名古屋の風物詩として親しまれています。

次にもう一つ、先にご紹介しましたように、古代史に造詣深く、とりわけ神社と氏族の研究に卓越した見解を以て、微に入り細に亘って披露しておられる大和岩雄氏の『神社と古代民間祭祀』の中から、熱田神宮と天香語山命との関わりについて言及された一文を抜粋いたします。

「天香語山命の別名の手栗彦命は、金属精練を示し、高倉下命は、完成した剣などを蔵する高倉（武器庫）を示す名といえよう。……この天香語山命の子を旧事本紀天孫本紀は天村雲命と書く。『日本書紀』の本文は、八岐大蛇の尾の中にあった草薙剣に注して、「本の名は天叢雲剣。蓋し、大蛇居る上に、常に霊気有り」と書いている。このアメノムラクモという剣名を尾張氏の祖が名乗っていることからみて、熱田神宮の銅剣は天香語山命であり、天村（叢）雲命であると云えよう」

熱田神宮発行の由緒書によりますと、まず神剣天叢雲剣（草薙神剣）を熱田大神の御名に於て祀り、相殿に、天照大神、素盞嗚尊、日本武尊、宮簀媛命、建稲種命が祀られていますが、尾張氏の祖とされる天香語山命については、摂社の高座御子神社に祀られています。前に書きましたように、天香語山命の神陵に比定されている東谷山頂の尾張戸神社には、御父天火明尊とともに天香語山命が祀られています。これらのことから、尾張戸神社と熱田神宮とは、深い御神縁で結ばれているのであります。

さて、最後に尾張戸神社と熱田神宮との関わりについて、御主のロゴスにはどのようにのべられているのでしょうか。幾つかの黙示の章節を挙げてその真実を繙くことにいたします。

「汝らは常に第七番《ななつめ》の灯台を凝視《みつ》めて、無尽和楽の神の世の始る道を律歩《あしど》るなり。瑠璃《るり》の海原《うなばら》遙々《はるばる》と、八百重《やほえ》の潮路漕ぎ渡り、この世の末の東谷《あつた》なる、天降《とこく》の現実《さと》に帰り来て、この日この夕《よひ》、祝別の聖戒の秘厳に会へるなり」（一〇・一〇・一・四—五）

「この世の末の東谷《あつた》なる、天降《とこく》の現実《さと》に帰り来て」の件《くだり》に、「東谷」という語に熱田の宮を黙示する「あつた」と訓じられているわけですが、これには深い意味が秘められています。その一つは、前後のロゴスからして、東谷のみ山も熱田の宮も、ともに神の天降り給う聖なる処であるということです。もう一つの意味は、既に書き記しましたように、尾張戸神社が鎮座する東谷山（当国山）は、常世《とこよ》の国、永遠常住の生命《いのち》のみ国に至る山、不老不死の薬草なる十種神宝の秘められた山、南北を束ねて通る日の真道を黙示する山など、多くの奇しき秘義がこめられた山であるということであります。一方、熱田神宮には、その社を中心とする一帯を蓬萊島とする伝承と信仰が古くから存在し、我が国の三大蓬萊伝説地の中で最古の部類に入るといわれています。この古い記録としては、鎌倉時代の初期に成立した『海道記』（貞応二年一二二三年）の記述が挙げられます。

ご承知のように、蓬萊というのは、中国の伝説に由来しているわけですが、東海の彼方にあって仙人の住む理想郷とされています。

この蓬萊について、御主は九の巻のロゴスの中で、黙示豊かにのべられていますので、その一端を記しておきます。

「汝らよ、思へば奇《く》しきこととはせずや、昔、唐《から》の国より徐福といへる者、不老不死の薬草を探《たづ》ねて、蓬萊の島に訪《おとな》へり。汝ら、斯はその世紀《とき》にこそ懸隔《へだたり》はありつれど、そは正しく天《てん》の黙示《もくじ》にして、今日の予告なるべし。

視よ、蓬莱の国にはとくさのたから、不老不死の薬草の秘められてありければなり。世の終となる時、人の生命《いのち》も亦終に近づくべし、汝らよ、この期《とき》、、、とくさの神力《じんりき》を現されて、煎豆に花を咲かせ、夜見《よみ》をも明《さや》かになすなり」（九・七・二一・四二―四四）

長くなって恐縮ですが、徐福渡来伝説の真相は、「宮下文書」と称する富士古文書に詳細に記述されています。この古文書を基に解り易く解説された鈴木貞一氏が、『日本古代文書の謎』（昭和四十七年刊）で次のようにのべられていますので、紹介させていただきます。

「宮下文書は、七代考霊天皇の七十四年（西暦前二一七年）に来日し、帰化した秦の徐福の著したものが原本であるが、これに基づいて山梨県人の三輪義凞氏が三十余年の調査、研究をされ、大正十年「神皇紀」と題し、活字本として出版したものである。実に二千百三十年間世に埋もれていた日本古代史なのであった。その内容は、『古事記』『日本書紀』と全く趣きを異にした真正の日本古代史で、複雑怪奇なことが一つもない文献である」とのべられています。

又、「秦の徐福が男女五百人を伴い日本に帰化し、天皇の許しを得て、富士大神宮のある富士山北麓の地に居住し、次帝孝元天皇の七年（西暦前二〇八）に死去するまで十年間、日本古代史に興味をもち、大神宮の大宮司の協力を得て、それに奉仕する神家三十六家につき、神代文字をもって記録された実録をみて、その読み方を聞き、これを漢字にあてはめて録取したものが基本原本である」とのべられています。

この「宮下文書」の真偽については、今後、その道の学識者の研究によって検証されていくことと思いますが、当の中国においては、秦の始皇帝と徐福に関する発掘調査、研究が推進され、次第にその真相が解明されようとしているとのことであります。

次にもう二節、尾張戸神社と熱田神宮に関わる御主のロゴスを掲げ、その黙示を繙くこととい たします。

「汝ら、生命《オリンピヤ》の祭典の霊火のもゆる、天祖《かみ》の宮居《みやい》は何処《いづく》ぞや、世のかすがひを打ちて貫く、天《あめ》のをはばりの光はためく、をはりの国のとこくやまの、本《もと》つ岩根の底ふかみ、天《あ》母《も》里の根本教座《ゆには》の聖爐《ひつぼ》なり。根本《ねもと》の法《のり》のかしこさよ、愛の鞘《みさや》にしづもりて、光はためく其時《そのをり》は、迷妄《めいもう》の暗を抜除《はら》ふなり。そのをはばりの剣《みつるぎ》は、平和の象徴《しるし》の剣《みつるぎ》ぞ、煩悩《ぼんのう》の醜《しこ》のそよぎを薙ぎ倒し、禍津日《まがつ》を断ずる剣《みつるぎ》ぞ」（一〇・一・八・七）

「この静かなる夕《ゆふべ》よ、聖戒の祭の扉開きて、このをはりどに直の日始まる、荘厳《いみじ》き瑞兆《きざし》の夕《ゆふべ》の節《せつ》よ。世の曲津日《まがつび》の醜草《しこぐさ》を、いざ薙払《なぎはら》ふ伊吹《いぶ》きど籠《こ》めし、草薙剣《くさなぎのつるぎ》の鎮もるをはばりの神都《みやこ》よ」（一〇・六・八・一）

このロゴスも又、尾張戸神社と熱田神宮の御神縁の仕組を物語る黙示のロゴスですが、この両者に加えて、蔽顔《おとばり》の救主《くじゅ》を神のうてなとなして、奇玉の真言《ロゴス》が煥発された処が、天母里根本教座であり、ここに、三位一体なるペルソナの玄義が存在しているのであります。

右のロゴスの本文に、「かすがひ」「をはばり」「とこくやま」「をはりど」など、漢字ではなくひらがなを以て記され、とくに傍点が付けられていますが、これには深きお心があってのことと思われます。その一端を繙いてみますと、まず、「かすがひ」には、二つの意味が窺えます。一つは、地名としての春日井のことで、この地に天母里根本教座が定礎され、『スフィンクスの声』と『歌聖典』が啓示されているのであります。もう一つは、木と木をつなぐための金具である鎹のことですが、「子は親のかすがい」という云い方もありますように、ここでは、「神と人を結ぶ信仰の絆」の意味として使われています。

又、「をはばり」は、前にも書きましたように、天のをはばりの剱のことですが、尾張国の国名の由来となった言葉であります。又、「とこくやま」は、尾張戸神社の鎮座する神体山としての東谷山のことを表わしています。そして、「をはりど」とは、「をはりなき世のをはりどの、とくさの谷の神籬《ひもろぎ》に、のりのかすがひ千代かけて」（九・三・一一・二）、「世のをはりどを高知らす、東谷山の神奈日《かんなび》よ、天津《あまつ》光に照りそひて、をはりなき世を松風の、葉琴かなで遠長《とおなが》に、永《なが》く久しく神の道、日《ひ》の教《みおしへ》を伝ふなり」（九・一〇・八・二）などとのべられていますように、尾張戸神社の御名に言掛けて、をはりなき世のみとびらきの黙示を表わす言葉であります。いずれの言葉も深い意味が秘められていることから、傍点を付けて強調せられたのであります。

これまで尾張戸神社と熱田神宮との関係について考察してきましたが、次回からは、東谷山尾張戸神社を中心として同一線上の太占奇路における地文の黙示を繙く予定です。

末筆ながら、皆様の御清福をお祈り申し上げます。　敬具

平成十六年九月二十七日

## 七、太占奇路から観た尾張戸の仕組について

拝啓　さわやかな秋晴れの日々が続く今日此頃、皆様には、お健やかにお過しのことと存じます。こちらでは、先日の休みに近くの千種公園にでかけ、自然とのひとときを過しました。

さて、今回は、すっかり話題を変えて、「太占奇路《ふとまにくしろ》から観たをはりどの仕組について」というテーマで、東谷山尾張戸神社を中心とした同一線上の地文の黙示を繙くことにいたします。これは、極めて重要なテーマでもありますので、いつものように御神霊の導きを仰ぎつゝ、考察いたします。

まず始めに、太占《ふとまに》という言葉の意味から記します。

太占とは、鹿の骨や亀の甲を火に焙り、その亀裂線によって吉凶を判断をした古代の卜占法のことをいいますが、この語が文献上初出するのは、『古事記』上巻の「ここに天つ神の命もちて布斗《フト》麻邇《マニ》にうらなひて……」といわれています。

この太占の語については、言霊学者や古神道家などが、深く掘りさげて独自の解釈をされていますが、長くなりますので割愛いたします。ここでは、神理研究会の金井南龍翁が、主宰誌「さすら」(昭和四十八年九月号)の中で、「フトマニとは、宇宙・天地・大自然の法則を意味し、公理とか神理とか書き表わしてよい」とのべられていることだけを挙げておきます。ところで、この太占ということについて、御主はどのようにのべておられるのでしょうか。『スフィンクスの声』や『点灯の真言』、そして『折々のみことば』の中で数多くのべられ、その奥義の扉を開示されています。長くなりますが、特に要の所を左記に掲げさせていただきます。

『スフィンクスの声』より

「古《いにしへ》、人祖天《あめ》が下に人の世の生活《くらし》を始むるの時、先づ天《あめ》の御柱《みはしら》を見立てて、此処《ここ》に男、男《をとこ》たり、女《をみな》、女たるの言挙《ことあげ》をなし、次に太占《ふとまに》の卜合《うらへ》によりて夫婦《めをと》の真実《まこと》のむすびを誓約なし給へり」(九・七・四・一)

「汝ら、救寿《わが》この声《ことば》は、天地《あめつち》に鳴り亘る真言《だらに》なり、六十四卦《もろもろのかたち》の卦兆《わざのきざし》を解明《と》きて、創化《むすひ》の原理《ことば》の啓語《ひらきかた》る、太占《ふとまに》の卜《うら》への直日の霊《みたま》の言霊《ことたま》なり」（一〇・一〇・九・一二）

「天地《あめつち》の太本源《ふとみなもと》の元霊《もとつみたま》に流れ通ひて、密厳《ふとまに》の原理《うらへ》に鳴動《ひび》く、大宇宙《マハウニベルソ》のその実体《ものざね》の言霊《ことたま》に至り及べる。……古《いにしへ》の賢者の宣《の》りし文の密林《はやし》、その一筋の真言《まこと》には、迷路を貫く道知辺《みちのしるべ》、密厳《ふとまに》の原理《みち》の秘厳の宝塔《ともしび》は、時の次元を指示《しるし》つゝ、暁告げる聖鈴の、時報《とき》打つ刻を示教《をし》ふなり」（一〇・一一・三・三―五）

『折々のみことば』より

「かの日かの時、古の神話《かみのはなし》の物語は、まことにいみじき意義をあらはしているのである。……即ち古事記《ふることぶみ》には、岐美二尊が火と水との生命《いのち》のかけごゑをなされし時、火に水のかくる陰の陽に蔽《おほ》ふことに始りて、背骨のないひるこ、五感のそなわらないあわの如きみ子のあらはれたることを記している。生れ出でたるものすべてがかくの如きひるこ、あわしまとなったのである。かくてはならじと二神は天祖《あまつかみ》に申しのべて、太占《ふとまに》の卜合《うらへ》によりて、火は先となし、水は次となして、完全円満のすがたをあらはすこととなったのである。……太占のうらへに、とくさといづらの真理が秘められて、生玉、足玉、まかるかへしの玉を生みあらは

し、夜見路の昧眠《ねむり》を復活《さまし》ゆくのである」(昭和三十九年十月八日聖戒のロゴスの要旨)

「日本神典古事記のことを「ひのもとのふることぶみ」といふのであるが、この中の唯ひとところに「太占」についてのべられているところがある。法華経にしても黙示録にしても、この神典に云ふ太占の義が解らなければ、真にその意を解することができないのである。太占は生命の法則を意味している言葉である。これを現代流に云えば、科学も哲学も太占ということである。ところが、科学も哲学も、そこに道徳といふものがなかったならば、恰も古事記にのべられている筋のないひるこ・あわしまの如きものとなってしまうのである。……この御教は、つづまるところ太占といふことである。天祖《かみ》は、その古に太占に宣り給ひ、天降り給ひと仰せられたのである」(昭和四十一年八月七日聖戒のロゴスの要旨)

『太占の真言』巻の一より

「太占という言葉は、日本神典の古事記《ふることぶみ》の岐美二尊の神生《みこ》み嶋生みの件《くだり》に語り記されてゐる卜相《うらへ》という言葉のうへに相対してゐる神秘に秘封された神示の言葉であるが、概ね御巫《みかんなぎ》の霊能の神通力に関はってゐる特殊な意味を有《も》ってゐる言葉である。

然し、この太占《ふとまに》の卜相《うらへ》の秘義は啻《ただ》に日本の古事記《ふることぶみ》だけに記されてゐるものではない。その名目を異にして普く人類の民族神話に物語られてゐるものである。就中、黙示録《もくじぶみ》やサツダルマ・フンダリーカを始として、易経も、老子の道徳経も、マホメットのコーランも、そうである。また、象徴的には彼の砂漠に聳ゆるピラミッドも、その前方に伏してゐる人面獣身のスフィンクスも、フェニックスとヘリオポリスの神殿も、それは要するに太占といふ言葉の神秘の秘封を物語ってゐるものであって、それ故にこの言葉の神秘の秘封を解いて、これを卜相《うらへ》ることによって始めて解明される奇しき真理なのである。

これらの地上の世界に於ける七不思議は、大宇宙《マハウニベルソ》の意識界に於ける七識の魔術の奥深くに秘められてゐる、生ムスヒと奇魂《くしみたま》の創化の妙用による三種十界の顕幽に関はる物語であり、象徴である」（原文のまま）

右のこのみことばは、太占の奥義の真理を説示されたものであり、まことに添なくも尊き極みでありります。

さて、次に「奇路《くしろ》」について解説いたします。地図の上で同一線上にある地名や名称には、相互に深い関係があり、更に同一の地名や名称が存在する時には、その関係が強化されますが、この関係を総称して奇路《くしろ》といいます。これを神風串呂と称して最初に提唱された方が、後醍醐天皇の孫に当る長慶天皇の嫡流といわれる三浦芳聖翁（一九〇四―一九七一）であります。翁の御著書『串呂哲学』によりますと、「同一線上に同文同種の地名が三つ以上串路する時は、これを神風串呂と称し、天地神明が極めて重なる事を神示遊ばされるものである」とのべられています。

三浦芳聖翁は、終戦後、昭和天皇の霊的庇護を依頼され、影の師といわれた小泉太志翁（一九〇七―一九八九）を義弟視され、親交を結んでおられたといわれています。

又、先に記しました金井南龍翁は、「天地宇宙の自然の運行するエネルギーを指し、フトマニの具現されたものといえる。フトマニを磁気とすれば、クシロは磁気線になる」とのべられています。

更に、太田千寿女史は、その著『三島由紀夫の続霊界からの大予言』の中で、「オリオンに輝く光とこしへに、神の涙は富士とくしろと花のひみめを作り給ひて……」と霊示され、「神の通られる霊光線」とのべられています。これらクシロの語に奇路と借字されて太占奇路と命名された方が、古道大系研究所の吾郷清彦先生であります。

そこで、いよいよ太占奇路に関わる黙示を御主のロゴスの中から繙いてみたいと思います。

「その時、その処《ところ》につけられたる名前そのもの、その呼ばるるところの名前、これ皆、宇宙の動き人の世の動きをば、昔に記録《しる》し、今に実証《あか》し、末に黙示《かた》るところのものなれば、徒《いたづら》に故実なしとは思ふべからざれかし」（九・六・一一・四）

「汝ら、人の住める此の世は神の世界《みくに》の現象世界《うつしよ》なり。さらば汝ら、此の世は仮初《かり》の世と雖《いへど》も、次第に真実を現しゆくところのものなり。即ち神の世界《みくに》のその真実を現すべく約束されしは、現象世界《うつしよ》なるものなり。

汝ら、この現象世界《うつしよ》は神の世界《みくに》の現象世界《うつしよ》にして、遂に神の世界《みくに》を成就するところのものとして、そは恰も岩の上に高き塔を築くものの如く、又此の一端より線を引きて、彼の一端にこのものの遂に引き結ぶものの如く、彼《かれ》と此《これ》との浮橋《うきはし》として、この現象世界《うつしよ》はその時始りて今にあり、今にありて永遠《とこしへ》にあるところの摩可不思議《まかふしぎ》なる理《ことわり》の世界《ところ》なり」（一〇・七・八・一—五）

「汝らよ、実体なくして投影のあることとなし、さらば汝ら、投影を見て天の真実を察すべし。

汝ら、地の万物《よろづのもの》によりて天の栄光を捜《さぐ》りて知る、これ神の御意《みこころ》を啓《ひら》きて摂理の秘義を知ることとなり。汝ら、真実に世に生きて幸福《さいはひ》なることは、即ち摂理の秘義を解《と》明ことなり」

（一〇・七・一二・一六—一八）


「汝ら、天文《てんもん》の彼岸《かなた》に一乗至元の哲理あり、地文《ちもん》の此岸《こなた》に二乗一貫の白道《びやくどう》あり、是即ち理《り》事一実《じいちじつ》の究極の真理にして無限短《むげんたん》と無限長《むげんちょう》の時空次元の無尽究理の実体の座標、七次元の

宇宙に聳《そび》ゆる大八次元《マハピラミッド》の実相の水晶世界像なり」（一〇・一〇・一二・二三）

これらのロゴスの真義を要約しますと、私共が住むこの現象世界《うつしよ》は、神の世界《みくに》の真実を現すべく約束されたところであります。従って、この世において天の真実を察知することが大切であります。太占奇路とは、天文の黙示を地文に写現した言霊の調べであり、これを太占に卜合《うらえ》て解き開くことによって、天の御意志《みこころ》を観得することが可能となるわけであります。

思えば、昭和五十九年（一九八四）から昭和六十年にかけて日本全図と都道府県の詳細地図をもとに、東谷山尾張戸神社（東経137°3′25″北緯35°15′10″）を中心に線引きを行ない、そこに写現された地文の黙示を調査したことがあります。なかなか根気のいる作業で、黙示と思われる地文（地名や名称）を細かく記したものが、Ｂ４の用紙で二十枚ほどになりました。そこで、この中から要なものを幾つか列記し、註を付けて解説いたします。

（一）尾張戸神社と熱田神宮を結ぶ同一線上の地文の黙示について

鹿島（和歌山市）――金比羅神社・鹿島神社・王子神社・須賀神社（和歌山県南部町）――龍神村――日高郡日高川――上宮代・下宮代――龍神温泉・龍神街道（和歌山県）――龍泉寺（奈良県）――天川弁財天社――国玉神社――丹生川上神社（奈良県）――高見川（奈良県）――福田山（三

重県）――白山（三重県）――楠（三重県）――熱田神宮――東谷山尾張戸神社――経ヶ岳（長野県二、二九〇米）――辰野（長野県）――諏訪大社――布引観音（長野県小諸市）――浅間山（長野・群馬県二、五四二米）――吾妻耶山（群馬県一、三二三米）――伊佐須美神社（福島県会津高田町）――磐梯山（福島県一、八一九米）磐椅《いわはし》神社（耶麻郡猪苗代町）――吾妻山（二、〇三五米）――八宮（宮城県）――刈田嶺神社（宮城県刈田郡蔵王町）――大高山神社（柴田郡大河原町神山）――菅生（宮城県）――名取熊野三山（名取市）――大崎八幡神社（宮城県）――塩釜神社（塩釜市一森山）――南郷・河南町――虚空蔵寺（宮城県）――保呂羽山（宮城県三六九米）――龍舞崎（宮城県）

（註）（1）和歌山県南部町の四社、金比羅・鹿島・王子・須賀神社は、いずれも尾張戸神社及び熱田神宮の御祭神、御神剱に関わる黙示が窺われます。

（2）龍神村、龍神温泉、龍神街道及び龍泉寺、辰野、龍舞崎など、龍神に関わる地文の黙示が顕著に現われていますが、天火明尊、天叢雲剱に深く関わっています。

（3）宮城県の刈田嶺神社と大高山神社の御祭神は、ともに日本武尊であり、自ら熱田神宮と深いご神縁で結ばれていることが解ります。

（4）浅間山は、富士浅間神社とご神縁で結ばれていることから、浅間神社の御祭神との関係で天火明尊につながっているわけであります。

（5）宮城県の仙台は、古史古伝文書の『秀真伝《ホツマツタエ》』にいう日高見国に比定されている地域であり、その古、天火明尊の君臨せられた仙台宮《ヤマテミヤ》のあったところといわれています。又、和歌山県にも日高見国を黙示する日高郡日高川という地文も見られ、太占奇路の意味を強調しています。なお、御主のロゴスに東谷山《とこくにやま》と日高見国との関わりを黙示された奇しき一節がありますので記しておきます。「入船や、何地《いづち》の潟《かた》に着くならん。春日《かすが》なる東谷郷《エデンのさと》の五百槻繁《ゆつきしげ》れる、日高見《ひたみ》なる入江《いりえ》目差してさし渡るかも」（一〇・四・四・一四）

（6）宮城県の塩釜神社は、名にし負う常陸国の一の宮で、御祭神は、塩土老翁神、武甕槌神、経《ふ》津主《つぬし》神に坐す。塩土老翁神は、かって饒速日尊が降臨せられた聖なる地を指さして「東《ひがしのかた》に美《よ》き地《くに》有り。青山四周《よもにめぐ》れり」と神武天皇に教えられた導きの神といわれています。

又、武甕槌神も経津主神も饒速日尊の亦の御名とされていますので、尾張戸神社と熱田神宮とご神縁で結ばれていることが解ります。

（7）長野県の諏訪大社の御祭神は、大国主神の御子建御名方神とされています。当社には、樅の大木を以て七年毎に行われる式年造営御柱《おんばしら》大祭があり、天下の奇祭として夙に知られていますが、神社の由緒に謎の部分が多く、実体が定かでないといわれています。『古事記』や『日本書紀』の記述によれば、御祭神の建御名方神は、父の大国主神や事代主神が天皇家に恭順の意を示していたにもかかわらず、最後まで出雲の国譲りに抵抗し、ついに出雲を追われて信濃国の諏訪まで落ち延び、二度とこの地を離れないとの条件で助命されたと伝えています。つまり、出雲の神々の中で悲劇の主人公とされてしまったわけです。

この建御名方神について、最近、古代史の闇に光を照射し、精力的に特異の論説を展開しておられる関裕二氏が、その著『消された王権・物部氏の謎』の中で、次のようにのべられています。

「ちなみに、この建御名方神が諏訪大祭の主祭神となって多大な信仰を集めたのは、中世武神としての性格を強めたことが大きな理由の一つだが、信州地方には、武神となる以前の古代の伝承が多く残されている。そしてこれらの伝承には、この神が開拓神、農業神、水難鎮護の神であったという共通のテーマが流れている。すなわち、それまで手のつけられなかった湿地帯や湖であったところを干拓し、水田を広げ土着の人々と融合していったというのである。この建御名方の生きざまは、まさに三―四世紀、東国の激変を彷彿とさせるのではあるまいか。西国からの移民の流入、土着民との共存、そして移民の手による新農地の開墾、どれをとっても建御名方の動きとそっくりだからである。さらに指摘しておかなくてはならないのは、物部氏の同族で東海に本拠地をもつ尾張氏が、なぜ建御名方伝承との重なりを見せ、祖神天香山命（大物主神の子）は、やはり開拓神として東国で建御名方とそっくりな行動をしていることである。とするならば物部一族による東国進出と開拓は、建御名方という神話のなかに象徴的に現われ、しかも『日本書紀』によって抹殺されていたのではないかと疑いを強める。あらためて述べるまでもなく、建御名方は出雲神であり、尾張氏同様、物部一族だったからである」

右にのべられていることからも明かのように、尾張氏と同族の物部氏にゆかりの深い建御名方神を祀る諏訪大社が、尾張戸神社と熱田神宮を結ぶ同一線上に鎮座していたことは、まことに意義甚大であり、太占奇路の真実を如実に物語っているといえます。
(8) 和歌山県の地文に、上宮代と下宮代という珍しい名称がありますが、これは、尾張戸神社を熱田神宮の奥の院と呼称した伝承との関わりを示す黙示の地文と受けとめることができます。
(9) 宮城県に名取熊野三山がありますが、この本地はいうまでもなく和歌山県の那智熊野速玉大社の鎮座地ですが、御祭神の中に須佐之男尊を始め、饒速日尊とその御子高倉下命(亦の御名天香語山命)の御名がみられることから、尾張戸神社と熱田神宮がご神縁で結ばれていることが明かであります。
(10) 宮城県に八宮という地文がみられますが、八といえば、熱田神宮の南新宮の八子社、別宮の八剣神社、そして尾張戸神社の八柱の御祭神など八に関わる黙示を示しています。
又尾張国名古屋の市章も㈧となっています。
(11) 奈良県に天川弁才天社、丹生川上神社、国玉神社が鎮座していますが、天川弁財天社には市杵島姫命、丹生川上神社には高龗神《たかをかみ》、国玉神社には饒速日尊が祀られてあり、いずれも水を司る水神の黙示がみられます。水神といえば、熱田神宮の土用殿の上座に清水社があり、古来眼病に霊験あらたかであったといわれています。又尾張戸神社については、御主のロゴスに「まほらばの尾張国原東谷山《とこくやま》綾に神さび石走《いは》り滾《たぎ》ち流るる谷川の、淵瀬も清し水波《みづは》の女《め》、岩根にすみて岩間戸に湧きて溢れつ」（一〇・一〇・二六・一―二）とのべられていますように、中腹に白山の菊理媛《くくりひめ》命を祀る中社《なかつやしろ》があり、この地の泉には眼病に効験があったという伝承があります。なお水のことから特筆すべきことは、宮城県に菅生という地文があります。「菅生石部神社についての考察」の中で書きましたように、菅生（宗我富）の語源が、「清らかな水の湧き出づる処、清らかな水そのもの」で、応神天皇が命名せられたと『播磨風土記』が伝えています。

不思議なことに、この菅生の地文の近くの同一線上に、応神天皇を祀る大崎八幡神社が鎮座しているのであります。

これまで、尾張戸神社と熱田神宮との関係について、特に同一線上の地文の黙示を考察してきましたが、予期せぬ貴重な黙示を沢山いただくこととなり、驚いています。太占奇路の真価を改めて認識いたした次第です。

なお、次回からは、東谷山を中心として京都御所、天祖山、法隆寺などを結ぶ太占奇路の黙示を繙く予定です。

末筆ながら、皆様のご清祥をお祈り申し上げます。　敬具

平成十六年十月七日　古稀の誕生日に

追記　いつものことながら、今回も書いているうちに幾つかの奇しき黙示をいただきましたので、記します。

（1）前回の後編で蓬莱のことについて書いていたところを読みかえしていたのですが、その日（十月一日）の夜に何げなくテレビを観ておりましたら、白山比咩神社と表裏の関係にある金剱宮の「蓬莱まつり」の模様が放映されたのです。又同じその日、コーヒーに入れるスジャータで有名な名古屋製酪（株）から、蓬莱の風景を描いた美しい封筒でアホエン（にんにくのカプセル）が届けられたのです。

（2）註の（2）で書きましたように、龍神村、龍神温泉、龍神街道、龍泉寺、辰野、龍舞崎など、龍に関わる地文が盛んにでていたのですが、この日の前日十一月一日に、当地名古屋ドームでは、龍のネームをいただいた中日ドラゴンズが六回目のリーグ優勝を決めていたわけです。地文のむすびが龍舞崎となっていますように、地元の人達にとっては、まさに龍の舞う如く、栄光と感激の記念日となったのであります。

（3）ドラゴンズ優勝セールに丸栄に出かけ、二九、〇〇〇円のブレザーを、落合博満監督の背番号に因んで六、六〇〇円で購入、その足で書店に立寄ったところ、『古代万華』と題する小椋一葉女史の新著に出会ったのです。パラパラとめくって止まった頁に、諏訪大社の御祭神建御名方神に関わる記述が目に飛び込んできましたので、その一部を抜粋させていただきます。

「ニギハヤヒが大和入りする頃、大和を支配していたのは先住民族の長髄彦だった。守屋氏と長髄彦は同族だったのではないだろうか。そうだとすると、ニギハヤヒの時代も、諏訪は東西の先住民族の結び目であり、本山だったということになる。……タケミナカタは、決して当時は「大神」と崇められてはいなかった。……では諏訪大神はいつ頃からタケミナカタになったのか。……まず諏訪大神がニギハヤヒからタケミナカタへ変った時期だが、これは大化改新からまもなくのようである」（同書六章「誇り高き諏訪王国」より）

（4）マリナーズに所属するイチロー選手が、十月四日に、年間安打数二六二本をもって史上最多記録を達成、今や「世界のイチロー」と称讃されています。この世紀の最多記録は、中日ドラゴンズと同じように、ホームグラウンドで達成されています。イチロー選手のフルネームは、鈴木一朗（愛知県豊山町）ですが、鈴木の姓のルーツを辿っていきますと、古代の尾張氏と同族とされる物部氏といわれています。尾張氏も物部氏も、ともに祖神に天火明尊（饒速日尊）を戴いていますので、この度のイチロー選手の世界的偉業は、この神によるご神業が世に開顕される御戸開きの黙示ではないかと思われます。

深秋の砌、まずは、台風二三号と中越地震の被災者に対し深くお見舞申し上げ、復興への道が速やかに開かれんことをお祈り申し上げます。

さて、今回は、東谷山尾張戸神社を中心とした太占奇路の黙示について考察いたします。

（二）尾張戸神社と京都御所・皇居を結ぶ同一線上の地文の黙示について

西から東にかけて同一線上の地文を記しますと次のようになります。

壱岐（長崎県）——御所野（山口県）——宮内（広島県）——串戸（広島県）——宮領（広島県）——都窪（岡山県）——吉備津彦神社（岡山県）——赤穂（兵庫県）——宮内・宮田（兵庫県）——有馬富士（兵庫県）——王子（京都府）——松尾大社（京都市）——御所ノ内町（京都市）——広隆寺（京都市）——木島坐天照御魂神社（京都市）——北御所町（京都市）——大極殿跡（京都市）——京都御所（上京区糺の森）——知恩院（京都市）——勝部神社（滋賀県守山市）——愛知川（滋賀県）——君が畑（滋賀県）——東城（愛知県）——東谷山尾張戸神社——御所平（長野県）——聖岳（静岡県二、九七八米）——富士見山（山梨県一、六四〇米）——烏帽子山（山梨県一、一六一米）——王岳（山梨県一、六二三米）——桂川（山梨県）——日向（神奈川県）——高尾山薬王院（東京都）——明治神宮——新宿御苑（東京都）——皇居（千代田城・東京都千代田区千代田一—一）

——八千代市（千葉県）——成田山新勝寺（千葉県）——新東京国際空港（千葉県）——下総たちばな（千葉県）——鹿島灘（千葉県）

これらの地文について、順次註を付けて解説いたします。

（1）京都御所の名称に関わる「御所」の地名が、西の方位から順に、山口県、京都市（二個所）、長野県に四個所でています。京都御所を加えれば、五個所となり、奇しく妙なる黙示であり、御神意の顕著な現われといえます。又京都御所即ち、宮中に関わる「宮内」の地名が、広島県と兵庫県の二個所にみられ、岡山県の「都窪」、愛知県の「東城」にも皇居の黙示が顕現されています。

（2）松尾大社は、京都嵐山に鎮座する延喜式式内の古社ですが、京都御所の造営に携わった秦一族が奉斎した氏神といわれています。

当地は、もともと別雷山といわれ、別雷神（火雷神）を祭祀、その後大山咋神を奉斎しています。別雷神も大山咋神も、共に饒速日尊の亦の御名であり、『新撰姓氏録』には、秦忌寸が饒速日尊の後裔であると記述されていることから、尾張戸神社の主祭神とご神縁に在るわけであります。

（3）広隆寺は、推古天皇十一年（六〇三）に建立されたと伝える山城国京都の最古の寺で、古くは蜂岡寺と称されていたといわれています。帰化人の秦河勝が、聖徳太子より賜った弥勒菩薩を本尊として建立されたもので、同像が国宝第一号に指定されています。ドイツの実存哲学者カール・

ヤスパース博士がこの像を拝観され、「私は今日まで何十年かの哲学者としての生涯の中で、これほど人間実存の本当の平和な姿を具現した芸術品を見たことは、未だ嘗てありませんでした」と絶賛されたことは夙に有名です。（2）に書きましたように、京都御所の造営に携わった秦一族ゆかりの人が建立されたところに大きな意味があります。

（4）木島坐天照御魂神社については、既に別項で書きましたように、御祭神が天火明尊の亦の御名に坐し、且つその祭祀が渡来氏族の秦一族によって奉斎されていることから、自ら、京都御所と尾張戸神社に深く関わっていることが解ります。当社は、かって広隆寺境内の最東端に鎮座していたといわれていますが、現在地に移され、蚕《かいこ》の社《やしろ》と親しまれています。ところで、この社の境内に、元糺《もとただす》の池があり、この池の中央（源泉）に三柱鳥居（三角鳥居とも）が建立されています。同社の由緒書によりますと、下鴨神社（賀茂御祖神社とも）の鎮座地「糺《ただす》」の名は、この地より移されたものといわれています。糺ということは、その字義からして本当のことをただすという意味にとられていますが、本来の意味は、『古事記』に、天孫ニニギノ尊が日向の高千穂峰に降臨されるときに「朝日の直刺《たださ》す国、名の日照《ほで》る国、故、此地は甚《いと》古き地《くに》」とのべられた記述からきているといわれています。話は変りますが、かって御主が先の三柱鳥居について言及せられ、この鳥居の形式（ペルソナの義）をもって、やがて小戸に建立される日のくることでしょうね、と仰せられたことが想い出されます。蚕の社の三柱鳥居が、いつごろどのようにして建立されたかは定かではありませんが、古神道研究家の菅田正昭氏によれば、京都神楽岡の吉田神道方式に従って建立されたものであるといわれています。鳥居といえば、昭和五十一年（一九七六）に造営された東谷奇玉宮（蔽顔《おとばり》の救主《くじゆ》の奥津城）の鳥居は、奇しくも三角千木鳥居（千木鳥居と山王式鳥居を合体したような形状のもの）となっています。この鳥居の設計は、社寺建築家の広江文彦氏（東京のお宅を訪ねて設計を依頼したときは、八十才でした）が、天祖の御神意に感応して設計されたもので、台湾から直輸入した桧材を以て建立されています。

（5）勝部神社は、滋賀県の守山市に鎮座、御祭神が尾張戸神社と同じ天火明尊となっています。又、鎮座地も、名古屋市守山区と同じ守山の地文が黙示されています。

（6）愛知郡と愛知川は、滋賀県守山市に隣接する地名ですが、尾張国愛知県と同じ名称の地文となっています。

（7）聖岳は、静岡県と長野県の県境にある名山で、標高が二九七八米となっています。聖という語は、耳と口と王から成り立っていますが、これは、耳をそばたてて天の声《ひびき》を聴きとり、口をもって真語の妙音を語る王《ひと》を意味しています。「ひじり」の語が最初に文献に登場するのは、『日本書紀』の巻三、神武天皇の条で、次のようにのべられています。

「夫れ、大人《ひじり》の制《のり》を立てる、義必ず時に随ふ。苟も民を利有らば何にぞ聖造《ひじりのわざ》に妨はむ」

これを意訳しますと、大人《ひじり》は日知りであり、暦をもって制を立てることは、稼穡《かしよく》（作物の植付と取り入れ）のためであり、民に利のあることであるから、聖の造《わざ》即ち日を知り暦を造ることによって妨げるものはなく、大いに発展するであろうとのべられたもので、都造りの第一条件として発布されたものであります。本来聖《ひじり》とは、神秘な霊力をもった人を指し、我が国では天皇のことを意味した言葉です。この意味で、京都御所と皇居を結ぶ同一線上に聖岳が奇路していたことは、極めて重大な黙示であると云えます。

（8）山梨県の烏帽子山と王岳については、いずれも宮中に関わりの深い地文を示しています。烏帽子は、元服の男子が佩用した袋状の冠のことですが、平安の都で宮中参殿の折に常用されていたといわれています。

（9）神奈川県の日向の地文については、天孫降臨の黙示と橘の小戸のみそぎ祓いの神事の黙示が窺われます。

（10）高尾山薬王院について　当院は、東京都八王子市高尾町にあり、多摩八十八ヶ所霊場の第六十八番札所で、真言宗智山派の大本山となっています。高尾山は、武蔵国随一の修験道による山岳信仰の拠点として有名ですが、創建は、天平十六年（七四四）聖武天皇の勅命によって行基菩薩が薬師如来を本尊として祭祀された時からと云われています。その後、永和年間（一三七五―一三八一）に醍醐寺の俊源上人が来山の砌、飯綱大権現を感応されて勧請したといわれています。創建当時の本尊が薬師如来となっていますが、東谷山尾張戸神社の境内に薬師堂があり、又、同社の北側にある高蔵寺の本尊も比叡山延暦寺から勧請された薬師如来であることから深い関わりにあることが解ります。ところで飯綱大現現といえば、富士市の江尾《エノオ》に鎮座する飯綱神社の黙示が挙げられます。富士地方史料調査会の加茂喜三氏が昭和五十七年に刊行された『愛鷹の巨石文化』によりますと、この飯綱神社は、大森家が代々宮司を世襲し、大森忠裕翁で二百十五代を数えるという古社で、古より常世の神を祀ったといわれています。社頭には、菊花十六弁紋が刻まれ、天の十六光と地の十六光、合せて三十二光で、これを宇宙《あめがした》と伝承されています。五十火綱《いひつな》の火渡り神事を始め、盟神探湯《くがたち》や釜鳴神事など古神道の秘法が伝承されています。又社伝の神典類が各種の神代文字で記され、中でも天日草《あひるくさ》形文字を以て記述されている「十種神宝」の秘法は、当社の最も要な秘伝文書となっています。そして、御神体の秘義が竜神（雷神）の黙示を顕す閃光と音《かんなり》であるといわれています。「十種神宝」といえば、はるけき古に、饒速日尊が天祖より賜った天津御璽《あまつみしるし》のことであり、自ら尾張戸神社と固く神縁で結ばれていることが解ります。

ここで、長い年月を熱田神宮に日参しておられる近藤桂造先生のお話を紹介いたします。

先生と江尾の飯綱神社とは極めてご神縁が深く、昭和五十年頃に、先の二百十五代当主の大森忠裕宮司様に巡り逢れたとのことです。当時、金鈴会の方々と東海道線の車中から眺めた鳥居が、異様な輝きをもって銀色の光を放っていたことから、そこを探ねていったところ、飯綱神社であり、大森忠裕宮司様から代々伝わる秘伝の神典を拝観されたのであります。その後山道を辿り、愛鷹山の連峰の一つである位牌ヶ岳へ向かわれたわけです。その折、位牌ヶ岳のけもの道で、どこからともなく神使いとおぼしき犬が七匹現われ、先導されたそうです。そして、位牌ヶ岳の火口（富士山の原火口）にてご神業をされたのですが、これは、近藤先生の師の江口英真先生（出口王仁三郎聖師のご高弟の一人）の遺命に基いて執り行われたのであります。まず最初に、先の飯綱神社で金鈴会を解散され、むすびに位牌ヶ岳の火口において、国治《くにはる》彦尊の御名のもとに祝詞を奏上されようとしたところ、日子火火出見尊の御名に変って奏上、この時、背後に巨大な火柱が天を突いてふき上るという大噴火の霊示をいただかれたとのことです。

江口先生のお話によりますと、愛鷹山一帯は、富士山の本宮（原初の富士）のあったところで、古は、今の高さの三倍ほどもあったといわれています。

高尾山の御本尊の薬師如来から飯綱権現、そして江尾の飯綱神社へと話が発展していきましたが、この際、書き遺しておきたいという切なる思いから、記した次第です。

⑾成田山新勝寺については、あまりにも有名でご存知の方が多いと思いますが、御本尊は、不動明王に坐す。愛知県の犬山市にも、同山の御本尊を勧請した名古屋別院があり、奇しくも、寺号が加賀国と同じ大聖寺となっています。以前に、饒速日尊と十一面観音とが表裏の関係にあることを書きましたが、不動明王も又、不離密接な関係にあることが窺われます。その傍証の一つとして、各地に点在する大聖寺の御本尊の殆どが、不動明王に坐すことが挙げられます。

ところで、九の巻のロゴスに次のような一節があります。

「汝ら、慈悲の観音《かんのん》、智慧の勢至《せいし》、人の姿に化身して、衆生済度《さいど》のわざをぎをなす。さらば汝ら、思へ、汝のその前後《ほとり》に、且《かつ》その存在《となり》に、この勢至、この観音、智慧と慈悲を持ち給ひて在《おは》し坐《ま》すやも知られずと、汝ら、心せよ。さらば汝ら、汝らの前に訪れたる者、それ汝を導く智慧の使者《ししや》、是等《これら》皆、汝を救ふ慈悲の友なり」（九・九・三・一一―一四）

このロゴスは、執筆中に御主のご神霊に感応していただいたものですが、観音にはいづら《いづら》、勢至にはいづら、即ち光と火が黙示されているのであります。

不動明王は、この勢至のお姿であり、光を照射して暗を祓い、火を以て煩悩を消尽される御方です。明王の持ち給うその剣は、光と火を象徴しておられるのであります。これまで書いてきましたように、いづらの神火と十種の神宝を持ち給う御方こそ、古の神の道においては天火明尊（饒速日尊）に坐すわけでして、この意味におきまして、不動明王と深い関わりにあることがお解りいただけることと思います。

長くなって恐縮ですが、平成五年（一九九三）七月四日のこと、御霊示に従って、南河内郡に鎮座する磐船神社の奥宮と高貴寺を近藤桂造先生と参拝することになったのです。

始めに、奥宮に参拝、饒速日尊の御降臨の御事を偲びつつ、十の巻の四編第四章を朗誦申し上げたところ、どこからともなく鴬と日与鳥が飛来し、清々しい妙音が響き渡りました。そのあと、山の中腹にある高貴寺に参詣、まず不動明王を祀る本堂に入り、徐に秘厳の真語を奏上しました。すると、暗闇の中にお立ちになっている不動明王の御目がきらりと光り、眸がほのかに揺れ動いたのです。近藤先生も同じ光景をご覧になったのですが、実に厳かなひとときでした。あとで解ったのですが、この不動明王は、弘法大師の御作によるもので、重要文化財に指定されています。古神道家の橘香道氏（本名浜本末造）によりますと、不動明王は、天火明尊のご長子高倉下《たかくらじ》命の裏の姿でもあり、弘法大師が高野山に入山されるに当って、高倉下命を最初に祭祀されたといわれています。

この高貴寺は、僧の身でありながら古の神の道を慕われ、ことのほか饒速日尊を景仰された慈雲尊者ゆかりの寺で、標札に「河内西国特別客番神下山高貴寺」と記されています。

慈雲尊者は、寺内に宗源壇を設けて磐船宮を祀り、天火明尊とともに愛染明王を安置して諸神の総本地とされています。慈雲尊者が宝暦四年（一七五二）に著述された最初の書籍が、奇しくも、御主ご生誕の明治四十三年（一九一〇）に戒心和上によって刊行されています。尊者の著述の中で最も肝要とされるのは、十種神宝の秘伝に関するもので、尊者に護持伝承された古神道の奥義は、葛城神道（雲伝神道とも）と称され、尊ばれています。

(12) 千葉県に下総たちばなという地名がありますが、たちばなといえば、京都御所の紫宸殿正面階段の向かって左側の、右近の橋を黙示する地文となっており、京都御所の関わりを如実に顕しています。

以上、これまで京都御所と皇居（千代田城）を結ぶ同一線上に、東谷山尾張戸神社が鎮座し、その間に御所及び皇居、そして尾張戸神社に関わる黙示の地文が存在することを調査し、検証してきました（全部で一一三項目）。

冒頭に挙げました地文のほかにも、黙示豊かなものがありますが、長くなりますので割愛いたします。これだけでも、太占奇路《ふとまにくしろ》の真実がお解りいただけたのではないかと存じます。

（三）尾張戸神社と天祖山天祖神社・永日山天祖神社を結ぶ同一線上の地文の黙示について

まず始めに、東北東から西南西にかけて同一線上の地文を列記いたします。

大洗（茨城県）――吉田神社（茨城県）――新治村《にいばり》（茨城県）――石戸宿（埼玉県）――赤尾（埼玉県）――戸口・西戸・坂戸（埼玉県）――天目山（埼玉県・東京都一、五七六米）――天祖山天祖神社（東京都西多摩郡奥多摩町日原一、七二三米）――大鹿（長野県）――恵那山（長野県・岐阜県二、一九〇米）――岩村（岐阜県）――東谷山尾張戸神社――多度大社（三重県）――釈迦ヶ岳（三重県・滋賀県一、〇九二米）――太神山（滋賀県六〇〇米）――枚方（大阪府）――神戸港（兵庫県）――岩屋神社（淡路島）――深宝（香川県）――吉田（香川県）――象頭山金比羅宮（香川県五二四米）――琴弾神社・観音寺（香川県）――吉田（愛媛県）――余戸（愛媛県）――大神（大分県）――日出町（大分県）――由布岳（大分県豊後富士一五八四米）――永日山天祖神社（大分県玖珠郡玖珠町大田）――出雲岳（大分県八四八米）――三国山（大分県・熊本県九九四米）――宿ヶ峰尾崎（熊本県）――瑞穂（長崎県）――中尾（長崎県）――金比羅山（長崎県二七二米）

　これから順次、註を付けて解説していきますが、その前に天祖神社に冠称されている天祖という名称について概要を記します。

　天祖《てんそ》（あまつみおやとも）という御神名は、『古事記』や『日本書紀』にはでてきませんが、『先代旧事本紀』の神代本紀に「天祖《あまつおや》天譲日天狭霧国禪日国狭霧、」と記載されています。又、同書の天孫本紀には「天祖《あまつみおや》天璽瑞宝十種を以て饒速日尊に授《さづけ》たまふ。……」と記載し、饒速日尊が天祖より十種神宝をいただかれたことを明記しています。

　そして御主のロゴスにおいては、次のようにのべられています。

「汝ら、この聖教の由来《きた》るところは天祖《てんそ》なり。天祖《てんそ》は宇宙の実体にして万道の根源、万教の源泉なり。汝ら、天に懸かる日月《じつげつ》の如く男女《をぐなをみな》を太陽太陰として、即ち男《をぐな》の霊《たましひ》女《をみな》の霊《たましひ》に輝き亘る日の霊《みたま》月の霊《みたま》なるものありて、人間《ひと》はその心の中空《なかぞら》に、男《をぐな》は男として、太陽を昇らせ、女《をみな》は女として心の太陰を冴《さ》え渡らせて、宇宙に生くる道を天駈《あまかけ》りつつ、楽しく此の世の道を国駈《くにかけ》りて日暮しせるものなり。

汝ら、この故にこの聖教を光の教といふ、この光の教はその由来《よつてきた》るところ天祖《あまつみおや》なり、天祖《あまつみおや》の光の教、即ちこの聖教にしてこれ天降《あも》の教法なり」（一〇・九・六・一―一四）

「天地万物《てんちばんぶつ》は天祖《あまつみおや》の創化の原理《みことば》によりて造物《つくら》れたるものなり、故に天祖《あまつみおや》は天地万物の造物主《つくりぬし》にして、その造物《もの》の主宰者《しゆさいしや》なり」（九・一〇・一〇・一）

「汝らよ、心の窓を静かに開きて、穹天《きゆうてん》の彼方に在《おは》せる天祖《てんそ》の尊厳を仰ぎ、御心に現れ出でたるこの現実の世をし讃へ、且賞《ほ》め、うましくも幸《さいはひ》深く眺むべし。（九・四・三・一八）

右のロゴスにのべられていますように、御主は、「天祖」を「あまつみおや」と「てんそ」と音訓両方の読み方をされていますが、因に、音読みの「てんそ」を数霊の神秘によって繙いてみますと、て＝19、ん＝10、そ＝12で計41となります。41は、か＝6とみ＝35の合計数ですから神となりますが、神は神でも三六九《みろく》の神名木車の中心に位置する神、要《かなめ》のもとつかみに坐すから、天祖《あまつみおや》ということになります。これは秘中の秘に属する類《たぐい》のものですが、古神道霊学者の友清歓眞《ともきよよしさね》翁（一八八八―一九五二）が大正九年に発表された神名木車《カナギクルマ》（1から81の数を以て組立てられた秘教霊数表のことで、縦横斜《たてよこななめ》いずれも、その方位の数列の和が三六九《みろく》となるもの）に依るものであります。

それでは、順次茨城県に顕れている地文からその黙示を紐解くことにいたします。

（1）茨城県の水戸市に鎮座する吉田神社は、御祭神が日本武尊に坐すが、熱田神宮に日本武尊とともに草薙神剣が祀られています。既に書きましたように、熱田神宮も尾張戸神社も、日本武尊の妃の宮簀媛命によって勧請されていることから、当社と深い御神縁で結ばれていることが解ります。又、吉田神社に冠称されている吉田の地文が、香川県と愛媛県に奇路しており、御神縁の黙示が強調されています。

（2）埼玉県の石戸宿、赤尾、戸口、西戸、坂戸、愛媛県の余戸、熊本県の宿ヶ峰尾崎、長崎県の中尾など、尾張戸神社に関わる尾と戸の黙示の地文が多くみられ、尾張戸のみ戸びらきの仕組の一端を表示しています。

（3）天祖山と天祖神社について、昭和五十九年（一九八四）七月七日、七夕のこの日に東谷山尾張戸神社と富士山結ぶ太占奇路を調べていた折、東京都の奥多摩に天祖山が存在することを知り、奥多摩町役場に問合せたところ、七月九日に職員の浅見様より天祖神社に関する書類が届けられたわけです。それによりますと、次のように記されています。

「天祖神社は、日原の天祖山頂に鎮座し、天神天御中主神、高皇産霊神、神皇産霊神、国常立神の四神を祭り、もと白石山大権現。

　大正六年天祖神社と改称した。横浜市に本院を持つ天学教会の管理する神社で、八月一日から同十五日までの間、参籠勤行する信徒があり、その崇敬者は、東京、神奈川、埼玉の一都二県に散在します。本殿　特異な宝形造　境外社の日月社（大日大神と呼称）他十数社の末社があります」

　なお、『神道大辞典』には、東京都の品川区南大井、中延、豊島区西巣鴨、板橋区南常盤台、杉並区阿佐谷北、大田区大森天王などに同じ名称の天祖神社が記載されています。

　ところで、日原の天祖山は標高が一七二三米で、日那文《ひなふみ》と読みとることができますが、この天祖山を中心に東西の同一線上の真東に、埼玉県の越谷に大聖寺、更にその延長線の千葉県に清水寺、そして、真西の線上の長野・岐阜県に御嶽山（剣ヶ峰三、〇六二米）更にその延長線上の岐阜県白鳥町に白山神社が鎮座しています。天祖山はもともと白石大権現と称され、白山の黙示が窺われ、又、御嶽山の御祭神の一つ国常立尊は、天祖神社の四神の一つでもあり、御神縁で結ばれています。
（4）岐阜県の恵那山、恵那神社の御祭神は、伊邪那岐・伊邪那美命に坐し、尾張戸神社の南社の御祭神と同じく、御神縁で結ばれています。
（5）三重県の多度大社は、雄略天皇の御代に社殿が造営されたという古社で、御祭神の天津彦根命とその御子天目一箇神《あまのまひとつ》は、南宮大社の金山彦命（鍛冶神）との関わりが深く、その後裔が鍛冶職に携わり、践祚の日に神剣を奉献する習わしとなっています。金山彦命は、亦の御名が尾張戸神社の御祭神の天香語山命とされ、同社と御神縁で結ばれているわけであります。なお埼玉県に、天目山が奇路していますが、天目一箇神を黙示する山名となっています。

（6）滋賀県の太神山と大分県の大神については、太神の太が伊勢神宮や伊雑宮の太一、熱田神宮の大一で、宇宙の最高神を表徴する言葉であり、天祖《あまつみおや》を黙示しています。

（7）象頭山金刀比羅宮について　香川県仲多度郡琴平町に鎮座する古社で、御祭神は大物主神と崇徳上皇に坐す。大物主神は、三輪山を神体山とする大神《おおみわ》神社の御祭神と同神であり、饒速日尊の亦の御名とされていることから、東谷山尾張戸神社と深いご神縁で結ばれています。同宮の鎮座地仲多度郡の地文に多度がみられますが、（5）で書きましたように多度大社と同じ名称であり、ご神縁の黙示を表しています。又、金比羅宮の延長線上の端に金比羅山（長崎県）があり、ご神意の顕れが強調されています。讃岐の金刀比羅宮の琴陵容世宮司様のお話によりますと、明治以前の神仏習合の時代には、祭神は金毘羅大権現とよばれていたことから、今も「こんぴらさん」とよばれているとのことで、金毘羅とは、ガンジス河に棲むワニを神格化した古代インドの河の神、クンピーラから由来しているとのことです。又、二十数年前に和歌山の花むら様宅でお会いしたことのある古神道家の橘香道翁（本名浜本末造）が、御著『終末の世の様相と明日への宣言』の中で、次のようにのべられています。

「金比羅大権現こそ浦島太郎であり、世界の王の父なのである。そして金比羅は象頭山の上にある。

象の頭に乗っているのである。

象は仏の象徴である。仏は月読命の霊統である。即ち金比羅は大国主命と月読命のみたまを併せて持ってお出になる神である。

浦島太郎、これが裏の仕組の主役であって、金比羅大権現こそ世界の謎を秘めているのである。故にこそコトヒラ（コトヒラク）金を開く等の意味をもって琴平という。そして琴平神が大和健命の元のみたまになるのである。金比羅神が海を渡って熊野に来る。契約のヒツギを持って。これを『コンピラ舟々　追手に帆かけて　シュラシュシュシュ』と歌に残しているのである」

そして、むすびに「三千年の　仕組も終る　神芝居　最後の幕は　どの様に　見せてくれるや神の子等　裏方・柏子木　幕引も　間をそこなわず　しめくゝり　目出度き御世の　幕は開けむ」と詠われています。

このことを書き記しながら、ふと蔽顔《おとばり》の救主《くじゅ》の御神霊に感応し、黙示のロゴスを賜りましたので、謹んで抜粋させていただきます。


「天《あめ》の空《みそら》の月宮殿、星のまが玉きらめける、わたの底秘の龍宮の、摩尼宝珠や奇々し《くすくす》、北に七宝紫微《しび》の極、南に十字の交叉点、天《あめ》の火明《ほあけ》の奇玉《くしたま》の、日の光にぞつらなりて、十方世界に転輪す、その法輪の独楽《こま》の脚《あし》、玉の緒かけて御統麻留《みすまる》の、玉の御中をめぐるなり。

いのち湧く玉瑠璃《るり》の海、うみの鏡の秘めごとに、うつる七つの光輪や、久遠《くおん》に黙《もだ》す一《ひと》つ星、救寿《くじゅ》の在所《ありか》を語るなり、天《てん》の岸辺のなつかしや、あかずの扉玉手箱、内より開く封印《ふういん》の、解《と》けて明けゆく暁《あかつき》の、水平線《みぎは》はるけく渡り来る、救寿金色《くじゆこんじき》の宝船、天の岸辺のなつかしや」

（九・七・一〇・二九―三〇）

（8）永日山天祖神社について　当社の由緒書によりますと、天祖神社は、元宮が永日山の頂に、本宮が大分県玖珠《くす》郡玖珠町大字太田字松信に鎮座。御祭神は、妙見様として天御中主大神、八幡様として品陀和気大神、祇園様として素戔鳴尊に坐す。当社は、久安六年（一一五〇）に里人が源八郎為朝公の威徳に感じ、為朝公が信仰された妙見八幡様を永日山頂に祀ったのが始まりとされています。

国家の大事がある時は、必ず元宮が鳴動し、危険を予告したという古老の言い伝えが残されています。鎮座地の地文が玖珠郡玖珠町となっていますが、奇しくも御主の御名救寿を黙示しています。東京都奥多摩の天祖山天祖神社と東谷山尾張戸神社を結ぶ同一線に、永日山天祖神社が鎮座していたことは、まことに奇しきことであり、太占奇路の真実を如実に物語っているといえます。

今回は、東谷山尾張戸神社を中心として、一、京都御所と皇居千代田城、そして、二、天祖山天祖神社と永日山天祖神社を結ぶ同一線上の太占奇路を考察してきました。随処に奇しき黙示をいただき、感謝いたしております。

次回は、東谷山尾張戸神社と富士山浅間神社を結ぶ太占奇路について考察する予定です。

平成十六年十月三十日　敬具

（四）尾張戸神社と富士山浅間神社を結ぶ同一線上の地文の黙示について

前略　今回は（四）尾張戸神社と富士山浅間神社を結ぶ同一線上の地文の黙示について考察いたします。

まず、西の方位から順次、主要な地文を記します。

和多都美神社（長崎県）――阿麻氏留神社（長崎県）――烏帽子岳（長崎県一七六米）――観音岳（島根県）――烏帽子山（島根県三三八米）――弥栄村（島根県）――瑞穂町（島根県）――宮ヶ原（広島県）――吾妻岳（広島県七三一米）――勝光山（広島県九四七米）――八神（岡山県）――宮山（岡山県）――美作（岡山県）――柏毛（兵庫県）――宮田（兵庫県）――三国岳（兵庫県五〇八米）櫛岩窓神社――火打岩（兵庫県）――鞍馬山（鞍馬寺・由伎神社、貴船神社（京都府五七〇米）――蓬莱山（滋賀県一、一七四米）――守山（滋賀県）――竹生島・都久夫須麻神社（滋賀県）――愛知川（滋賀県）――多賀大社（滋賀県）――宮の尾（滋賀県）――大君ヶ畑（滋賀県）――三国岳（滋賀県・岐阜県八一五米）――烏帽子岳（岐阜県八六五米）――日光川（愛知県）――国府宮・尾張大国霊神社（愛知県）――長光寺（愛知県）――東谷山尾張戸神社――三国山（岐阜県七〇一米）――柏尾（岐阜県）――戸中（岐阜県）――高戸山・中山神社（岐阜県七九四米）――三国山（岐阜県一、一六二米）――戸倉山（岐阜県一、一六七）――光岳（静岡県・長野県二、五九一米）――天守山地（静岡県・山梨県）――天子ヶ岳（静岡県・山梨県一、三二一六米）――天母山（静岡県五一四米）――富士山浅間神社（静岡県・山梨県三、七七六米）――弥勒寺（神奈川県）――戸田（神奈川県）――戸塚（神奈川県）――柏尾（神奈川県）――最戸町（神奈川県）――畔戸（千葉県）――白子神社（千葉県）――九十久里浜（千葉県）

（1）長崎県対馬に鎮座する和多都美神社は、御祭神が海神《わたつみのかみ》に坐すが、『古事記』に、伊邪那岐命の禊祓の御儀の時に、住吉三神とともに底津綿津見神、中津綿津見神、上津綿津見神が誕生されたことが記述されています。又『新撰姓氏録』には、阿曇犬養連が綿津見神の三世の孫（第一七巻）、そして、若犬養宿祢が火明命の十六世の孫と記されていることから、渡来系の阿曇氏族がこの和多津美神を信奉していたわけであります。尾張戸神社の主祭神の天火明尊に冠称されている「天照国照」の天照には、天（空）とともに海に照り出でて海を守護し給う意味があるとされており、自ら御神縁で結ばれていることが解ります。

（2）（1）と同じく対馬に鎮座する阿麻氏留《あまてる》神社は、延喜式神名帳に登載されている古社ですが、それ以前の『日本三代実録』の貞観十二年（八七〇）三月条に、対馬の阿麻氏留神に神位が奉授されたという記述がみられます。

対馬の古代豪族は、日子と称し、天照《あまてる》天ノ神を祀り、古くから亀卜《きぼく》を以て宮中に出仕し、卜部《うらべ》となっています。既に詳細を書き記してありますように、阿麻氏留神とは、天照御魂神の御事で、天火明尊の亦の御名といわれており、尾張戸神社の主祭神と同一神に坐し、深い御神縁で結ばれています。ついでながら記しておきますと、対馬は、古代文化の宝庫といわれ、中国大陸や朝鮮半島に近かったことから、古代中国・朝鮮の祭祀や習俗が濃厚に伝承されています。亀卜発祥の地といわれる厳原町阿連《あれ》に鎮座する雷命《いかつち》神社、対馬卜部の祭神を祭る太祝詞《ふとのりと》神社など、朝廷との密接な関わりをもつ神社があります。

（3）烏帽子岳（山）については、長崎県の対馬を始め、島根県と岐阜県の三箇所にみられ、太占奇路の御神意が顕著に窺われます。

烏帽子とは、男子が元服のときに着用した冠のことですが、もともと柔らかい袋状のもので、冠の略装用として制定されたものです。平安期に装束が剛《こわ》装束となってから張抜き漆塗となり、神職が狩衣、浄衣に合せて常装として着用したといわれています。山の形状が烏帽子に似ていたことから名付けられたのでしょうが、同一線上に三箇所もでてきたところに、大きな意味があります。

（4）弥栄村も瑞穂町（ともに島根県）も、日の本の国の象徴であります富士山を讃えるにふさわしいやまとことばであり、富士山の実相を現しています。

（5）広島県の宮ヶ原、岡山県の宮山、兵庫県の宮田、滋賀県の宮の尾など、宮のつく言葉が四箇所も顕れています。『新明解国語辞典』（三省堂）には、御屋の意。①皇居・御所②宮号を賜わって独立した皇族③神社と記述されています。ここでは、尾張戸神社、富士浅間神社、阿麻氐留神社、多賀大社、国府宮・尾張大国霊神社、白子神社などの黙示を表しています。

（6）吾妻岳（和歌山）について　吾妻は、吾嬬とも書き、関東地方（武蔵国）の古称といわれていますが、日本武尊《やまとたけるのみこと》の伝説に由来しています。『日本書紀』巻第七、景行天皇の条に「時に日本武尊、毎《つね》に弟橘姫を顧《しの》びたまふ情《みこころ》有り。故《か》れ碓日嶺《うすひのみね》に登りて東南《たつみのかた》を望《おせ》りて、三たび歎きて曰はく、吾嬬《あがつま》はやと。故れ因《よ》りて山の東の諸国《くにぐに》を號《なづ》けて吾嬬国《あづまのくに》と曰ふ」と記述されています。日本武尊の御事といえば、あの草薙剣の伝承が思い浮かびます。同じ景行天皇の御代に、駿河国において野火の災にあわれた時、富士大神に祈念せられ、神授の剣を以て草を薙ぎ払い、迎火を放って難を免れたという伝承です。前にも書きましたように、日本武尊は、尾張国造平止与《おとよ》命の女《むすめ》宮簀媛《みやずひめ》命を妃とせられたのですが、この宮簀媛命が熱田神宮と尾張戸神社を創祀せられたのであります。従って、尾張戸神社と富士山を結ぶ同一線上に日本武尊ゆかりの名称である吾妻岳が奇路していたことは、その意義まことに甚大であるといえます。

（7）柏尾という地名が兵庫県と岐阜県、そして神奈川県の三箇所に顕れていますが、これには御神意の発動が感じられます。柏は、山地に自生する落葉高木で、五月に黄茶色の花穂をつけるといわれていますが、五月五日の端午の節句に、柏餅を供えて男児の健やかな成長を祈る伝統行事にはなくてはならないものです。又、神を拝する時には柏手を打って行なう作法など、深い意味が秘められています。九の巻のロゴスに、「あな芽出度しや福禄寿《ふくろくじゅ》、常磐葉《かしはば》かきて祝ふ世に、それ鶴舞ひて鳥居松、松のみどりの神々し……」（九・七・九・七）とのべられている一節がありますが、五月に行われる端午の節句と御主のご生誕を言祝ぐとくさまつり（十日）の黙示が窺われる言葉でもあります。

ところで、前に紹介しました橘香道翁が端午の節句について、特異なご見解をのべておられますので、その一部を抜粋させていただきます。

「五月五日の端午の節句は、世界の父王のみたまが完成することを祝う祭である事が判るであろう。鯉上りにしても、鯉は魚の王である。鯉の鱗はタテに三十六枚並んでいる。即ちミロクである。魚偏に里と書いているのは、里は日と土を組合せた文字で天地の法則の意味を持つ。故に王の法則と書いて理と読ませているのである。コイと命名されたのも面白い。三十六枚の鱗を並べて高い空中で大きな声を張り上げて、「ミロクの世早く来い来い」と叫んでいると考えてもよいであろう。だから古いしきたりは、そのまま残しておいて貰うと、その祭の心を伺い知ることが出来るのである」(『終末の世の様相と明日への宣言』)

(8)岡山県の八神ついては、もともと宮中の八神殿に祭祀された神の御名のことを黙示しています。因に八神殿の御神名は、神産日神、高御産日神、玉積産日神、生産日神、足産日神、大宮売神、御食津神、事代主神の八柱に坐す。又、八神殿は、京都神楽岡の吉田神社にもあり、八神が祭祀されています。

更に、東谷山尾張戸神社には、本社《もとつやしろ》に天火明尊を始め、天香語山命、天道日女命、建稲種命、乎止与命の五柱、中社《なかつやしろ》に菊理媛命、南社《みなみやしろ》に伊邪那岐尊、伊邪那美尊、合せて八柱の神が祭祀されています。

なお、『古事記』上巻に「是れ淤能碁呂嶋なり。其の嶋に天降り坐して天之御柱を見立て、八尋《やひろ》殿《どの》を見立てたまひき」と記述され、重要な八の黙示が示されています。八尋殿《やひろどの》と云えば、御主のロゴスに、富士山のことを八尋殿と啓示されている貴重な一節がありますので、謹んで抜粋させていただきます。

「過《い》にし世の人は仰見《あふぎみ》、現世《うつしよ》の人は高見《たふとみ》、末の世の人は讃へん。大倭豊秋津嶋《おほやまととよあきつしま》、天御虚空《あまつみそら》豊秋津根別《とよあきつねわけ》、淤能碁呂《おのころ》の八尋殿《やひろどの》、くしびなるうすしかる山」（一〇・四・二・一四）

（9）岡山県の美作について　美作といえば、岡山県の古称美作国《みまさかのくに》を表わす地文ですが、この地に生を享け、宮中に出仕されたゆかりの方がおられます。芳村正秉翁《よしむらまさもち》という方ですが、神習教の創始者で、父裕亮が二十才の時に師事した方です。ご誕生の地が美作《みまさか》国真庭郡上福田とのこと。十九才の時に尊王派の志士と交流されたことから新撰組におわれる身となり、鞍馬山の山門前の油屋（旅館）の主人湯口徳兵衛の案内で由伎神社の拝殿床下にしばらく身を寄せることになります。この時、芳村家が大中臣の後裔にして神道の家系であるとの祖父の遺訓を思い出し、一大発心されたとのことです。明治八年、伊勢神宮に奉職されたとき、内宮の奥宮に当る荒祭宮《あらまつり》にて「汝一教を立つる時はその名を神習いの教とせよ」との御神示をいただかれています。荒祭宮には秘伝として饒速日尊のみたまがおまつりされていると伝えられていますので、ここでの御神示は、饒速日尊によるものではないかと思われます。以前、正秉翁のご長子の忠明管長に面接いただいた折、御祭神の中に饒速日尊の坐すことをお聴きしたことがあります。又、父が台湾在住時代、正秉翁からいただいた吉田稲荷大神は、もと宮中三殿に祭祀されていたとのことであります。

かっての日、父裕亮が師と仰いだ芳村正秉翁が美作国のお生れで、御主ゆかりの鞍馬山の由伎神社において御神縁の第一歩を印せられたことは、まことに意味深く、この度の太占奇路にその黙示が現われておりましたことは、ことのほかありがたく思われた次第であります。

(10) 三国と名の付く山が、兵庫県と滋賀県、岐阜県の三箇所に奇路していますが、よほど重要な御神意があるからと思われます。三国は、神の御国を黙示し、父と子と聖霊なる三位一体の玄義を表わしています。先日、執筆の資料の一つ大和岩雄著『神社と古代民間祭祀』を読み始めたところ、式内社の水尾神社(三尾とも)の件に、次のようにのべられている一文が目に飛びこんできました。

「三尾の君堅樋《かたひ》の娘倭媛と継体天皇の間に生まれた椀子《まろこ》皇子は、三国公の始祖で、三国公は天武朝に「真人」になるが、三国真人は、奈良朝に至っても越前国坂井郡の雄族として活躍している」(同著一三八頁)

継体天皇の御子椀子皇子が三国公の始祖であるとのことですが、椀子皇子といえば、福井県の丸岡に鎮座する御主ゆかりの国神《くにがみ》神社の御祭神であります。御主のご幼少に於ける七つの神示の一つに、「花の姿は如何にこそあれ、その根にまことあらば、必ずいとよき実を結ぶべし」という御神示がありますが、大正七年（一九一八）御年十才の時に、この国神《くにがみ》神社でいただかれています。御主のお話によりますと、早朝、犬をつれてよく散歩にでかけられたのですが、その折、この国神神社にお詣りすることが、ことのほか楽しみでしたそうです。それというのも、お詣りの度毎に十二単衣を召された姫神様がお出ましになり、桧扇で、なかば顔をお隠しになって微笑《ほほえ》み給われたからです。或る日のこと、先の御神示のおことばをのべられた後、天から汚れた茶碗と疵《きず》の入った茶碗が降りてきて、やがて汚れた茶碗がきれいに拭われてから、その茶碗を指さされて、「汝はこちらの茶碗ぞよ」と優しくのべられたとのことです。先に紹介しましたように、椀子皇子は、継体天皇と倭媛との間に生れた方といわれていますが、御神示の折にお出ましになられた十二単衣の姫神様は、この倭媛のご顕現ではないかと思われます。

ところで、この国神神社にほど近い三国町に三国神社が鎮座していますが、ここの御祭神が奇しくも、饒速日尊の亦の御名といわれている大山咋神に坐すことから、三国岳（山）の地文には、神の御国《みくに》を言示《こと》す黙示とともに、尾張戸神社の御祭神と深きご神縁で結ばれていることが拝察されるのであります。

なお、兵庫県の三国岳に、櫛岩窓《くしいわまど》神社が鎮座していますが、櫛岩窓神は天石戸別神《あまのいわとわけ》とも称され、宮中の御門を守護する神といわれています。天石戸別神の御名からは、天の岩戸開きに関わる黙示が窺われます。

（11）鞍馬山、鞍馬寺、由伎神社、貴船神社について　鞍馬山といえば、鞍馬天狗で知られる修験道の霊場としてあまりにも有名ですが、源九郎義経の牛若丸時代の修業地としても知られています。同山の奥の院に魔王尊堂が建立されてあり、入口の高札に次のように記されています。

「魔王大僧正は地球上の人類福祉のために、六百五十万年以前天上の星から降下され、仮に天狗の姿となって大衆の諸悪をくじき、善を扶け、諸人の祈願を成就し給う、いやちこな毘沙門天の化身である」

ところで、御主が御年十四才の砌、大正十二年（一九二三）八月六日に、福井県竹田川上流の釜ヶ淵で水浴中、にわかに神隠しに会ってこの鞍馬山に降り立ったのであります。折しも、鞍馬山では、一山の行者の長《おさ》であられた松岡日恵翁が、既に、「汝に一人の御子を授ける」との神のお告げをうけて待っておられ、恭しく御主を迎えられたのです。以来、当山での修行生活がはじまるのですが、長くなりますので割愛させていただきます。

又、先に少し触れました由伎神社は、御祭神が大己貴命《おおなむち》と少彦名命《すくなひこな》に坐し、御所の北方を鎮護するため天慶三年（九四〇）に創建されています。那智や富士吉田の火祭とともに日本三大火祭といわれる鞍馬の火祭は、この由伎神社の神事を基として執り行われています。なお、鞍馬山の麓、貴本社《もとつやしろ》に船川のほとりに鎮座する貴船神社は、同山と表裏の関係にある延喜式内の古社ですが、高龗神《たかおかみ》、奥宮に闇龗神《くらおかみ》が祀られてあり、ともに谷の清水を司る神といわれています。社寺伝承学作家の小椋一葉女史によりますと、当社の御祭神は、饒速日尊の別な姿を称名した御神名であるといわれていますが、鎮座地の鞍馬貴船町一八〇番地の数霊からみましても、饒速日尊の御神数一八と暗合しており、東谷山尾張戸神社とご神縁で結ばれていることが窺われます。

(12) 滋賀県の蓬莱山について　蓬莱山のことを辞書で調べてみますと、「中国の神仙思想で説かれる想像上の仙境で、東方海上にあって仙人が住み、不老不死の地と信じられた。富士山、熊野山、熱田神宮、金華山の異名。

蓬莱飾は、三宝の上に米を盛り、のしあわび、かちぐり、コンブで飾った新年の祝い物。

蓬莱米は、台湾で栽培した日本種の稲、台湾の異称」などと記されています。

ここで、下出積與《せきよ》先生が「日本の蓬莱伝承と神仙思想」と題して執筆された貴重な論文のことを紹介いたします。これは、熱田神宮で「蓬莱の世界」という特別展が開催された時に、先生が寄稿されたものです。下出先生は、姉和代の大聖寺高校時代の恩師で、のちに、金沢大学を経て明治大学教授、文学博士となられた方です。世田谷のお住いに一度だけ伺ったことがあります。

「この蓬莱山とは、もちろん古代中国で生まれた世界観の一つである。おそくとも紀元前三世紀までに形成された神仙説は、東方海上に三神山があって神仙が住み不老不死の仙薬があるとし、この神山は遠くから見ると雲のように見え、近くから見ると海中にあり、人が近づくと大風が吹いて舟を引返させるという。（史記）その三神山の代表が蓬莱山である。この神仙思想は、大陸からの渡来人によって早くから日本へ伝わった。ところで、島国の日本は中国の東方海上にある。漢籍を通じて三神山のことを知った日本において、たとえ不老不死の仙薬はなくとも、いつしか風光明眉な国内のどこかに蓬莱山に当てる伝承が貴族、文人や住民などの間に生まれてくるのは自然の勢いであろう。今日まで本州、四国、九州で蓬莱伝承のある地は三十余ヶ所、熱田はその一つである。しかも、熱田神宮の杜を中心とする一帯を蓬莱島とする伝承の成立が鎌倉時代初期に遡るのは確実であり、（「海道記」貞応二年〈一二二三〉）伝承地のなかでは最古の部類に入る。そして、この熱田の地を蓬莱島とする雅名は、以後室町時代までひろく全国的に広まった。

ただ最近、名古屋の古名とする説を聞くが、それは誤りである。

慶長十九年（一六一四）六年間の才日をかけた名古屋城が完成した。城の雅号を蓬左城という。蓬莱の地である熱田神宮の左腋に在る城の意であるが、永久に存続する祝祷をこめた雅号であることはいうまでもない。

元和二年（一六一六）没した徳川家康は、子の義直に和漢の貴重書を遺品として与えた。駿河御譲本と称されるこれらの書籍を初代尾張藩主義直は、蓬左城内に収め「御文庫」といった。

これを今世紀初めの大正初年「蓬左文庫」と命名したのは十九代徳川義親だが、蓬莱山のように多くの貴重書を現蔵しており、歴史研究者にとっては、まさに「蓬左」の名に価する書庫といわねばなるまい」（平成四年発行）

学殖豊かな下出先生の文章ということで、つい長くなってしまいましたが、本文は長々と続き、我が国における神仙思想が詳細にのべられています。

蓬莱山に比定されている尾張国の熱田神宮とともに、同宮の奥の院とも称されている東谷山のことを、古くは當国山と称されたといわれています。當国山とは、常世《とこよ》の国に至る山という意味であり、神仙思想にいう不老不死の永遠常住の世界を黙示しています。

前にも書きましたように、この黙示に関わる御主のロゴスを掲げ、この項のむすびとさせていただきます。

「思へば奇しきこととはせずや、昔、唐の国より徐福といへる者、不老不死の薬草を探ねて蓬莱の島に訪《おとな》へり。汝ら、斯はその世紀《とき》にこそ懸隔《へだたり》はありつれど、そは正《まさ》しく天の黙示にして今日の予告なるべし。視よ、蓬莱の国にはとくさのたから、不老不死の薬草の秘められてありければなり。世の終となる時、人の生命《いのち》も亦終に近づくべし。汝らよ、この期《とき》とくさの神力を現されて、煎豆《いりまめ》に花を咲かせ、夜見《よみ》をも明《さや》かになすなり」（九・七・二・四二―四四）

（13）滋賀県の守山、愛知川については、ともに尾張国愛知県と守山区に関わる黙示の地文を表しています。東谷山尾張戸神社は、守山区の北端に鎮座しています。

（14）竹生島・都久夫須麻神社は、滋賀県の琵琶湖に在りますが、愛知県の猿投神社に秘蔵されている古文書には、この琵琶湖の地形と尾張国の地形との相関関係を表わす古伝承が記述されているといわれています。又、竹生島は、琵琶湖に浮かぶ神島といわれ、そこに鎮座する都久夫須麻神社の御祭神は、浅井姫命（夷服岳神多多美比古命の姪に当る）に坐し、中世に本地仏を立てて弁財天と称されています。厳島、江の島とともに日本三大弁財天社の一つといわれています。前に書きましたように、弁財天は水神に坐し、尾張戸神社の中社《なかつやしろ》に菊理媛命として祀られています。

（15）滋賀県の多賀大社は、御祭神が創世神話に関わる伊邪那岐命、伊邪那美命に坐すが、尾張戸神社の南社《みなみやしろ》に祀られています。又、（8）に書きましたように富士山とも深い御神縁で結ばれています。御主のロゴスにおいては、「天地の初発《はじめ》の時に、高天原《たかまのはら》に成りませるイザナギの尊、イザナミの尊は、人類根源の霊人なり。神にして人なる真人《ひと》なり。この真人は久遠常恒の生者なるが故に、理念《イデア》に於て永遠に実在する大宇宙《たかあまはら》に鳴りわたる生命名樹《イザナギ》の言《みこと》、生命成美《イザナミ》の言《みこと》なり」

（一〇・一一・一八・二四）と、いと高き次元のお立場から、その深義をのべられています。

(16) 国府宮尾張大国霊神社について　当社は、愛知県稲沢市に鎮座する延喜式内の古社ですが、天下の奇祭「はだかまつり」として全国に知られています。御祭神の尾張大国霊神は、饒速日尊の亦の御名といわれています。はだかまつりのことを儺追神事といいますが、神事を執行するに当って、宮司が一の宮の真清田神社、二の宮の大県神社、三の宮の熱田神社（現熱田神宮）の御神名を認めて秘符を作り、神殿に納めるとのことですが、一の宮に当る真清田神社の御祭神が天火明尊（饒速日尊）に坐すことから、尾張大国霊神と親密な関わりにあることが窺えます。

鎮座地の稲沢という地文についても、その字義通り稲穂がさわに稔るということで、饒速日尊の御神名にも深く関わっていることが解ります。

(17) 東谷山尾張戸神社について　これまで詳細を書き記してきましたので、ここでは別の視点から考察することにいたします。

東谷山の山の高さは、古い資料では六五四尺と記述されていますが、ロゴスを黙示した数霊となっています。メートルでは一九八米ですが、各数の和が十八で、饒速日尊の数霊を表しています。天火明尊の降臨を黙示するロゴスの一節に、「とこくに山の神樹《かんなび》の、色こそ探し松の緑、みろくの神の世の始《はじめ》」（一〇・七・一九・一四）とのべられていますが、みろくは三六九でこの三数の和が十八となり、やはり饒速日尊の霊数となっています。前にも書きましたように、「みろくの神の世」の神とは、即ち天火明尊の御事を表し、この御方が、東谷山の頂上に西を向いてお立ちになって降臨し給う御姿のことを、「東《ひんがし》に明星《あかぼし》の光り煌《きらめ》き、天地《あめつち》の道はさやけく東《ひがし》より西《ひにし》に及び、雷《いかづち》のはためく如く天霊《ほのほ》降りて、唯一人の天尊《あまみこ》天降《あも》りますべし。南斗《みんなみ》の十界《とくさ》の秘鍵を左手《さて》に持《たも》ち、北斗《きたのかた》七玉《ななつのほし》の御統《みすまる》を右手《めて》に懸《か》けて、火明《ほあかり》の奇玉《くしたま》の天尊《あまみこ》天降ります末日《とき》来《きた》りたり」（一〇・四・四・二六—二九）と、畏くもロゴスせられています。なぜ西を向いてお立ちになっておられるかと申しますと、天火明尊は日出大神に坐すが故に、太陽の道を通り給うからであります。付言しますと、右の御手は、即ち北の方位に当り、釈迦牟尼教法を黙示する七玉《ななつのほし》の御統《みすまる》を、そして、左の御手は、即ち南の方位に当り、基督教法を黙示する十界《とくさ》の秘鍵を持《たも》ち給われておられるわけであります。

（18）広島県の勝光山、愛知県の日光川、長光寺、静岡県と長野県の光岳については、いずれも光を黙示する地文を象徴していますが、光の語を分解しますと、＊即ち⊛となり、六方晶形の水晶を表しています。昭和四十年（一九六五）天暦の御世開顕の年に、次のようなみうたが啓示されています。

「をはりの戸開きてここに金色《こんじき》の　光まばゆき水晶世界」

水晶世界とは、永遠の生命を黙示した言葉です。又、光《ひかり》を数霊で繙きますと、ヒ（30）＋カ（16）＋リ（45）＝81となります。即ち、永遠の生命のロゴスを以て末の世をしめ九九《くく》るという黙示を表しています。

なお、御主のロゴスに、「おお、人類《ひとびと》よ、汝らは天之火明奇玉《あめのほあかりくしたま》の神脈同根の分霊《わけみたま》なり。一にして多にして而して全なる遍在一尊《にぎはやひ》の光の子なり」（一〇・九・一四・六）とのべられていますように、私達一人ひとりは、永遠の生命に生きる光の子なのであります。

（19）静岡県と山梨県の天守山地、天子ヶ岳、静岡県の天母山については、いずれも富士山を形容した地文の黙示を表わしています。

（20）富士山本宮浅間神社について　富士山は、小学唱歌に「頭を雲の上に出し　四方の山を見下して　雷さまを下に聞く　富士は日本一の山」と歌われていますように、名実ともに、最も美しく一番高い山ですが、古来、その名称にも実に多くの別称があり、世界に類例がないといわれています。

その一部を挙げますと、不二、布二、布士、不死、不時、富地、富慈、福地、降士、富智、風詩、婦尽、不尽などがあり、フジ以外の名称では、富岳《ふがく》、芙蓉峰《ふようみね》、蓬莱山《ほうらいさん》、富峰《ふほう》、富嶽《ふがく》、連峰《れんぽう》、八葉山《はちようさん》、士峰《しほう》、芙蓉嶺《ふようれい》、鳴沢《なるさわ》の高根《たかね》、竹取山《たけとりやま》、大雪山《おおゆきやま》、羽衣山《はごろもやま》、二つなき山、など様様な別称があります。

又、「フジ」の語源については、(1)富士郡という郡名から付けられたという説　(2)アイヌ語の、「火の山」を意味する「フンチ」が変化してフチ、フジになったとする説　(3)長くゆるやかに下がる山容を表わす大和言葉に由来する説　(4)中国の神仙思想から不老不死の不死とする説　(5)たとえようもなく美しく、二つとない意味の不二に由来する説　などがあります。

ところで、「フジ」の山名が使われた最古の文献は、『古事記』や『日本書紀』ではなく、記紀とほぼ同じころに編纂された『常陸国風土記』といわれていますが、その中の筑波郡の件に「福慈の岳」として記述されています。

又、「富士山」という文字で最初に使われた文献は、平安初期に菅野真道らによって編纂された『続日本紀』といわれています。

又、万葉集には、富士山を詠んだ歌が数多く輯録されていますが、その中から、最高傑作と評されている山部赤人の歌を抜粋いたします。

山部宿禰赤人、富士の山を望《み》る歌一首并《あは》せて短歌

天地《あめつち》の　分《わか》れし時ゆ　神さびて　高く貴き　駿河《するが》なる　富士の高嶺《たかね》を　天《あま》の原　振り放《さ》け見

れば　渡る日の　影も隠らひ　照る月の　光りも見えず　白雲《しらくも》も　い行きはばかり　時じくぞ　雪は降りける　語り継ぎ　言ひ継ぎ行かむ　富士の高嶺は

反歌

田子の浦ゆうち出《い》でて見れば真白にぞ
富士の高嶺に雪は降りける

右の歌は、新編国歌大観準拠版・伊藤博校注『万葉集』（角川文庫）から抜粋したものですが、「富士の高嶺」を「不盡（布士）の高嶺」と記している校本もあります。

富士山は、駿河国静岡県と甲斐国山梨県とにまたがり、延喜式内の古社である浅間神社も、本宮（静岡県側）と北口本宮（山梨県側）とがあります。浅間神社の御祭神は、木花之佐久夜毘売《このはなのさくやひめ》命に坐すが、天孫瓊瓊杵《ににぎね》尊に嫁いで火中出産を果され、火照《ほでり》命、火須勢理《ほすせり》命、火遠《ほおり》命の三貴神を御子神として誕生されています。従って、木花之佐久夜毘売命は、火鎮めの霊力を奉持された富士山の女神として信仰されている神といわれています。

又、富士山には、中国の『史記』に記述されていますように、秦の始皇帝の命をうけて、方士徐福が不老不死の仙薬を求めて東方に出航したといわれていますが、その徐福が辿り着いた蓬莱山が富士山であったとする伝承が遺されています。これは富士古文書といわれ、富士山麓の阿祖谷の宮下家に秘蔵されていたことから、宮下文書ともいわれています。概要は、（一）尾張戸神社と熱田神宮との関係についての項で記しましたのでご参照下さい。

この宮下文書は、霊峰富士への信仰の原初の記録ともいわれています。

やがて時を経て、平安時代になって神仏一如の習合思想が顕れ、修験僧の末代《まつだい》上人が富士の霊峰を讃仰し、富士山に登ること数百度に及び、山頂に仏閣を構えて大日寺と号した（『本朝世紀』久安五年〈一一四九〉の条）といわれています。又、『地蔵菩薩霊験記』によりますと、末代上人は、百日の断食行を厳修ののち、御神霊の啓示をうけられ、その徴《しるし》として富士山と同じ形をした水晶を授かったといわれています。

以来、富士山を中心として修験道が大いに発展し、霊峰富士への信仰が高められていったのであります。

富士山は、自然、伝説、信仰、歴史、芸術、文化、そして人々との関わりなど、様々な角度から探究されてきたわけですが、正に不尽の名の如く、語り尽くすことのできない、不思議な魅力に満ち溢れています。

いずれ、稿を新たに書き記すことといたします。

なお、本項のむすびに当り、『スフィンクスの声』九の巻、十の巻、そして『歌聖典』の中から、富士山についてのべられているロゴスを謹んで抜粋させていただきます。

「奇しく妙なる神と人との三世を貫く生命《いのち》の祭典は、善と美との歓喜《よろこび》と和楽《たのしみ》に自《おのずか》ら舞ひ広がり、舞ひ極り、自ら歌にひびき渡り、ひびき谷《きはま》る生命《いのち》の芸術にして、恰も朝日子に如月《きさらぎ》の富士の輝き映えて、紅色《べにいろ》にもえ透れる様態《さま》に似たるもの、又金色《こんじき》の色よりも尚燦然《さんぜん》たるもの、金剛石のきらめきよりも美麗なるもの、即ち祭典なり」（九・五・二・四）

「汝らよ、救寿《くじゆ》は不二ケ嶺《ふじがね》に湧出《わきい》づる真《ま》清水の如し。この水は始中終を流るる水なり」（九・六・四・九―一〇）

「我、いづら火に審判し、とくさの秘厳《ひごん》をゆるがせて、墨《すみ》より黒き身の穢《けが》れ、罪の悩みの深くとも、心安かれ、我が本願《ねがひ》、不二《ふじ》の高嶺《たかね》の白雪《しらゆき》と、汝《な》が悲しみをぬぐひとり、心雲井《くもい》の天空《みそら》飛ぶ、類《たぐ》ひ稀《まれ》なる紅鶴《べにづる》の如くもなして救はなん」（九・七・九・二四）

「覧《みま》せ、白妙《しろたへ》の不尽《ふじ》の高根《たかね》は、天聳《あまそそ》り射照《いて》り輝き、悠然《はるけく》も巍峨《たか》く遙映《かそけ》し、久方《ひさかた》の天《あま》の原《はら》に浮びぞ現《いづ》る。雲路こえ雲井をわたる鳥舟《とりふね》も、徒見《あだみ》い行《ゆ》かず、鳴神《なるかみ》も、嶺駈《みねかけ》り鳴り閃《はため》かじ。過《い》にし世の人は仰見《あふぎみ》、現世《うつしよ》の人は高見《たふとみ》、末《すゑ》の世の人は讃《たた》へん。大倭豊秋津嶋《おほやまととよあきつしま》、天御虚空豊秋津《あまつみそらとよあきつ》

根別《ねわけ》、淤能碁呂《おのころ》の八尋殿《やひろどの》、くしびなるうましかる山」（一〇・四・二・一二―一四）

（註）むすびの節に「淤能碁呂《おのころ》の八尋殿《やひろどの》」とのべられていますが、これは『古事記』の国生み神話に記述されている言葉です。伊邪那岐・伊邪那美の二神が、天の浮橋に立ち、沼矛《ぬぼこ》をさし下ろしてコオロコオロとかきまわして引き上げると、矛の先からしたたる塩が凝《こ》り固まって一つの島が形成されたのですが、この島のことを淤能碁呂嶋と称したわけです。そしてこの島に天降《あまくだ》って、天の御柱を見立てて八尋殿《やひろどの》を設け、婚姻の御儀が執り行われることになったのであります。

「鄙人《ひなびと》の歌にも聞《きこ》えし越中《こしなか》の、彼の立山や加賀の白山、駿河《するが》の不尽《ふじ》と歌にさえ、世の人々は歌ふなり。この名にし負ふ山々の大山住《おほやまずみ》のうからやから」（一〇・四・八・八）

「海《わた》の底なる龍《たつ》の宮、あの浦島の玉手箱、開《あ》けて見る世の白玉《しらたま》や、うき世を夢と羽衣の、雲井へだつる不二《ふじ》の山、鶴は千年《ちとせ》の松が枝《え》に、亀万年の苔《こけ》むして、不動《ゆるが》ぬ巌《いはほ》を占《し》むるべし。阿《あ》那末広《なすえひろ》に浮世絵の、花の曼陀羅《まんだら》ほとけよと、黙示を開く玉手箱」（一〇・五・一・一〇）

「七識《ななつ》の暗の底秘より、雲井《くもゐ》遙けき霊山《たまのいただき》、不二《ふじ》の高根《たかね》に差昇る、朝日の影を仰ぎ見よ」（一〇・六・三・一）

「退《そ》き立てる山遙々《はるばる》と、見霽《みはるか》す山の連山《つらやま》、不尽《ふじ》が根《ね》に雲の通《かよ》ひ路《ぢ》天人《あまびと》の、降りてし昔羽衣の、かけし松が枝三保の浦辺《うらべ》や。火具《かご》の山千歳《ちとせ》を秘めし末の世の、末を黙示《うら》へつつ、一輪の白梅の花咲ける　暁《あかつき》、いはね高音《たかね》を予言《しらべ》つつも、鳴かね鴬奇しき世の、今日《いま》を語らふ時こそ来《き》つれ」（二〇・一〇・一六・六）

「聳《そそ》りてたてる富士の峰に
湧きて流るる真清水《ましみず》も
浅間《あさま》の宮の岩間戸《いはまど》に
湧く玉の音の水波女《みずはめ》も
流れはおなじ水なれや」

（註）この曲は、九〇番「九重《ここのえ》ふかき宮の庭に」と題する曲の三番に掲載されていますが、詞が一九五八年一月三十一日、曲が同年二月九日に啓示されています。一九五八年は、昭和三十三年に当りますが、翌年の昭和三十四年の四月十日に、明仁皇太子殿下と正田美智子様の御成婚の儀が執り行われています。つまり御成婚の儀の前年に啓示された曲であります。

二番目の歌詞に、「九重《ここのえ》ふかき宮の庭に　咲きて香《にほ》へる白菊も　荒野《あらの》の果《はて》の 叢《くさむら》 に　虔《つつし》まやかに

咲く花の　野菊もおなじ花なれや」と、記されていますように、民間から初めてご皇室に入られた美智子妃の御事が、虔まやかに咲く野菊の花に譬えて、黙示豊かに歌われています。当時は、国内はもとより、国外まで大きな話題となったことは、ご存知の通りですが、御主はそのことがらについて、むすびの歌詞に「富める貧しき老や若き　神のみむねにある者は、いづれもへだてあらぬなり　世の人々よ皆ともに　天祖《みおや》の愛を知らましや」と、歌っておられるのであります。

余談になりますが、昭和三十六年（一九六一）九月十二日付の日記によりますと、同年九月十日のこと、美智子様の正田家に仕えておられた片野ツル女史が、点灯祭に参列され、蔽顔《おとばり》の救主《くじゅ》のお姿を拝されたのであります。

この時、ロゴスを宣り給う御主の背後に、金輪の宝冠を戴いて立ち給う火明《ほあかり》の心王尊《みこ》を霊視されたといわれています。後日、このことを契機に救い主の来現に関する論文を執筆され、弁財寿大司教（本名松原満　明治三十九年のお生れ、御主より言登彦《ことひこ》の名を賜る）に届けられています。

片野ツル女史は、天稟の霊能に秀れた方で、美智子様の嬰児の頃から正田家に仕えられたとのことですが、美智子様が四才になられた時に、この児はやがて、皇室に入られることになります、と予言されたのであります。

又、美智子様の御父正田英三郎様が、毎日お召しになるもの（洋服やネクタイなど）をあらかじめ整えておかれたのですが、心に思っているものがいつも用意されていることから、不思議に思われ、深く信頼しておられたとのことであります。なお、後年片野女史は、御主のご長子清水貴實麿様をわが子のように心をかけられ、御主の法統を継承されることを祈りつつ、陰ひなたになって導かれたのであります。

「みたまよ来ませ　遙《はるか》なる
雲井にそびゆ不二《ふじ》の高根《たかね》の
白妙《しろたへ》の山の如《ごと》　きよけき
みたまよ　いざ我に来ませ」（一七二番「天霊《みたま》よ来ませ」）

「古《いにしへ》は富士の高根に
立ち昇る煙はろばろ
天《あめ》が下《した》　道はさやけく
言霊《ことたま》は神に幸《さち》はひ
玉の緒《を》にひびくまことの
美しく仰ぎみられき」（一九四番「末の世になるに及びて」）

（註）『万葉集』には、詠み人知らずの歌として、「吾妹子《わぎもこ》に逢ふよしをなみ駿河《するが》なる　富士の高嶺《たかね》の

燃えつつかあらむ」「人知れぬ思ひをつねに駿河《するが》なる　富士の山こそ我身なりけれ」など、長く尾を引いて立ち昇る富士の煙に言掛《ことか》けて、恋心を歌ったものがあります。

「玉の緒にひびくまことの　美しく仰ぎみられき」とのべられていますように、古人《いにしへびと》の眼《まなこ》に映る富士の噴煙《けむり》は、決して荒々しいものではなく、優しく、穏やかな趣をたたえていたことと思われます。

「千歳《ちとせ》の昔　いとなつかし
過ぎし世の人　今何処《いづこ》に
富士の高根はそそり立ちて
雲井はるけく　輝き映《は》ゆ

三保の浦辺の松の嵐
幾世《いくよ》の夢を　汝《なれ》は語らん
雲の通ひ路　舞ひのぼれる
彼の天人《あまびと》の　昔ゆかし

千歳《ちとせ》の昔　いとなつかし
世の年月《としつき》は　うつりゆきて
分《わ》けて登りし道は古《ふ》れど
今も高根に　見よ通へり

裾《すそ》野《の》の秋の夜《よ》半《は》は更《ふ》けて
月影きよき　静かなる夜《よ》
わたる雁《かり》が音《ね》　仰ぎ見つつ
語りし人の　昔ゆかし」（二一八番　千歳《ちとせ》の昔　いとなつかし）

（註）この曲は、一番から四番まで富士について歌われた曲であるため、歌詞の全部を記しました。大和《やまと》言葉のゆかしく、美しい調べとともに、郷愁を誘う懐しい旋律とが融け合った、香り高い曲であります。

「ふしの道　かごめをとほる　みたけやま　天《あめ》の真《ま》名《な》井《ゐ》の　わくたまのおと」

（註）このみうたは、昭和三十六年（一九六一）十月二十二日に聖堂において色紙に揮毫され賜ったものですが、極めて黙示に富んだみうたであり、深い意味が秘められています。一言で申しますと、

富士山と御嶽山と東谷山に関わる黙示であり、尾張戸《をはりど》の仕組を詠まれたみうたであります。

この黙示を開解するロゴスが、十の巻に次のように垂示されています。

「退《そ》き立てる山遙々《はろばろ》と、見霽《みはるか》す山の連山《つらやま》、不尽《ふじ》が根《ね》に雲の通ひ路天人《あまびと》の、降りてし昔羽衣の、かけし松が枝《え》三保の浦辺《うらべ》や。御嶽山《みたけやま》雲の海原《うなばら》差し昇る、朝日の御影《みかげ》清げにも、直射《たださ》し映《は》えて、金色《くがねいろ》炎《も》ゆるが如し、厳《いか》し朝明け。

✡《かご》の山千歳《ちとせ》を秘めし末の世の、末を黙示《うら》へつ、一輪の白梅《しらうめ》の花咲ける暁《あかつき》、よはね高音《たかね》を予言《しらべ》つつも、鳴かね鴬奇《く》しき世の、今日《いま》を語らふ時こそ来つれ」（一〇・一〇・一六・六―一四）

「ふしの道」とは、「不尽《ふじ》が根《ね》」の富士と竹の節に言掛《ことか》けて、蓬莱即ち不老不死の御山のことを黙示しています。又、御嶽山《みたけやま》は、前にも書きましたように、御嶽山《おんたけさん》のことですが、嶽《たけ》には、竹や身の丈の黙示があり、更に竹を以て編んだ籠《かご》の黙示があります。籠の語は竹と龍の語から成り立ち、極まるところ、それは、袞龍《こんりよう》、即ち天子の着衣せらるる神衣《みけし》のことを黙示しているのであります。

更に又、「天《あめ》の真名井《まなゐ》」とは、人類の生命《いのち》のふるさとである高天原の真名井の水を黙示しています。

なお、むすびの「わくたまのおと」については、湧くむすび、足むすび、玉留めむすびとありますように、永遠の生命を黙示する音の響き、ゆらぎを象徴しています。この音とは、申すまでもなく、宇宙の高根よりひびき来《きた》る振玉の声であり、神《かみ》ロゴスに他なりません。

（21）千葉県の九十九里浜については、九九里《くくり》、即ち言霊の真理によって繙きますと、それは、末の世に諸々のものを締めくくり給う菊理媛命の黙示を表しています。既に書きましたように、尾張戸神社の中社《なかつやしろ》には　白山から勧請された菊理媛命が祀られています。

大塚迦与先生（花依日女命）のお話によりますと、白山の菊理媛命の神使は、蟹であり、蟹は、虫を解くと書き、無私の心をもって事を解き開いていくのがこの神のお心であるとのべられています。

ご存知のように、尾張国愛知県の地形は、蟹の姿に相似し、猿蟹合戦の仕組を黙示する猿投山があります。又、海部郡には、海部氏族ゆかりの蟹江町があります。そして、蟹江一太郎という方が、蔽顔《おとばり》の救主《くじゆ》ご生誕の明治四十三年（一九一〇）に、我が国で最初にトマトケチャップを製造、蟹江家の家紋✡《カゴメ》を社章として発売されています。もう二十数年以上も前になりますが、鶴舞の日光堂書店で『カゴメ八十年史』を入手し、調べたことがあります。

今回、東谷山尾張戸神社を結ぶ同一線上の東方の果てに、九十九里浜が存在し、右にのべたような黙示ができましたことは、まことに意義深く、太占奇路の真実を物語っているものと確信いたします。

以上、今回はいろいろ書き綴っているうちに、ずい分長くなってしまいました。

次回には、大和国法隆寺と尾張戸神社を結ぶ太占奇路を考察する予定です。

末筆ながら、皆様のご清福をお祈り申し上げます。不一

平成十六年十一月八日

南宮大社　ふいご祭の日に

追記　去る十一月七日（日）奇しき霊動の誘《いざな》いによって尾張戸神社に参拝、貴重な黙示の数々をいただきましたので、ここに、事の次第を順を追って綴ってみます。

砂田橋六・一二三分発のゆとりーとラインのバスででかけたのですが、途中、川宮駅を過ぎた頃、かん高い声とともににわかに日与鳥《ひよどり》が飛来、車窓の彼方、東谷山の方位に浮かぶ真紅の太陽を横切ったかと思ふと、吸い込まれるように太陽めがけて飛んでいったのです。

不思議な光景との出会いに感謝し、しばし合掌。高蔵寺駅に着いてからタクシーで東谷山に直行、人影のない尾張戸神社の社頭で神事を行なう。

古式に則り八拍の柏手を打ち、御神名を読みあげ、太占の秘呪のことばを奉上申し上げる。続いて秘厳の真語を唱え、ロゴス（九輯十編第八章）を詠読、むすびに、おはりど聖唱十五番を讃唱する。この間、しきりに霊動をうける。

参拝を終えて由緒碑の東方をみますと、銅板に文字と図象の刻印された標示台が据えられてあり、

東に三国山、南に猿投山が描かれ、二十四節気における日の出の時刻が、克明に記されていました。猿投山の甲申に言掛けて、今年になってから篤志家によって設置されたものと思われます。

三国山といえば、今回繙きましたように、富士山と東谷山を結ぶ同一線上の地文に四箇所もでていたことから、特に詳しく考察してきたわけですが、この度の参拝によって、この同一線上が、天火明尊の通り給う太陽の道に他ならないことが実証されたのであります。

因に、先の標示台によりますと、東谷山の真東に当る三国山（岐阜県七〇一米）の山頂から昇る日の出は、十月一日で五時四六分と刻字されています。又、東谷山の南の方位に当る猿投山（愛知県六二九米）の頂上から昇る日の出は、一月十二日となっています。このほか、春分（三月二十一日）は五時五六分、秋分（九月二十三日）は五時四〇分となっています。

帰りは、旧表参道を降りていったのですが、中腹に山水を貯めてある繁みの中に八つ手の木が目に入り、一番小さい葉を一つだけいただくことに。これは、先に書きましたように、富士山と鞍馬山に関わる修験道の天狗に関わる神扇の黙示でもあります。

次いで、東谷奇王宮に参拝、秘厳の真語のあと、「おとのたますず、おとばりのひじり」四声七言を奏上、このとき、ひゅーという神鳴りとともに、三国《みくに》についてのお応えをいただく。ロゴスの条《くだり》は次の通りです。

「峰を越え谷を渡りてかがやきの神国《みくに》を思慕《した》ひ、ぬばたまの暗路を下りて天降《あも》の聖火《ひ》を燃やす奇玉《くすたま》」（第五言三節）

このロゴスから明かなように、三国山は神の御国を黙示しているとともに、三、即ち父と子と聖霊なる天祖と天降の救世寿と蔽顔《おとばり》の救主《くじゅ》のペルソナの玄義を表しているといえます。又、奇玉の秘義について、畏くも山頂で詠読したロゴスの中に、

「七つの色に染められし、奇しき生命《いのち》の勾玉《まがたま》よ、ふるべゆらゆら天地《あめつち》に窮まりもなく小揺《さゆら》ぎて、神の栄光《さかえ》に照り映えよ」

と、開示されているのであります。

さて、奇玉宮をあとにして、バスに乗るため東谷橋のたもとまで歩くことに。あと一分ばかりで到着という時に、前方をバスが通過、がっかりして次のバスを待っていると、目の前を「新富士観光バス」（車輌番号188）と記した車が通り、富士と尾張の黙示を開く。ほどなく大曽根行のバスが到着。出発した時と同じバスで、車輌番号が観光バスと同じ188となっていました。

このあと、家に戻ってから次回用の資料にと思い、前に概要を記していた平成十二年九月二十八

日付の「法隆寺と尾張戸神社を結ぶ同一線上の地文の黙示について」をファイルからとり出して読みかえしていたところ、三十九から四十頁にかけて、夢殿の秘仏に巻かれていた白布が、一八八年ぶりに取り除かれたという記述に気がつき、大いに驚いたわけです。この時、頭上から霊動がきましたので、この度の黙示には、計り知れないみこころが秘められていることを確信いたした次第であります。

この記述について少しばかり附言しておきます。高田良信著『法隆寺の謎を解く』によりますと、秘仏の救世観音像は、夢殿の本尊十一面観音像のことで、寺伝では、聖徳太子の念持仏とされ、古くから公開されることがなかったといわれています。この像に白布が巻かれたのは、元禄九年（一六九六）とされています。これは、当時厨子を再興するときに、像を白布で覆って移遷する必要があったからで、再興後、そのまま厨子の中に納めてしまったといわれています。

後年、フェノロサと岡倉天心によって厨子が開扉され、秘仏の白布が解かれたのが明治十七年（一八八四）といわれていますから、一八八年ぶりのことになります。なお、この白布の長さについて、フェノロサが『東洋美術史綱』の中で、「凡そ五百ヤード」と記述しており、メートルに換算しますと、一ヤード〇・九一四四メートルとして、計四五七・二メートルになります。

終りに臨み、188の数霊に因み、『スフィンクスの声』と『歌聖典』の中から謹んでみことばを記させていただきます。

「ああ、ぬば玉の暗《やみ》の夜《よ》には、あやめを分《わか》つのすべもなければ、覚めよ、起きよ、いざ、スフィンクスの叫び声に、その閉《と》ざされし人祖心眼《ひとのおやのこころのまなこ》よ、静かに開眼《ひら》け、聾者《みみしひ》となれる祖先《ちちはは》のその心耳《こころのみみ》よ、速《と》く音《おと》に聞耳《さめ》て、汝らが現人《うつしびと》の子の運命の道に吉善の朝をぞ知らせ、而して永遠の光と歓喜《よろこび》とを永《なが》く遠く子孫《うみのこ》に伝統《つた》ふべし」（九・七・一・一〇　一八八頁）

「尊きわが友　おとばりの救主《くじゅ》
いづらの神火《かみび》を　この世に点し
十種《とくさ》の神呪《かじり》に　世人《よびと》を清め
天降《あも》りの御世《みよ》をば　来《きた》らせ給へ

尊きわが友　おとばりの救主《くじゅ》
浮世の夢路《ゆめぢ》を　今こそさまし
心の砂漠の　スフィンクスの謎を
ひらきて御《み》くにに　みちびき給へ」（一八八番「おとばりの救主《くじゅ》」）

思えば、法隆寺夢殿の秘仏に、厨子再興による移遷のためとはいえ、四五七メートルにも及ぶ長い白布が巻かれ、しかも、再興後そのまま厨子の中に納められて、一八八年もの月日が閲したわけですが、これはまさに大いなる謎《スフィンクス》というほかはありません。これを黙示するかのように、二つの聖典に、「いざ、スフィンクスの叫び声に」、「心の砂漠のスフィンクの謎を」と啓示されてあり、神の御手による奇しく妙なる御仕組には、唯々驚くばかりで、まことに恐懼の至りであります。

この黙示の深義については、次回に考察する太占奇路の中で記すことにいたします。

（五）尾張戸神社と大和国法隆寺を結ぶ同一線上の地文の黙示について

前略　早速ですが、前回の太占奇路の続きとして、（五）尾張戸神社と大和国法隆寺を結ぶ同一線上の地文の黙示について繙くことにいたします。

まず、始めに南西の方位から順次地文を記します。

物部（高知県）――東光（大阪府）――平尾（大阪府）――国分神社（大阪府）――龍田大社（奈良県）――清水山吉田寺（奈良県）――法隆寺夢殿（奈良県）――登弥神社・添御県坐神社（奈良県）――若草山（奈良県）――春日大社（奈良県）――平清水（奈良県）――法ヶ平尾（奈良県）――八千代台（三重県）――寺尾（三重県）――尾張大橋（三重県）――加路戸（三重県）――富田・

国玉神社、速念寺（愛知県）――名古屋城（愛知県）――松洞山竜泉寺（愛知県）――東谷山尾張戸神社（愛知県）――応夢山定光寺（愛知県）――尾鳩（岐阜県）――本高森山（岐阜県・長野県一八九〇米）――鳥居原（長野県）――戸台（長野県）――三ツ石山（長野県二〇一七米）――鳥原（山梨県）――上笹尾（山梨県）――谷戸（山梨県）――諏訪山（群馬県一五四九米）――魚尾（群馬県）――雲尾（群馬県）――高尾（群馬県）――宇都宮平出神社（栃木県）――越戸（栃木県）――板戸（栃木県）――大子町・久慈川（茨城県）――稲村神社佐竹寺（茨城県）――瀬戸（福島県）――御宝殿熊野神社（福島県）――大国玉神社・住吉神社（福島県）――海雲山高蔵寺（福島県）――高倉山（福島県二九三米）――金冠塚古墳（福島県）

（1）高知県に物部という地文がありますが、これは物部氏の黙示であり、これから二つのことが考察されます。一つは、尾張氏の関係からいえるもので、尾張氏の祖が天香語山命であるに対し、物部氏の祖は宇摩志麻治命とされていますが、共に祖神に天火明尊（饒速日尊）をいただいていることから、同族に当り、御神縁で結ばれていることが解ります。もう一つは、物部氏と蘇我氏との関係からいえるものですが、蘇我氏といえば、法隆寺にゆかりの深い聖徳太子の家系に当る氏族です。この蘇我氏は、祖を神功皇后と応神天皇に仕えた武内宿禰とされ、尾張氏と濃厚な血縁関係にある氏族といわれています。異色の古代史家の関裕二氏によりますと、蘇我氏は、饒速日尊の別称である大物主命の御子事代主命を祖神にいただく氏族で、物部氏と同族であるとの見解をのべられています。

聖徳太子の時代に、仏教の受容をめぐって蘇我氏と物部氏が対立し、激しく争ったことが記録に残されていますが、この対立は、きわめて複雑であり、高度に政治的なものであったといわれています。

(2) 大阪府の平尾、奈良県の法ヶ平尾、三重県の寺尾、尾張大橋、加路戸、長野県の戸台、山梨県の上笹尾、谷戸、群馬県の魚尾、雲尾、高尾、栃木県の越戸、板戸、など、尾張戸神社の尾と戸に関わる黙示の地文が多くみられます。

(3) 大阪府柏原市の国分神社、奈良県生駒郡三郷の龍田神社、奈良市の登弥神社、春日大社、栃木県宇都宮の平出神社などが鎮座していますが、いずれも名にし負う式内の古社(平出神社を除く)ですが、六社とも御祭神が尾張戸神社の主祭神に坐す天火明尊(饒速日尊)と深い関わりにあります。

国分神社には、飛鳥大神が祀られていますが、『秀真伝』の中で、飛鳥太公が饒速日尊の別称とされていることから、又、飛鳥大神が百済の辰孫王とその一族が信奉していた神とされていたことからも、御神縁が窺われます。龍田大社の御祭神は、天御柱命と国御柱命という抽象的な御神名となっていますが、一般には龍田大明神の名で親しまれています。その由来については、聖徳太子が御年十六才の時に、父用明天皇の病気平癒を祈願するため堂宇の地を求めておられた折、一人の老人が現れ、太子を斑鳩の地に導かれ、「この地に建立するように」と教えられたといわれています。この龍田大社のすぐ近くに、饒速日尊を祖神とする樋口家が代々社家を継承する広瀬神社がありますが、ここの御祭神は、水神の代表とされ、龍田大社の風神とともに、古来から風水を司る神として根強い信仰があります。

次に登弥神社は、鳥見山の北西の麓に鎮座、饒速日尊が祭祀されています。又春日大社は、本殿に武甕槌命を始め、経津主命、天児屋根命、比売神命が祀られていますが、初めの二神は、饒速日尊の亦の御名とされています。更に摂社に天押雲根命を祀る若宮神社がありますが、当社を基点として行われる「若宮おん祭」が春日大社の最大の祭事といわれています。先の四神が勧請される以前から、この祭は、大和一国の民衆の祭礼であったといわれています。社寺伝承学作家の小椋一葉女史によれば、三笠山に鎮座する大神こそ饒速日尊であり、大和一国の祭礼といわれた若宮おん祭が、他ならぬ饒速日尊を景仰する民衆の祭事であったとのべられています。

五番目の平出神社は、御祭神が京都上賀茂神社と同じ別雷《わけいかづち》神に坐すことから、自ら尾張戸神社とご神縁で結ばれていることが解ります。

ところで、この項の初めに国分神社について記述しましたが、同じ柏原市の国分町に天祖光教の国分宣教所が設けられていますので、その経緯について記すことにいたします。

国分町の一帯は、桜井市と同様に、かつて、饒速日尊が大和朝廷成立以前に大王として君臨せられた所であり、且つ、聖徳太子ゆかりの飛鳥や斑鳩の地にほど近い地でもあります。

もう五十年ほど前のことになりますが、この地にご縁の深かったあびしゃ寿(本名尾野すえの)に、御主が毘盧遮那《ビルシャナ》教座を垂示され、何日の日かこの地に御教が開顕することを祈念せられたのであります。このことについては、十の巻のロゴスに、次のように記されています。

「あしの片山あしかびを、おけの玉の音《ね》勇しく、あしの節の間さらさらと、祓除《ひら》けば楽し、さやけくも、神代に通ふ道ぞある、神の現世《うつしよ》水鏡、瑠璃の海凪《わたなぎ》はるばると、救寿《くす》の御船の浪速《なには》潟《がた》、大日神《バイロチャーナ》の聖像山《かたやま》に、天日使者《あびしゃ》の船頭《かこ》の言挙《ことあ》げの、取る楫《かい》ありて今ぞ入船。汝らよ、躊《ため》ひ迷ふこと勿れ、いでやこれより浪速潟、大和《やまと》にひらく梅の花、松世久しき呉竹の、明けてうれしき末《すゑ》の代に、神代始まる奇瑞《ためし》とて、救世寿《くせす》の実結ぶ言伝《ことづて》の、大和大路の梅の花、大日神《バイロチャーナ》の教座《をしへくら》、此処《ここ》に建つこそ祝慶《めでた》けれ。汝らよ、教座《ひかりのいへ》を成就《なしとげ》よ、村・町・都にかがやかし、人平安《やすら》かに暮すべき大日神《バイロチャーナ》の教座《をしへくら》をば、浪速《なには》の潟《かた》の山上《やまのうへ》に、建てて救世寿《くせじゅ》の垂訓《すいくん》を、世人《よびと》の福音《さち》と天降《あまふ》らせ」(一〇・四・一六・四四―四八)

（註）このロゴスには、奇しき黙示が数多くのべられていますので、この機会に註を附して記述いたします。

①「あしの片山あしかびを」について　「片山」には、『日本書紀』に記されている聖徳太子の「片岡山」における黙示があります。片岡山は、奈良県北葛城郡王寺にある丘陵地帯をいいますが、この地で聖徳太子が飢人に出会われた不思議な物語を、『日本書紀』が詳しく伝えています。長くなりますが、重要なところですので、全文を抜粋します。

「十二月、庚午朔、皇太子《ひつぎのみこ》、片岡に遊行《いでま》す。時に飢者《うゑびと》道の垂《ほとり》に臥《こや》せり。仍《よ》りて姓名《かばねな》を問ひたまふに言《まを》さず。皇太子視て飲食《をしもの》を与《たま》ふ。即ち衣裳《みけし》を脱ぎて飢者に覆《おほ》ひて言《のたま》はく、安らけく臥せよと。即ち歌《うたよ》みて曰はく、〝しなてる、かたをかやまに、いひにゑて、こやせるそのたびと、あはれ、おやなしに、なれなりけめや、さすたけの、きみはやなき、いひにゑて、こやせる、そのたびと、あはれ〟

辛未（二日）皇太子、使を遣して飢者《うゑびと》を視しむ。使者還来《つかひびとかへりき》て曰《まを》さく、飢者既に死《まか》りぬと。爰《ここ》に皇太子大《いた》く悲みたまひ、則ち因りて以て当処《そのところ》に葬埋《はふりうづ》めしめ、墓固封《つかつきかた》めしむ。数日之後《ひをへて》、皇太子、近習先者《つかへまつるもの》を召して謂《かた》りて曰はく、先日《さきのひ》に道に臥《こや》せる飢者は、其れ凡人《ただびと》に非じ。必ず眞人《ひじり》為らむとのたまひ、使を遣《つかは》して視しめたまふ。是に使者還り来て曰さく、墓所に到りて視れば、封埋動《かためうづめるところ》かず。及を開きて屍骨《かばね》を見るに、既に空しくなりたり。唯衣服《みけし》は疊みて棺《ひつぎ》の上に置けりと。是に皇太子、復使者を返して其の衣を取らしめ、常の如く且服《またき》たまふ。時人《ときのひと》大《いた》く異《あやし》みて曰へらく、聖《ひじり》の聖を知るといふこと其れ実《まこと》なるかなといひて、逾《いよいよ》惶《かしこま》る」（『日本書紀』巻二十二より）

ついでながら申しますと、この地方には飢者《うへびと》が達磨大師の化身であるとする伝承があり、法隆寺に近い達磨寺には、中央に千手観音脇に聖徳太子と達磨大師の尊像が奉安されています。又、この物語には、中国の道教にいう尸解仙《しかいせん》の黙示があります。更に又、右の文章の一節に「必ず眞人《ひじり》為らむ……」とありますが、「眞人」が「ひじり」と訓じられていることに大きな意味があります。眞人は、八色姓《やくさのかばね》の最高位にランクされていますが、福永光司教授によりますと、天武天皇の諡名が「天渟中原瀛眞人天皇《あめぬなかはらおきのまひとすめらみこと》」となっていることに着目され、眞人の語が道教の教典から採られていることを指摘されています。ご承知の様に、御主のロゴスの中には眞人《まびと》の語が多くのべられていますが、とりわけその筆頭は、唱えことばにあります「眞人の実相」であります。この八語五行の真語を、中国語で発音した場合でも、妙なる音霊の響きが感じられます。余談ですが、文字を発音する場合、中国語では四声による音だけで発音します。ところが、日本語では、音と訓とをもって行います。ここに、他の言語にはない日本語のすばらしい特徴があります。

②「おけの玉の音勇しく……」について　斎部広成の著した『古語拾遺』に、天の岩戸開きの条で、「あはれ、あなおもしろ、あなたのし　あなさやけ　おけ」の真語が言挙げされていますが、「おけ」の註に「木の名なり。其の葉を振ふの調なり」と解説されています。つまり、「おけの玉の音」とは、

清流の気の発動による妙音のことをのべられた言葉であります。

③「大日神《バイリチャーナ》の聖像山《かたやま》に……」 バイロチャーナとは梵語ですが、音訳して毘盧遮那と書き、光明遍照の意を表す言葉といわれています。毘盧遮那仏は、知徳の光で全宇宙を遍く照す仏とされ、密教では大日如来と表現しています。

御主のロゴスには、「大日神」と記されていますが、これには大いなる御神意が秘められていることと拝察いたします。

以前から度々お話ししましたように、大和朝廷成立以前に、大和を始め、河内、浪速一帯に饒速日尊が大王として君臨しておられたわけですが、その御方と大日神こと毘盧遮那仏が、不離密接な表裏の関係に坐したということであります。

日記によりますと、先に掲げた御主のロゴスを賜り、それを最初に書き記した日が、聖成発願の日に当る九月六日のことでしたが、その翌日の中日新聞の第一面に「平成のお色直し―唐招提寺で大修理」との見出しで、同寺の御本尊に坐す盧舎那仏の写真が掲載されていたのであります。これは、正に大いなる黙示であり、ロゴスに垂示されている「大日神《バイロチャーナ》」の事実が世に証しされる時が来た、との感を深くいたした次第であります。

（4）奈良県斑鳩町小吉田に、その名も清水山吉田寺という古刹があります。当寺は、古に天智天皇の勅令によって創立され、のち比叡山の名僧で『往生要集』を著わされた恵心僧都源信が開基されています。本尊の阿弥陀如来は、恵心僧都が清水の森の栗樹に感応され、一刀三礼、念仏を唱えながら彫像されたもので、重要文化財に指定されています。又、室町時代（一四六三）に建立された多宝塔の中には大日如来が奉安されていますが、これは恵心僧都の御父卜部正親公の菩提を追善するためといわれています。卜部の姓氏から解りますように、卜部の家系の流れの方ですが、この卜部については、『大辞典』（平凡社）に次のように記述されています。

「神祇官に属し、御体御卜等を行う。その初めは、神功皇后の時、雷神の裔中臣烏賊津使主祖より伝へたる太占の卜事を伝へし、以て朝廷に仕ふ。よって、その子孫は卜部となり各国々に住居し、或は、上番して神祇官に仕ふ」

ところで、この項を書いているときに、星野書店で後藤隆著『先代旧事本紀大成経』に出会い、最初に開いた頁に、「卜部」と記した文字が目に飛び込んできたのです。これは『旧事本紀』の編纂に当り、聖徳太子が蘇我馬子に命じて、六家に秘蔵されている文献を集録させたことを記した文章の中のものです。その一節に次のように記されています。

「大臣蘇我馬子宿禰に命せ、内録《うちつふみ》及び、吾道《あじ》、物部、忌部《いんべ》、卜部《うらべ》、出雲、三輪の六家の神の先人《さきつひとたち》の録所書記《しるされしかきふみ》を集命《あつめしめたま》ふ」

そして、忌部と卜部の両家については、祖神から伝わる土笥《はにばこ》を、夫々、秦河勝と小野妹子を泡輪宮と枚岡宮に遣して持ち帰らせたと記述されていますが、忌部の泡輪宮は、千葉県館山市に鎮座する安房神社に、又卜部の枚岡宮は、東大阪市に鎮座する枚岡大社に比定されています。

ところで、枚岡大社といえば、大和国の春日大社本殿の御祭神、武甕槌命《たけみかづち》、経津主命《ふつぬし》、天児屋根命《あめのこやね》、比売神《ひめがみ》の四神のうち、天児屋根命と比売神の二神が、河内国の枚岡大社より勧請されたといわれています。又、この枚岡大社とご神縁深く、古神道の秘法に通暁しておられた平川信次翁《のぶじ》（明治三十六年のお生れ）が、昭和三十年二月十四日を卜して、マサヱ夫人を始め、貴一《よしひと》、一美、恵子の三人の子達と共に天祖光教の本部に奉職されています。そして、蔽顔《おとばり》の救主《くじゅ》より翁は瓢《ひさご》司教、マサヱ夫人は一葉女《いちようじょ》、ご長男は不磨司教と、夫々御名と称号を賜っています。

ついでながらもう一つ附言しておきますと、聖徳太子創建の七ヶ寺の一つである広隆寺に、京都三大奇祭の一つといわれる牛祭がありますが、この祭の起源が、先の恵心僧都に由来しているということであります。

この牛祭は、恵心僧都が、三条天皇の長和元年（一〇一二）に、絵堂の阿弥陀如来の前で念仏会を修し、更に摩吒羅神を護法神として勧請され、国家安泰、五穀豊穣、魔障退散の祈祷を行ったのが始まりといわれています。

因に、摩吒羅神とは、京都大酒神社の御祭神ですが、天台密教では、この神が牛頭天王や赤山明神と同一視されています。

以上のことから、清水山吉田寺を開基された恵心僧都源信が、聖徳太子ゆかりの広隆寺における牛祭に深く関わっておられたことを思いますと、尾張戸神社と法隆寺を結ぶ同一線上に同寺が存在していたことは、まことにその意義甚大であります。

なお、御主ゆかりの「菅生石部神社についての考察」の中で触れておきましたように、卜部の故里に当る枚岡大社は、新撰姓氏録に云う菅生朝臣の故里でもあります。今回、清水山吉田寺における黙示を通して、再びそのご神縁の真実が明らかとなった次第であります。

この項を結ぶに当り、恵心僧都源信の『念仏法語』より、謹んで珠玉の一文を記させていただきます。

「妄年はもとより凡夫の地体なり。妄念の外《ほか》に別の心もなきなり。臨終のときまでは、一向に妄念の凡夫にて、あるべきぞと心得て念仏すれば、来迎にあずかりて、蓮台にのるときこそ妄念をひるがえしてさとりの心とはなれ。妄念のうちより申しいだしたる念仏は、にごりにしまぬはちすのごとくにして、快生往生うたがいあるべからず。妄念をいとわずして、信心の浅きをなげき、こころざしをふかくしてつねに名号をとなうべし」

(5)奈良の法隆寺について　法隆寺のことを記そうとしますと、その実相があまりにも深奥且つ広遠であるため、ここでは、大いなる黙示と思われる事項だけを記すことにいたします。

法隆寺は、別名斑鳩寺、法隆寺学問寺とも呼ばれ、飛鳥時代の姿を現在に伝える唯一の古寺として知られています。平成五年に、ユネスコの世界遺産に登録されていますが、この年の干支をみますと、癸酉《みずのととり》となっており、やはり、斑鳩や飛鳥の名称から酉年に因む黙示が窺われます。法隆寺が建立された斑鳩の里は、聖徳太子が龍田明神に感応して卜定された地といわれています。この斑鳩という名称は、『日本書紀』の雄略天皇八年二月の条に「膳臣《かしわでのおみ》斑鳩」という人名として出ていますが、地名としては、用明天皇元年（五八六）正月の条に「是の皇子《みこ》初め上宮《かみつみや》に居《まし》しき、後に斑鳩に移りたまふ」と記されています。

又、名称の由来については、古くからこの地にイカルという鳥が数多く生息していたことから、斑鳩《いかるが》になったといわれていますが、斑の文字を言霊で解しますと、文即ち言葉を以て真実を語り給う王の王の意味と読みとることができます。つまり、これは、斑鳩の皇子《みこ》に坐す聖徳太子の御事を黙示された言葉であります。なお、余談ですが、かつて御主が、ご長子清水貴實麿様に「斑鳩」というお名前を贈られたことがあり、懐しく想い出されます。

ところで、『スフィンクスの声』の十の巻に、聖徳太子についてのべられた奇しき黙示のロゴスがありますので、ここに謹んで抜粋いたします。

「何時《いつ》しか罪の此世《うつしよ》と成れるを、天降《あも》の中今《なかいま》に成就《な》すべき時となりたれば。畏《かしこ》けれども斑鳩《いかるが》の太子《みこ》は、十令七律《じふれいななりつ》を宣《の》らせ給ひて、就中《なかんづく》三宝と和の尊貴《たふとき》を仰せ出《い》ださせ給ひけり、又或時は勝鬘経《しょうまんきょう》を説き給ひ、又或時は法華経義疏《ほけきょうぎそ》を著し給へり。偲び奉れば日《ひ》の本《もと》の末世《すえのよ》に起るべき、救世《くせ》の象徴《しるし》を夢殿《ゆめどの》に秘封《ひふう》されし聖願は、斑鳩《いかるが》の太子《みこ》と金人《くがねびと》の金箴《きんしん》にして、誰人もこの秘義《ひぎ》を解く者はなからん。この夢殿の宝廟《ほうびょう》は縦《よ》し神通《じんつう》の天眼《てんがん》だに窺見《のぞきみ》ること能はざらん。惟天暦《ただてんれき》を前提にして一人の人の子世に来《きた》リ、時恰も古聖処の破る如く解かるべし。この時、人は何を知り、将何事《はたなにごと》を見ん、天極法輪《てんきょくほうりん》を転じて、地平千載《ちへいせんざい》の暁光《ぎょうこう》に小搖《さゆら》ぐを見るべし、誰ぞ言ひし『世の中は誰《たれ》か常なる、飛鳥川昨日《あすかがわきのふ》の淵《ふち》ぞ今日《きょう》は瀬となる』、飛鳥川淵瀬《ふちせ》となりて斑鳩《いかるが》の、声聞《きこ》えねど救世《くせ》はましします」（一〇・四・一六、二七—三〇）

このロゴスの一言一句を心静かに拝読しますと、斑鳩の太子《みこ》にかけられた御神意のほどが、ほのかに伝わってまいります。

ところで、高田良信著『近代法隆寺の歴史』によりますと、蔽顔《おとばり》の救主《くじゅ》が誕生された明治四十三年（一九一〇）の五月十日に、奇しくも印度のパロダ国王夫妻が法隆寺に参詣されています。釈尊ご生誕の国から、はるばる日出づる国の日《ひ》の本《もと》に来臨され、聖徳太子ゆかりの法隆寺に参詣されたところに、大きな意味があります。

又、明治十七年（一八八四）に、フェノロサと岡倉天心によって法隆寺夢殿の秘仏が開扉され、救世観音像に巻かれていた白布が解かれていますが、その時の様子については、「菅生石部神社についての考察」の中で記述した通りであります。

ついでながらもう一つ、法隆寺の貴重な黙示について記しておきます。

法隆寺の代表的な年中行事に「上宮王院修正会」というのがあります。この行事は、夢殿で厳修される「十一面観音悔過」の儀のことといわれています。この「十一面観音悔過」というのは、十一面観音の御前にて諸々の罪咎をお詫びし、祓い浄めていただくとともに、その功徳を讃仰し奉るという聖なる儀式といわれていますが、このときに諸国の神名帳が繙かれ、神々の御名が読み上げられるのであります。

これまで度々申し上げてきましたように、饒速日尊と十一面観音とは、表裏の関わりに在ります。かつての日、聖徳太子が夢殿において念誦せられた十一面観音のお姿は、他ならぬ饒速日尊に坐したわけですし、太子もそのことを秘かに、ご感応遊ばしておられたことと推察いたします。夢殿に籠られた聖徳太子の霊耳にささやかれた金人のお導きは、饒速日尊の御神霊に坐したのであります。

本項のむすびに当り、蔽顔《おとばり》の救主《くじゅ》が、夢殿にみこころを寄せて詠じられた詩歌を記します。

「七重《ななへ》なる次元《ゐまき》の門扉《とびら》　夢殿の

救世《くせ》の誓願《うけひ》や　うつつにて
夢ならなくに夢としも
見る世かなしき夢さめて
いみじくも開闢《ひら》く中今」（『太占の真言』「待ちて来《こ》し日を」の中の五節より）

春日《かすが》なるとこよのくにをたもちつつ
奇しき夢殿　救世のおとずれ

（6）愛知県の国玉神社と速念寺について　国玉神社は、名古屋市中川区の富田町に鎮座し、御祭神が饒速日尊に坐し、又、速念寺は前田利家公の菩提寺といわれ、聖徳太子の掛軸が寺宝として秘蔵されています。ここにも、饒速日尊と聖徳太子の御事が、如実に黙示されていたわけであります。

（7）名古屋城について　名古屋城は、徳川家康公の命により慶長十九年（一六一四）に六年の才月をかけて築城された尾張国の名城ですが、家康公の第九子義直公が初代城主として就任されています。又、蓬萊山の伝承地として尊崇された熱田神宮の左腋に在る城の意から、別名蓬左城ともいわれています。天守閣の甍に聳える黄金の鯱は、名古屋城のシンボルとしてあまりにも有名ですが、奇しくも御主ご生誕の明治四十三年（一九一〇）に、明治天皇が来臨せられ、次のような和歌を御詠されています。

鯱鉾《さちほこ》のかがやくみれば愛知《あゆち》がた
名古屋の城こそちかくなりけれ（『新輯明治天皇御集』八三二二番より）

（8）愛知県の松洞山龍泉寺と応夢山定光寺について　松洞山龍泉寺は、尾張四観音の一つとされ、延暦年間に伝教大師最澄が熱田神宮に参籠中、龍神の御告げをうけて多羅〃ヶ池から湧出した馬頭観音を以て、本尊として祀ったのが始まりといわれています。又、応夢山定光寺は、建武三年（一三三六）覚源禅師により創建され、現在、臨済宗妙心寺派に属しています。本尊には、覚源禅師の母が地蔵菩薩の霊夢を見て懐妊されたことから、地蔵菩薩が祀られています。又、同寺の境内に尾張藩祖徳川義直公の廟所がありますが、廟は中国儒教式で、祭文殿その他の建築は、義直公の知遇を受けた帰化明人陳元贇《げんぴん》の設計によるものと伝えられています。本堂とともに重要文化財に指定されており、入口に、孔子第七十七代の孫に当る孔徳成氏の扁額が掲げられています。

（9）岐阜県に尾鳩という地文がみられますが、既に書きましたように、法隆寺の建立された地は、斑鳩《いかるが》の里であり、東谷山尾張戸神社と法隆寺を結ぶ同一線上にこの地文が存在していたことは、その意義が極めて大きいことを示しています。又、長野県に鳥居原、山梨県に鳥原など、鳥を示した地文も見られ、一層その意義が強調されています。

(10) 栃木県の宇都宮に平出神社が鎮座していますが、御祭神は、京都上賀茂大社と同じ別雷《わけいかづち》命に坐すことから、尾張戸神社の御祭神天火明尊と御神縁で結ばれていることが解ります。

(11) 茨城県の大子町については、法隆寺ゆかりの聖徳太子を黙示する地文の顕れとして大きな意味があります。

(12) 茨城県の稲村神社と佐竹寺について　稲村神社は、常陸国久慈郡七社の一に登載されている延喜式内の古社で、佐竹村大字天神林に鎮座、御祭神は、奇しくも尾張戸神社と同じ饒速日尊に坐す。当社の草創は極めて古く、日本武尊が東征の折この社に祈願せられたといわれています。又、天下の副将軍水戸光圀公も、ことのほか、篤い崇敬を寄せられ、興隆に尽力されたといわれています。

この稲村神社は、のちに近江国滋賀県にも勧請されていますが、これは、加賀国大聖寺の菅生石部神社が京都衣笠山の麓に勧請されて、藁《わら》天神宮として信奉されたこととよく似ています。佐竹寺は、稲村神社と同じ佐竹村に建立されていますが、御本尊は、聖徳太子の御作と伝える十一面観音といわれています。前にも書きましたように、十一面観音は、饒速日尊の裏のお姿でもありますので、饒速日尊を祀る稲村神社と同じ鎮座地に佐竹寺が建立されていたことは、大きな驚きであります。

附言しますと、佐竹寺ゆかりの佐竹氏の先祖は、新羅三郎義光公といわれていますが、この方のことで直ちに思い出されるのは、足柄山で笙の秘曲を演奏する場面を描いた、一幅の大和錦絵のことです。これは、義光公が、笙の名人と謳われた師の豊原時元から伝授された秘曲（大食調と八調曲）を、戦場に駆けつけてきた年若き時元の子、時秋に授けたときの情景を描いたものです。あまりにも、神韻縹渺と描かれていましたので、強烈な印象として残っていたわけであります。

なお、このことを書き記していた日の夕べ、神前にて賜ったロゴスのむすびに、次のようにのべられていました。

「善哉《よいかな》、汝、戒は金剛不壊《こんがうふえ》にして無畏不退転《むゐふたいてん》の信の座《みくら》なり。ああ、この至上寿戒に正覚し、是に在住して法愛《あも》の秘曲を常楽する者は、真《まこと》に此上《こよ》なき平安なり」（一〇・一一・九・三一―三二）

（13）福島県の大国玉神社、住吉神社の御祭神については、ともに饒速日尊の亦の御名であるといわれていますし、海雲山高蔵寺と高倉山については、東谷山尾張戸神社の北側に位置する春日井市高蔵寺と高座山に関わる黙示でもあります。

(14)福島県の金冠塚古墳については、金冠の文字から、王のかぶる黄金の冠の黙示が窺われ、饒速日尊と聖徳太子のことが連想されます。又、地文としては、すぐ近くを流れる久慈川があり、その源には、金冠塚に象徴される如く金の産出地として知られる八溝山が聳えています。

以上これまで、東谷山尾張戸神社と法隆寺を結ぶ同一線上の地文の黙示を繙いてきましたが、思いもかけぬ奇しき黙示の数々をいただく結果となり、太占奇路の真実が明かになったことと思います。

今回は、これにて失礼させていただきます。　敬具

平成十六年十二月三日

追記　今回法隆寺のことを書いているさ中に、同寺で発見された重大ニュースが飛び込んできましたので、記しておきます。これは、十二月二日付の中日新聞に掲載された「法隆寺の彩色壁画片出土」の話題であります。

記事によりますと、南大門近くの創建当時の法隆寺跡地から、焼け焦げた壁画の破片約百点が見

つかり、この発見によって、天智天皇九年（六七〇）に法隆寺が焼失したとする『日本書紀』の記述が裏付けられたということです。この件について、「論争にひと区切り」の見出しで、猪能兼勝京都橘女子大学教授が、次のようにコメントされています。

「法隆寺の火災が考古学的に証明され、百年続いた法隆寺論争の一つにピリオドを打った。法隆寺には玉虫厨子など百済の影響が濃い作品があり、百済系の絵師が描いたのではないか」

折しも、法隆寺と尾張戸神社を結ぶ同一線上の地文の黙示を書き記していた時だけに、驚天動地にも等しい衝動をもって、このニュースを拝見したわけであります。この不思議な一致は、まさに大占奇路が真実であるという証明ではないでしょうか。

（六）尾張戸神社と鳥見山唐松神社を結ぶ同一線上の地文の黙示について

前略　今回は、（六）尾張戸神社と鳥見山唐松神社を結ぶ同一線上の地文の黙示について繙くことにいたします。

まず、南西から北東にかけて順次、関係の地文を記し、註を附して解説いたします。

串本（和歌山）――古座（和歌山）――高峰（和歌山三〇九米）――高山（和歌山二一〇米）――熊野那智大社（和歌山県）――光が峰（和歌山県六八六米）――熊野速玉大社（和歌山県）――

神の木（三重県）――長尾山（三重県七八二米）――瀬戸（三重県）――神山・飛鳥神社・光福寺（三重県）――高峰山（三重県一〇四六米）――尾鷲（三重県）――三戸川（三重県）――松阪（三重県）――東谷山尾張戸神社（愛知県一九八米）――多治見（岐阜県）――東白川（岐阜県）――御嶽山御嶽神社（長野県三〇六七米）――戸隠山戸隠神社（長野県一九一一米）――尾神岳（新潟県七五七米）――出雲崎（新潟県）――弥彦山弥彦神社（新潟県六三八米）――岩船神社（新潟県村上市）――鉾立岩（新潟県）――烏帽子岳（新潟県）――鳥海山大物忌神社（秋田・山形県二二三〇米）――鳥見山唐松神社（秋田県協和町）――船玉神社（秋田県協和町）――虚空蔵岳（秋田県二二九米）――諏訪山（秋田県四五五米）――高毛戸（秋田・岩手県八七八米）――戸鎖（岩手県）――六戸《ろくのへ》（青森県）――神威岳（北海道一六〇一米）――十勝川（北海道）

（1）和歌山県の串本の地文については、串は櫛と奇の二つの黙示を表わし、尾張戸神社の御祭神に坐す天火明奇玉饒速日尊の御神名に深くかかわっています。

（2）古座は、もともと神座と書き、神威あらたかなところであったといわれていますが、畏れ多いということで古座に改められたといわれています。この古座に古くから天祖光教の古座教会が建立されています。

（3）和歌山県に高峰、高山、三重県に高峰山の地文がみられますが、これは、東谷山を始め、御嶽山、戸隠山、弥彦山、鳥海山、虚空蔵岳、諏訪山、神威岳にみられますように、神威あらたかな高山、高峰のことを黙示しています。この高山そして高峰について、油然として脳裡に浮かび上ってきますことは、天暦の御世が開顕された昭和四十年（一九六五）に垂示されたみうたのことであります。

「高山の峰にのぼりて泣きぬれし　悲願の涙白滝の水と流れて世をきよめける」

想えば、昭和四十年己巳《きのとみ》の年に当りて、御主は第三の使命にお立ちになり、四声七言から成る「諸天の結願《けちがん》と讃美の寿詞《ほぎごと》」を始めて公開されたのですが、その第五言と第六言の中に、このみうたのお心が如実にのべられています。

その一

おゝうつし世の如何なる者も汝がよこしまなるには及ばざりき。されど、うつし世の誰か今汝の悔《くひ》に勝《まさ》り得んや。

その二
あゝ、うつし世の憂瀬《うきせ》に在りて苦難《くるし》める人の子の霊魂《たましひ》は聰明《さと》き人どもによらでは清められざるものなりと定められてありしに、絶対欠陥《たぐひなくげにおろか》なる汝によりてこそ始めてまことに清めらるることとなりたり。

なお、この四声七言のみことばは、昭和十七年（一九四二）富士の裾野の聖庵を解かれ、尾張国愛知県に入られてからほどなくして、いと高き御神霊が蔽顔《おとばり》の救主《くじゅ》の御生涯を嘉し給われて垂示されたものであります。

（4）和歌山県の熊野那智大社について　垂直に流れ落ちる巨大な瀑布、天下第一の景勝と仰がれる大滝を見おろす斜面に、熊野那智大社が鎮座しています。熊野那智大社は、熊野本宮大社、熊野速玉大社とともに、熊野三山と総称され、古来、熊野三所権現とも呼び習わされていたといわれています。御祭神は、第一殿に、大穴牟遅神、第二殿に、家津御子、国常立神、第三殿に、御子速玉神、伊邪那岐神、第四殿に、熊野夫須美大神、事解男《ことさかを》神など、十三殿に亘り多くの神々が祭祀されています。社寺伝承学派の小椋一葉女史によりますと、国常立神も事解男神も、饒速日尊の別称であることを詳細に検証されています。この所説をふまえて、御神名に表示されている「事解男《ことさかを》」について、御主のロゴスに感応して賜った章節から、その黙示を繙くことにいたします。

九の巻のロゴスに、

「汝らよ、うき世の空は曇るとも、高天原は晴れ通し、人の心の海《わた》の原、見よや荒波荒《あらなみすさ》ぶとも、神の岸辺の燈台は、消ゆることなく光るなり。さらばうき世の罪と罰、人の苦楽は何ぞかし、神を知るべのみちしをり、解《と》きて知らばや何事《なにごと》か、法《のり》に叶はぬことあらめ、それら皆、浜の真砂子《まさご》のほどだにも、故なくしてはあらぬものよ」（九・六・七・一―五）

とのべられ、事解男《ことさかを》の秘義が開示されています。

その大方を繙きますと、「事解」は、地上における凡ての「事」の謎を解き開くという意味であり、事は又言に通じ、言葉の力をもって解き聞くことを意味しています。

続いて同じ九の巻のロゴスに、

「汝らよ、神に言葉の言葉なし、必ず事成し事示し、実《み》の言葉を語るなり。汝らよ、救世寿《くせじゅ》の言葉は神の声、天火明《あめのほあけ》の奇玉《くしみたま》、罪の心のみまかりも、とくさにかけて甦生《よみが》へし、尚その上にその人の、身に新しき荒魂《あらみたま》、心やすけく和魂《にぎみたま》、直日《なほひ》愈《いよいよ》ふるはして、霊《みたま》の力を現さん」

（九・七・九・一六―一八）

とのべて、事解男《ことさかを》の秘義を開示しておられるのであります。

申すまでもなく、御主のロゴスは、御主を神の社《やしろ》として降臨し給うた天火明尊の霊詞《たまごと》でもありますから、これらのロゴスを静かに味わいますと、事解男神が饒速日尊の亦の御名に坐す所以が、よくお分りいただけることと思います。

ところで、先の神々が鎮座する熊野の地は、京の都からみれば遥かに遠い辺境の里であり、平安時代以降、神仏習合の影響を受けて観音の補陀落浄土とされ、参詣には、山伏が身を清め、先達となって人々を導いたといわれています。熊野を目指す者は、まず熊野精進と称し、精進屋に入って精進を済ませ、白装束となって厳しい参詣への旅を続けたのであります。

紀伊国海南市に鎮座する藤白神社がありますが、当社の由緒書によりますと、光明皇后の御時に、この社を末代皇妃夫人の熊野遥拝所とされたと記しています。又、この社の御祭神をみますと、奇しくも中央に饒速日尊が祭祀され、その両脇に、先に記しました熊野に関わる神々が祭祀されています。そして、古より、樹令千年を超える楠の大木が神木として崇められ、熊野杼樟日命《くすひ》の御名が付けられています。余談ですが、著名な民族学者の南方熊楠翁の名は、この神木に祈願して名付けられたといわれています。

楠は、杉の木とともに饒速日尊に関わりの深い神木とされ、大和長谷寺の十一面観音像は、霹靂《カントケ》（雷神の降下した神木）の楠の大木を以て彫像されています。又、尾張国の名古屋市では市木が楠となってをり、天母里の神木の楠も、名古屋市の保存銘木（樹令約九五年）に指定されています。

考えてみますと、奥深い熊野の遙拝所として、古くから朝廷の崇敬の篤かった藤白神社の御祭神の筆頭に饒速日尊が坐したことは、ほかならぬ、熊野の大神の御本体が、饒速日尊に坐したことを如実に物語っているといえます。

又、熊野那智大社の最大の神事に、七月十四日に執行される火祭があります。これは、鞍馬の火祭、富士吉田の火祭とともに、日本三大火祭と称されていますが、当社では、別名扇祭ともいい、十二基の扇神輿が大社から那智の大滝に渡御されるという神事です。

扇と滝には、ともに龍神の黙示があり、十二基の扇神輿には一年の月日の巡りと十二干支《えと》の桂樹の秘義が隠されてあり、いずれも、当社の御祭神に坐す饒速日尊の御事に深く関わっているのであります。

更に又、熊野本宮の宮司家は、代々九鬼家（九鬼家に非ず）が相伝継承され、祖神に天火明尊を仰ぎ、貴重な文化遺産の一つである九鬼古文書が秘蔵されています。この九鬼家と大本の出口王仁三郎聖師とは深いご神縁で結ばれていますが、詳細は割愛させていただきます。

次にもう一つ、那智大社に隣接する青岸渡寺について記しておきたいと思います。当寺は、西国三十三番札所の第一番目に当る古刹ですが、かつては、滝籠《たきごも》りの行者を輩出した那智修験道の拠点として栄えたところです。

御本尊は、如意輪観音に坐し、印度から漂着した裸形《らぎよう》上人が那智の大滝で感得された秘仏といわれています。

御主のロゴスに、「偲べども姿見えじな夜の梅、花の在処《ありか》を香にさそひつつ、如意輪の如く観自在にして、その応現の三十三身なる、恰も一樹の根幹芯《こんかんしん》、百枝《ひやくし》を供え、千稍《せんしよう》を張り、万葉を重ねて美華を薫じ、芳実を結べるものの如し」（一〇・四・一六・三七）とのべられていますように、白梅の花に象徴される如意輪観音は、かの十一面観音と同様に、天火明尊の別なお姿でもあります。

尚、本項のむすびに、熊野那智に関わる黙示のロゴスを掲げ、御神意を偲ぶよすがといたします。

「千歳《ちとせ》なる霊国《みくに》の象徴《しるし》、たつみなみ、視よ、み熊野の那智の教座を、ふだらくや救世《くせ》の誓願、
落ちたぎつ飛龍の滝の淵瀬《ふちせ》澄むまで、仰ぎ見る山を又山退《そ》きたてる、峰の彼方に十字星《とくさぼし》出づ」
（一〇・四・四・二〇）

「み熊野の浦辺の浜木綿《はまゆふ》百重《ももへ》なし、高志《こし》の方根上《かたねがみ》の里に茄子《なす》の木の、華《はな》の紫千重《ちへ》に咲くなり」
（一〇・四・四・三〇）

「ふだらくや　きしうつなみは　みくまのの　七つのゆめの　あかつきのおと」

（註）「ふだらくや」について　観音の浄土補陀落渡海を黙示した言葉ですが、那智大社の鎮座する那智勝浦町に補陀洛山寺《ふだらくさんじ》があります。ここは、観音浄土に出帆する補陀洛渡海の出発地点であり、生きながらにして南方海上の観音浄土を目指した人は、平安から江戸時代にかけて二十五人にのぼったといわれています。御本尊は、平安時代に彫像されたという十一面観音立像に坐し、重要文化財に指定されています。十一面観音といえば、天火明尊（饒速日尊）の別なお姿ともいわれており、深いご神意が窺われます。

（5）和歌山県新宮市に鎮座する熊野速玉大社は、御祭神が熊野速玉大神となっていますが、小椋一葉女史の考証によりますと、饒速日尊の御父に当る素戔嗚《スサノオ》尊であるといわれています。先の那智大社と同様に当速玉大社も、蔽顔《おとばり》の救主《くじゅ》が若かりし時に遍歴されたゆかりの地であります。

（6）三重県の神山、飛鳥神社、光福寺について　飛鳥神社といえば、御主ゆかりの地、太地教会の建立されている鯨の町太地町にも、同じ名称の飛鳥神社が鎮座しています。当社の御祭神をみますと、予母津事解男神となっていることから、三重県の飛鳥神社も同じ神に坐すことと拝察いたします。事解男神については、熊野那智大社の項で詳細を記述しましたので、ご覧いただければと存じます。

（7）三重県の松阪について、東谷山尾張戸神社と唐松神社を結ぶ同一線上に、松に関わる黙示が顕われています。東谷山については、御主のロゴスに「世のをはりどを高知らす、東谷山《とこくにやま》の神奈日《かんなび》よ、神霊《かみのみたま》の鎮もりて、松の緑の色ふかし、天《あめ》の真名井のうつし世の、鏡の水の澄み渡る、三種一世《みくさひとよ》の中今の、ああ、聖戒に鳴りひびく、鈴の音清し永遠《とは》の朝。世のをはりどを高知らす、東谷山《とこくにやま》の神奈《かんな》日《び》よ、をはりなき世を松風の、葉琴かなでて遠長《とほなが》に、永く久しく神の道、日の教《みをしへ》を伝ふなり」（九・一〇・八・一―二）とのべられていますように、松と鈴に関わる黙示が如実に示されています。一方、三重県の松阪という地文について、ただちに想起されることは、畢生の名著『古事記傳』（全四十四巻）を大成された本居宣長翁（一七三〇―一八〇一）のことであります。翁は、各地の鈴を蒐集、愛蔵され、屋敷を鈴屋《すずのや》と称されて、絶え間なき学問への情熱をもって著述に専念するかたわら、後進の育成に惜みない努力を重ねられたといわれています。

　ところで、鈴といえば、唐松神社には、古来参拝者が鈴を奉納するならわしがあり、大小様々、夥しい数の鈴が社殿に吊りさげられているとのことです。以前、大塚迦与先から唐松神社の由緒深き神鈴をいただいたことがありますが、尾張戸神社での神業の折には、この鈴を以て行っております。

（8）東谷山尾張戸神社について　当社については、既に概要を記述しましたので、ここでは、同社について啓示された聖歌のことを記します。歌聖典の中には、東谷山や尾張戸神社のことを歌われた曲が、かなり見うけられますが、その中の一つ、参拝の折に必ず讃唱する「をはりど聖唱十五番」を掲げさせていただきます。

「深山路《みやまぢ》を分《わ》けて登れば
名にし負ふ尾張戸の宮居
神さびてやんごとなくも
ふるべゆら　ふるべゆら
とくさの神の鎮《しづ》もりませる
千歳《ちとせ》を経ぬる夢の道
永世《とこよ》の春にたてそめし
この神宮《かみみや》の奥深く
沈黙《しじま》なせるも神ながらなり

「神の神秘《とびら》の厳かに
黙《もだ》せることはひびかねど
峰吹く嵐　松が枝《え》の
葉琴をかなでて秘めやかに
奇《くす》しき御歌《みうた》うたふなり」

詞・曲とも荘厳にして清雅な調べですが、「松が枝の　葉琴をかなでて秘めやかに」と歌われていますように、ここにも唐松山の松に関わる黙示が顕われています。因に、この曲は、詞が、終戦の前年一九四四年四月十九日　曲が、終戦の翌年一九四六年四月十五日に啓示されています。終戦の年の八月十五日を前後して啓示された珍しい曲ですが、新生日本の黎明を黙示し、をはりどの御戸開きを事示す聖唱十五番であります。

(9) 御嶽山御嶽神社（長野県三〇六七米）について　伝承によりますと、文武天皇の御代、大宝二年（七〇二）信濃国の国司高根道基《たかねみちもと》が、御嶽山の頂上に奥宮を創建されたといわれています。その後、光仁天皇の御代、宝亀五年（七七四）同国の国司石川朝臣望足《あそんもちたり》が、勅命を奉じて登山し、悪疫退散を祈願されたといわれています。御祭神は、国常立尊を始め、大己貴命、少彦名命に坐し、王滝口の御嶽神社に祀られています。

鳥海山唐松神社と東谷山尾張戸神社を結ぶ同一線上に、御嶽山御嶽神社が奇路していたことは、松と竹と梅の仕組を黙示されたものであり、神の摂理の厳かなるを痛感いたします。申すまでもなく、松は唐松神社、竹は御嶽神社、そして梅は、かごめすかしの紋所と啓示されている東谷山尾張戸神社に関わる黙示を表しています。この黙示を繙くよすがとして、これまでに幾度か記させていただいたロゴスの一節を掲げます。これは、昭和四十年（一九六五）天暦の御世開顕の年に当ってのべられたものであります。

「汝ら、現象世界《うつせみのよ》の投影《かり》の形相《すがた》を眺め見る、眼には見えねど天火明尊《あめのほあかりのみこ》の奇《くす》しき霊光《みひかり》、蒼穹《みそら》を遙けく天降《あも》り来て、幻夢《ゆめ》の現世《うきよ》は神世となれり。呉竹の林かしこし、朝見草松の代を待つ幾《いく》千歳《ちとせ》、天暦《てんれき》の救世《くせ》の 曙《あけぼの》 明けわたるらし、白梅の花赤らさし香具山《かぐやま》の、✡《かご》の鶯語り初めぬ」

（一〇・四・四・一―三）

(10) 戸隠山戸隠神社（長野県一九一一米）について　戸隠連峰をのぞむ風光明媚なる高原に、天岩戸神話の神々を祀り、修験の霊場としてその名を馳せた戸隠神社は、信濃国の上水内郡に鎮座しています。御祭神は、天手力雄命《あめのたぢからお》を始め、天八意思兼命《あめのやごころおもいかね》、天表春命《あめのうわはる》、九頭龍大神《くずりゅう》、天鈿女命《あめのうずめ》（表記は同社由緒書による）の五柱に坐す。主祭神の天手力雄命は、天岩戸開きの神話に登場する神ですが、『先代旧事本紀』によりますと、天手力雄命が、天岩戸を一気に押し開き、その戸を投げおろしたところが戸隠山になったと伝えています。又、九頭龍大神は、水を司る地主神とされ、仁明天皇の御代、嘉祥二年（八四九）に学門行者によって開山され、奥社の向って左に鎮座、神仏習合により九頭龍大権現と呼びならわされてきました。

九頭龍といえば、蔽顔《おとばり》の救主《くじゅ》が、大正十二年（一九二三）八月六日に神隠しに会われた処が竹田川の上流の釜ヶ淵ですが、その源流が九頭龍川であり、深い黙示を表しています。

なお、戸隠山最大の神事に柱松《はしらまつ》神事というのがありますが、これは、柱松を焼き、その燃え具合で農作物の豊凶を占うもので、毎年七月七日に中院、十日に宝光院、十五日に奥院で執り行われています。

(11) 弥彦山弥彦神社（新潟県六三八米）について　当社は、延喜式神名帳の越後国蒲原郡十三座の第七番に登載されている由緒正しき古社ですが、古くから「おやひこさま」と仰がれ、親しまれてきたといわれています。

御祭神は、天火明尊の御子天香山命《あめのかごやま》に坐すが、『先代旧事本紀』には、亦の御名を高倉下命《たかくらじ》と記されています。この高倉下命は、御父の御神意をうけて、大和国攻略途上の神武天皇の危機を救われた神といわれています。

又、高倉下命は、日本列島における北方（正確には、北東の艮《うしとら》の方位）鎮護の神として神威弥高き御方であります。標高六三八米（一説には六三四米《むさし》）の弥彦山山頂の御神廟には、天香山命とその妃熟《うまし》穂屋《ほや》姫《ひめ》命が祀られてあり、春秋の五月十日と十月十日に御神廟祭が執り行われています。

当神社と同一線上に在る尾張戸神社には、天香山命（尾張戸神社では天香語山命と表記）とともに御父の天火明尊が祭祀されていることから、深い御神縁で結ばれていることが明かです。又、祭事の五月十日といえば、天火明尊の活ける宮居となられた蔽顔《おとばり》の救主《くじゅ》の現世《うつしょ》における生誕日と暗合しており、御教においては、五月十日と十月十日に春秋のとくさまつりが執り行われています。

(12) 岩船神社（新潟県村上市）について　当社は、延喜式神名帳の磐船郡八座の筆頭に登載されていますが、表記は、石船神社となっています。御祭神は、尾張戸神社の主祭神と同じ天火明尊（饒速日尊）に坐し、太占奇路の真実を如実に物語っています。

(13) 鉾立岩（新潟県）について　既に書きましたように、唐松神社の御祭神は饒速日尊に坐すが、社伝によりますと、亦の御名を唐松山玉鉾大神と尊称されています。この玉鉾という言葉から直ちに連想される二つの事柄があります。その一つは、尾張戸神社と不離密接な関係にあります熱田神宮の御神剱のことです。この御神剣は、草薙神剣《くさなぎのつるぎ》、亦の御名を天叢雲剣《あめのむらくものつるぎ》と称せられ、往古より土用殿に奉安されてきたものですが、その御本体が、奇しくも、白く輝く銅製の玉鉾型のものであったということであります。これは、吉田家蔵の玉籤集裏書に記された実見談によるもので、「長さ二尺七八寸許り、刃先は菖蒲の葉なりにして、中程はむくりと厚みあり、本の方六寸許りは節立て魚等の背骨の如し。色は全体白し」と記述されています。この御神剣に関しては、御主のロゴスに次のように啓示されています。

「世の曲津日《まがつび》の醜草《しこぐさ》を、いざ薙払《なぎはら》ふ伊吹《いぶ》きど籠《こ》めし、草薙《くさなぎのつるぎ》剱の鎮もるをはばりの神都《みやこ》よ」

（二〇・六・八・二）

「そのをはばりの剱《みつるぎ》は、平和の象徴《しるし》の剱《みつるぎ》ぞ、煩悩の醜《しこ》のそよぎを薙《な》ぎ倒し、禍津日《まがつ》を断する剱《みつるぎ》ぞ」（二〇・一・八・七）

まことに、玉鉾の語に象徴されていますように、決して人をあやめる剣ではなく、迷妄を打ち祓う愛と平和の御剣なのであります。

その二つは、（7）松阪（三重県）の項で本居宣長翁のことを記しましたが、この翁の詠まれた和歌に「玉鉾百首」というのがあります。

これは、万葉仮名を以て古道の精神《こころ》と言霊の徳用《さきわい》を詠まれたもので、天明七年（一七八七）に成立した珠玉の一編であります。

同一線上の地文鉾立岩は、その字義の如く、鉾を立てた形象の岩のことですが、その鉾には、右に挙げましたように、玉鉾の黙示が秘められていたわけであります。

（14）鳥海山大物忌神社（秋田・山形県）について　鳥海山は、別名鳥見《とみ》山とも称されています。唐松神社に伝承されている古史古伝文書の一つに、「秋田物部文書」があります。久しく門外不出とされてきたのですが、六十二代の長照宮司（現在は六十三代物部長仁宮司）の時に公開され、郷土史家の進藤孝一氏が昭和五十九年（一九八四）に「秋田物部文書伝承」として発表されたものです。

同書によりますと、初めに饒速日尊が降臨された聖地は、豊葦原の中津地《なかつくに》、千樹五百樹が生い茂る実り豊かな、美しい国の鳥見《とみ》山の「潮の処」といわれています。この鳥見山が、秋田・山形両県にまたがる鳥海山のこととされています。そして、この鳥海山に天降りされた饒速日尊は、逆合川（現在の秋田県協和町境）の地の日殿山山頂に日の宮を造営され、大神、祖神を始め国津神を祀り、原住民に祭祀、呪ない、医術などを伝えられ、後に大和国に移られたといわれています。

次に、大物忌神社の御祭神については、山形県酒田市に鎮座する大物忌神社の御祭神が倉稲魂命に坐すことから、同じ倉稲魂命と思われます。大物忌は、潔斎して神に仕える童女のことといわれていますが、大阪教育大学名誉教授の鳥越憲三郎氏は、「神々の古代史・伊勢神宮」の中で次のようにのべられています。

「つまり大物忌は斎王の代行者である。そのため大物忌は成人するか、親の死で解任されるまで、神域から外に出ることが許されず、また忌火の生活が課せられた。……内宮正殿の中にある御鏡よりもこの心御柱の方が祭儀の中心で、心御柱が古代の神の依料であった。そのため祭りに先立って正殿の床下が掃除されるが、心御柱のあたりを掃除できるのは大物忌の童女だけであった。また心御柱のところまで行って、御饌を供えるのも大物忌であった」

ところで、折々に引用させていただいている社寺伝承学作家の小椋一葉女史の所説によりますと、伊勢神宮の心御柱について次のようにのべられています。

「はっきり言おう。私は今、心の御柱はニギハヤヒの御魂、心の御柱を覆う榊は、フルネームに示されたごとく、サカキに斎かれたアマテラスの御魂だと思う」（『女王アマテラス』一三四頁より抜粋）

この二方の所説をもとに静かに瞑想してみますと、太古、天祖の大命のままに饒速日尊が降臨されたという山が鳥海山（鳥見山）であり、そこに大物忌神社が鎮座されてあり、しかも、同じ饒速日尊を祀る東谷山尾張戸神社が同一線上に奇路されていたことは、まことに奇しきことであり、摂理の秘義の甚大なることを痛感いたします。

(15) 唐松神社について　当社の由緒書には、六十三代物部長仁宮司名で次のように記述されています。

「唐松神社は、大古饒速日尊（物部氏の祖先）の天神三神を日殿山に斎き祭り、十種神宝を安置し、日宮《ひのみや》と称したのが創立で、息長帯姫命《おきながたらしひめ》（神宮皇后）の安産御縭と命の奉祭した香具土神（男一代の神として）宮毘姫命（女一代の神として）の御霊代を併せて大和国に社殿を建立、その後物部守屋の一子那加世東奥の地に分け入り、数代を経て只今の元宮の地唐松山頂にお祭りしたと伝えています。（中略）天日宮は元は物部家の邸内社で、唐松神社の三神の外に天祖三神、饒速日尊（玉鉾大神）愛子大神をお祭りして居り、境内は日本に仏教伝来以前の神社建築様式で、海、川、山の天然生石数十万箇を以て築造、社殿は剥面《むきめん》神明造であります」（原文のまま）

なお、唐松神社には、十種《とくさ》神宝の秘法のほか、物部文字（アヒルクサ文字）で書かれた天津祝詞が秘蔵されています。

(16) 船玉神社について　唐松神社から北へ約五キロ米はなれた協和町船岡字小沢に鎮座、御祭神は、海神に坐す住吉三神となっています。前に書きましたように、住吉三神は、饒速日尊の亦の御名ともいわれ、尾張戸神社と御神縁で結ばれています。

(17)今回の太占奇路には、三重県に長尾山、瀬戸、尾鷲、三戸川、新潟県に尾神岳、秋田・岩手県に高毛戸、岩手県に戸鎖、青森県に六戸など、尾張戸神社に関わる黙示の地文が数多く示されてあり、弥増してその深義が強調されているといえます。

(18)北海道の神威岳、十勝川について　ともに、饒速日尊の弥高き御神威と無上勝義の理《ことわり》を示す十種《とくさ》神宝の秘義を黙示している地文であります。

これまで、東谷山尾張戸神社と鳥海山唐松神社を結ぶ同一線上の地文の黙示を繙いてきましたが、大変長くなってしまいました。それだけに貴重な黙示を数多くいただくことになったわけですが、幾つかの新しい発見もあり、ありがたく思っております。

今回は、これにて失礼申し上げます。　草々

平成十六年十二月十五日

追記　前記文章の註(9)で御嶽山御嶽神社のことを書きましたが、平成二十六年十月七日付の「御嶽山の噴火に関わる大いなる黙示について」と題する拙文がありますので、その一部を記させてい

ただきます。

「報道によりますと、御嶽山が大規模噴火を起こしたのは、九月二十七日午前十一時五十二分頃といわれています。この日の早暁、祈りのあとに、かつて御主が御嶽山のことを詠まれた御色紙を取り出して拝見し、続いて、心に感応したロゴスを書き記していたのであります。

御色紙のみうたは、「不しの道かごめをとほるみたけ山　天の真名井のわくたまのおと」と詠まれていますが、昭和三十六年十月二十二日に、聖堂において揮毫され、賜ったものです。

「不しの道」に富士山のことと節と不死のことが黙示されています。又、「みたけ山」は、霊山御嶽山のことですが、「みたけ」の語に、御竹と身丈、そして籠目の黙示が秘められています。更に、書き記していた十の巻のロゴスには、尾張国の東谷山と富士山、そして御嶽山のことが、次のように黙示豊かにのべられていたのであります。

「春秋を朝な夕なに、古世《いにしよ》を現在《いま》もさながら、来《きつ》る世も現在《いま》をさながら、仰ぎ見る東谷《とこく》の神《かみ》
山《やま》。退《そ》き立てる山遙々と、見霽《みはるか》す山の連山、不尽が根に雲の通ひ路天人《あまびと》の、降りてし昔羽衣の、
かけし松が枝《え》三保の浦辺《うらべ》や。御嶽山《みたけやま》雲の海原《うなばら》差し昇る、朝日の御影清げにも、直射《たださ》し映えて、
金色炎《くがねいろもゆ》るが如し、厳《いか》し朝《あさ》明け。✡（火具《かご》）の山千歳を秘めし末の世の、末を黙示《うら》へつ、一
輪の白梅の花咲ける暁、よはね高音《たかね》を予言《しらべ》つつも、鳴かね鶯奇しき世の、今日《いま》を語らふ時こ

そ来つれ」（二〇・一〇・一六・五―六）

　ところで、噴火の起きた日の翌日、中日新聞の「中日春秋」欄には、次のような一文が記載されていました。

「日本における山岳信仰の背景は、火山による噴火や鳴動に対する恐怖心である。関東大震災を予見したといわれている地震学者の今村明恒（一八七〇―一九四八）が、「火山の話」の中で書いている。いにしえの民は、噴火口に神が住んでいると考え、霊場と心得ていた。噴火活動は火山の持主である神の怒りであり、神は霊場を穢されるのを嫌って時々爆発を起こし、鳴動によって神怒のほどを知らしめた」あまりに突然で容赦ない「神怒」であった」

　学者の言を引用されたとはいえ、このような記述が公の新聞に掲載されたことは、極めて異例なことと思われますが、それほどに驚天動地の事象であったわけであります。

　民謡木曽節で名高い御嶽山は、深い山々が続く飛騨山脈の南に位置し、古来、山岳信仰の霊場として尊崇されてきました。この修験の霊場御嶽山に祭祀されている神の御名の筆頭は、国常立尊に坐すが、『日本書紀』においては、国常立尊が、八百万《やおよろず》の神々の中で最高神として描かれています。

　この国常立尊について、大本の出口王仁三郎聖師は、艮《うしとらの》鬼門大金神《きもんだいこんじん》にして、日出大神とのべられています。又丹後国一之宮元伊勢籠神社では、秘伝七神に配祀され、末の世の岩戸開きを顕現し給う神とされています。

更に、社寺伝承学派の小椋一葉女史は、ご著書の中で、この神のことを天火明尊（饒速日尊）であると検証されています。

思えば、饒速日尊を祖神にいただく物部氏ゆかりの鳥海山唐松神社と東谷山尾張戸神社を結ぶ同一線上に、奇しくも御嶽山御嶽神社が鎮座していたことは、太占奇路の神秘を如実に物語っており、その意義まことに甚大であります。

天暦の御世が開顕されて五十年という大節を迎えたこの年の秋季とくさまつりを天機として、いよいよこれより、天火明尊のみ救の真実が、世に開かれる時が到来したのであります。そして、そのことがどのようにして展開されていくのでしょうか。畏くもその様子が、次のように説き明かされているのであります。

「視よ、現象世界《うつせみのよ》に神代はじまる来至《とき》来《きた》れりと、連連《むらじむらじ》の氏の神も、松の嵐の吹く峰《たかね》、丘の尾上《をのへ》の諸神《もろかみ》も、今は社《やしろ》に神坐《おはしま》さず、天降《あも》の神代の始まれる、彼《か》の聖霊降臨《ペンテコステ》の如くにも、各も各も叫びますなり。末法の世のをはりとて、弥勒下降の天機《とき》来りぬ。神も仏《ほとけ》も打揃ひて、救の力を現せり、七重《ななへ》の次元開《とばりひらき》顕《あらは》れ、七彩《なないろ》の虹輪《にじまどか》懸《かか》り、神々天降《あも》り菩薩現れ、救世《くせ》の真《ま》道《みち》を説きたまへり」（一〇・四・四・六四―六五）

むすびに当り、この度の噴火に際し、被災された方々の御霊の平安を、謹んでお祈り申し上げますとともに、被災された多くの方々に心よりお見舞申し上げます。

（七）尾張戸神社と白山比咩神社を結ぶ同一線上の地文の黙示について

前略　早速ですが、前回に引き続き、加賀国と尾張国のたまむすびの仕組を如実に物語る（七）尾張戸神社と白山比咩神社を結ぶ同一線上の地文の黙示について考察することにいたします。

まず、南から北の方位に向って、順次、主要な地文を記しますと次のようになります。

西神戸（愛知県渥美半島）——極楽（渥美半島）——衣笠山（渥美半島）——桂町（愛知県）——岡崎糟目《かすめ》犬頭神社（愛知県）——日名（愛知県）——聖心（愛知県）——東谷山尾張戸神社——高蔵寺（春日井市）——西尾（岐阜県）——美濃加茂市（岐阜県）——八神（岐阜県）——亀屋島川（岐阜県）——大和村（岐阜県）——白鳥町（岐阜県）——丸山（岐阜県一七八六米）——白山・白山比咩神社（御前峰二七〇二米）——尾山（石川県一三六五米）——松尾山（石川県一一六三米）——烏帽子岳（石川県一二六九米）——三輪山（石川県一〇六九米）——住吉（石川県）——若宮（石川県）——金沢市（石川県）

（1）西神戸（愛知県渥美半島）について　愛知県の地形を鳥瞰しますと、南西の方位を向いた蟹の形をしていますが、この蟹の左の螯《はさみ》（手ではなく大きな前足）の部分が渥美半島に当ります。蟹は、白山比咩神社の菊理媛命の神使いといわれていますので、大きな意味を表しています。次に、西神戸という地文は、その字義通り、西から東に向って神の戸を開くの意味があり、尾張戸の御戸開きの黙示を表しています。そして、この西神戸のすぐ近くに伊良湖神社が鎮座していますが、『続叢考』という書に、第五十四代仁明天皇の嘉祥年間（八四八―八五一）に建立されたと記されています。御祭神は、栲幡《たくはた》千千姫尊と称され、白山比咩神と同じく女神に坐す。

この神は、『先代旧事本紀』には、豊幡秋津石姫命と記述され、天火明尊の御母といわれており、尾張戸神社の御祭神と御神縁で結ばれていることが解ります。伊良湖神社の由緒書によりますと、当社の御祭神が天照大神に神御衣《かんみそ》を奉ったという言い伝えがあり、古来、この地方の人々が絹を奉斎して荒妙を織り、伊勢神宮に奉納する習わしとなっています。

ところで、伊良湖のある渥美半島は、日本有数の電照菊の生産地として知られており、ここにも、白山の菊理媛命の黙示が窺われます。余談ですが、瘋癲の寅さん役で一世を風靡し、今日なお根強い人気のある、俳優の渥美清さんのお名前が、この地に因んで付けられたといわれています。

（2）極楽（渥美半島）について　ご存知のように、渥美半島は、ロマンに溢れた風光明媚の地として夙に有名ですが、とりわけ、日の出の石門や神島に沈む夕陽の美しさが格別のものであったことから、極楽という名称が付けられたのではないかと思われます。この極楽という地文が、東谷山を経て白山に奇路していたことは、まさしく両山における極楽浄土の黙示を表しています。以前に記しましたように御主ご生誕の加賀国大聖寺に、白山五院の一つである極楽寺が建立されていたわけですが、これも、白山との関わりを示す重要な黙示の一つであると云えます。因に、大聖寺も白山五院の一つでありますが、本項を執筆中、朝の祈りに、御主の御神霊に感応していただいたロゴスの一節を記しておきます。

「縦《よ》しやうつし世が動乱の巷《ちまた》に渦巻くとも、われと共にあれば、汝は安し、そは汝ら、その心に永遠《とこしへ》の王国《みくに》を抱《いだ》きて、常に祈りて極楽《やすき》を得べければなり」（一〇・二・七・七）

（3）衣笠山《きぬがさやま》（渥美半島）について　渥美半島に衣笠山の地文が奇路していたことは、大きな驚きであります。これは、同地に鎮座する伊良湖神社の御祭神が、絹を織って神御衣《かんみそ》を天照大神に奉ったという伝承に関わっているからであります。又、衣笠山については「菅生石部神社についての考察」で書きましたように、京都に同じ名称の衣笠山があります。

この笠衣山の麓に、大聖寺の菅生石部神を勧請した蒿《わら》天神宮（別名敷地天神社）が鎮座しています。かって、この地に御主が聖庵を結ばれ、折々に蒿天神宮に参詣、御神示をいただかれています。

（4）桂町（愛知県）について　桂については、『明鏡国語辞典』に次のように解説されています。「①山地に自生するカツラ科の落葉高木。早春、若葉が出る前に紅色の小花を開く。材は船材、建材、家具、碁盤などに利用。②中国の伝説で、月の世界にあるという想像上の木。月の桂」桂の樹は、月中に存在し、永遠の生命を象徴する聖樹といわれていますが、御主のロゴスには、黙示豊かに次のようにのべられています。

「水は寸間清浄にして、水晶の宮居あり。汝ら、濁り穢れたるを水の性《さが》と言ふ勿れ。視よ、彼れ、濁江《にごりえ》に輪麗一茎《りんれいいつけい》の華花《けか》を天に薫じて、桂月幽寂《ゆうじやく》に冴《さ》え渡るが如し」（一〇・一一・八・四）

「汝ら、いざこの常餐《とこみけ》の座に連《つらな》り、救寿言霊《わがことたま》に玉留《たまどめ》て、この常餐を祝ふべし。この常餐ぞ天《あめ》の糧《マナ》なり、生命《いのち》の川の岸辺に通ふ、繁れる聖桂樹《いづのひもろぎ》生命《いのち》の木の実なり」（一〇・一二・一〇・二—三）

「人の心の桂樹《かつらぎ》よ、この聖日の天降霊《ふりたま》の聖なる光に照り映えて、生命《いのち》の葦《あし》の芽萠えよかし」
（一〇・八・一二・一）

附言しますと、このロゴスの秘義は、新約聖書の言葉に深く由来しています。即ち、聖書六十六巻の最終巻にヨハネの黙示録がありますが、その終章の第二十二章に、次のように記述されています。

「御使《みつかひ》また水晶のごとく透徹《すきとほ》れる生命《いのち》の水の河を我に見せたり。この河は神と羔羊《こひつじ》との御座《みくら》より出《い》でて都の大路の真中《まなか》を流る。河の左右に生命《いのち》の樹《き》ありて十二種の実を結び、その実は月毎《つきごと》に生じ、その樹の葉は諸国の民を醫《いや》すなり」（二二・一―二）

（5）岡崎・糟目《かすめ》犬頭神社について　岡崎は徳川家康公ゆかりの地ですが、御主のロゴスに次のようにのべられています。

「これやこのをはりの国は謎の国、天津御国《あまつみくに》を映したる、前触者《まへぶれびと》の生誕地《ふるさと》よ、おだの蛙《かわづ》の信長や、千成瓢《せんなりひさご》の日出吉は、浮世の謎を徳川の、生命《いのち》の家は康《やす》けしと、光国《ひかりのみくに》を教へける」
（一〇・五・一・八）

この岡崎の地に糟目《かすめ》犬頭神社が鎮座しているわけですが、当社について、本多家文書に「犬頭宮七ツ有事」として、熊野三社根現、白山宮、八幡宮、神明宮、犬頭大明神……」などと記され、加賀国の白山宮のことがでています。

社伝によりますと、文武天皇の御代大宝元年（七〇一）に彦火火出見尊を祭神として創建され、後延元元年（一三三六）に紀州熊野三所大権現を合祀されたといわれています。主祭神が彦火火出見尊ということですが、元伊勢籠神社の口伝では天火明尊と同神に坐すことから、自ら尾張戸神社に御神縁でつながっています。

又、後に配祀された熊野三所大権現の一つに事解男神《ことさかをのかみ》が坐すが、この神も饒速日尊と同神に坐すことから、尾張戸神社と御神縁で結ばれていることが解ります。なお、先に犬頭宮七ツ有事として白山宮のことを書きましたが、尾張戸神社の中社《なかつやしろ》に白山の菊理媛命が祀られてあり、ここにも御神縁のほどが窺われます。

（6）日名、聖心（愛知県）について　日名、聖心とも字義通りに解しますと、日の本の胎動が尾張国名古屋から始まり、そのためには、聖《ひじり》の心をもって事に処すべきことを黙示しているものと拝察いたします。聖《ひじり》という語は、心耳をそばたてて天の御声を聞き、口中より真語の妙音を語る王のことを黙示した言葉と解されますが、畏くも明治天皇の御製にこめられたお心ではないかと思います。ここに、謹んで歌聖典の巻頭に掲げられている三首を抜粋させていただきます。

「あさみどりすみ渡りたる大空の　ひろきを己が心ともがな
さしのぼる朝日のごとくさわやかに　もたまほしきはこころなりけり
よものうみみなはらからとおもふよに　などなみ風の立ちさわぐらん」

附言しますと、蔽顔《おとばり》の救主《くじゅ》は、大正十三年（一九二四）八月に、この御製に深くお心を寄せられ、後《のち》昭和三十年（一九五五）八月二十六日に、曲をつけられています。

（7）高蔵寺（愛知県春日井市）について　正式な名称は、燈明山高蔵寺といいます。往時には、七堂伽藍が建ち並んだという古寺名刹で、御本尊は、比叡山延暦寺より勧請したと伝える薬師如来に坐す。この高蔵寺のすぐ北の方位に高座山《たかくらやま》がありますが、御主のロゴスに、「花の高座霊《たかくらひ》の御座《みくら》、御座は救寿《くじゆ》の玉留《たまど》むる、玉は芽出度きらつし世の、安きを祈る生命《いのち》なり」（九・七・一〇・二七）とうたわれています。又、高蔵寺のすぐ西には、加賀国白山より勧請された白山神社が鎮座しており、太占奇路の真実を如実に顕しています。

（8）西尾（岐阜県）について　西尾の尾は尾張戸神社の尾の黙示であり、尾張戸神社と石川県の七尾市を結ぶ同一線上にも、愛知県の西尾市があります。

（9）美濃加茂市（岐阜県）について　当市に正勝大山祇大神を御祭神とする延喜式内の坂祝《さかほぎ》神社が鎮座しています。古色蒼然とした雰囲気の漂う神社で、御神紋が三葉葵となっています。以前、近藤桂造先生と京都の加茂御祖神社（御神紋は二葉葵）を参拝した直後に訪れ、御神業を行ったことがあります。

（10）八神（岐阜県）について　前にも触れましたように、東谷山尾張戸神社には、頂上の本社《もとつやしろ》に天火明尊を始め五柱、中社《なかつやしろ》に白山の菊理媛命一柱、そして南社《みなみやしろ》に伊邪那岐尊、伊邪那美尊の二柱、合わせて八神が祭祀されています。

又、当社と御神縁の深い熱田神宮の南新宮社には、五男三女神を黙示する八子社が鎮座、そして、名古屋市章の㊇とともに、八の仕組が顕著に現われていますが、その証しが、岐阜県の八神の地文に示されていたわけであります。

（11）亀屋島川（岐阜県）について　亀に関わる黙示の地文がでてきましたが、奇しくも白山比咩神社の御神紋が、六角の亀の甲の中に爪の花が描かれているもので、正しくは、「三子もち亀甲紋爪の花」と称されています。

亀には、光と水の二つの黙示があります。

つまり、光も水も、両字とも⊛（亀甲）の中の＊を表わしているからです。又、鉱物の水晶は六方晶形であることから、⊛が水晶の黙示を表しています。御主は、みうたの中で次のような一首を詠まれています。

「をはりの戸開きてここに金色《こんじき》の　光まばゆき水晶世界」

（12）大和村（岐阜県）　大和という語が日本国を象徴する言葉であることは云うまでもありませんが、国名の由来となったその根元には、古へ、大和国に大王として君臨せられた饒速日尊の御事に深く関わっています。

『日本書紀』の神武天皇三十一年四月の条に　ひのもとの国のことを日本《やまと》と命名せられた記述が次のように示されています。

「饒速日尊の天磐船にのりて太虚《おおそら》を翔行《めぐ》りて、是の郷《くに》を睨《おせ》りて降りたまふに至るに及びて、故《か》れ因《よ》り目《なづ》けて虚空《そら》見つ日本国《やまとのくに》と曰ふ」

ところで、大和といえば、「東谷山尾張戸神社についての考察」の中で、貴重な所説を展開しておられる古代史家の名前が大和岩雄という方でして、強く印象に残っています。

同氏の別著に「日本国はいつできたか」という表題の著作がありますが、以前から大切に所持し、今回も大いに参考にさせていただいたわけであります。大和氏の場合は、豊かな学殖に加えて、とりわけ底辺の人々の視点に立って万事を考究されているところに、すばらしいものを感じます。なお、余談ではありますが、今回の同一線上の最後の地文に金沢市がでてきます。この金沢市の香林坊に、ご存知のデパート「大和」があり、このことも一つの黙示を表しています。

（13）白鳥町（岐阜県）について　白鳥は古くから日本人の霊魂のかたどりとみなされ、白鳥にまつわる信仰や伝説は、列島各地に遺されています。とりわけ、宮城県の刈田郡一帯は、往古より白鳥への信仰が顕著といわれています。白鳥といえば、日本武尊《やまとたけるのみこと》が薨去せられたときに、白鳥となって虚空を飛翔したという伝承が有名ですが、熱田神宮を始め、先の刈田郡に鎮座する苅田嶺神社に大和武尊が祭祀されています。又東谷山尾張戸神社の西麓にも白鳥塚古墳があり、名古屋市の史蹟に指定されています。

以前から大変お世話になっている民族学者の谷川健一先生のご著書に『白鳥伝説』という大作が

あります。この書には、古へ大和の地に大王として君臨せられた饒速日尊の御事を始め、物部氏の東遷の経緯《なぞ》やみちのくに散在する人名・地名に隠された先住民の足跡などが、克明に解き明かされています。

いずれにしましても、尾張戸神社と白山比咩神社を結ぶ同一線上に、白鳥町という地文が存在していたことは、極めて大きな意義があるといえます。

本註のむすびに当り、白鳥に関わる黙示の聖歌の一節を記させていただきます。この曲は、詞が昭和三十八年（一九六三）二月二十二日、聖徳太子の祥月命日の日に、曲が同年四月十三日に、「あこがれて」の曲想のもと、古へを想い偲ぶ、懐しい旋律を以て啓示されています。

「みそら遙けく白鳥《しらとり》の
渡る雲路の　彼方此方《かなたこなた》
通へる道を　天《あま》の原に
懸けたまひにし　みつくり主《ぬし》」（二一〇番「渡る雲路の彼方此方」第一節）

（14）丸山（岐阜県一七八六米）について　岐阜県の丸山ということから、直ちに思い出されることは、青山穏田の行者飯野吉三郎翁のご足跡を訪ねる旅の途中で巡り会った、岐阜県岩村町の丸山幸男氏のことであります。

昭和五十五年九月十九日のこと、ラ・バンバンという珈琲店でたまたま道を尋ねた時に、御主と飯野吉三郎翁のことを話したところ、ひどく感激されて、翁の生涯の概要を滔々とのべられ、そして、翁の眠る墓所にまで案内して下さったのであります。

丸山氏は、大正十三年のお生れで、岩村町であけぼの書房を営むかたわら、岐阜県郷土資料研究協議会会員として、郷土史の研究に専念しておられます。後日、御礼状の中で、「丸山の幸のみたまの誘《いざな》いに　岩村の謎ひらくあけぼの」という一首を書いてお送りしたことがあります。ことのほか喜ばれた様子で、仏壇にお供えし、時々拝見していますとのことでした。

さて、ここで飯野吉三郎翁のことについて少しばかり記させていただきます。

飯野吉三郎翁（一八六七年慶応三年―一九四四年昭和十九年）は、美濃国岐阜県岩村のご出身で、古神道と密教の秘法を実修され、特異な霊能と豊かな洞察力を以て国家の行末や人々の運命を見透し、数々の予言をされた方です。この方に師事された人々の中に、小越章敬・恵美子夫妻がおられます。

明治四十五年か、大正元年の或る日のこと、翁が恵美子様（当時は春代）に、「北の国に一人の幼児《おさなご》がいる。この子は、未《いま》だ三才にして女児のようでもあり、又男児のようでもある。聖書や仏典に記されている御子とは、この児のことである」と予言され、「そなたはいつの日か故郷《ふるさと》に於て、そなたの頭上に足をのせる人に出会う。その人こそ余がいう御子である。余は幸いにしてこの御子が生れたことを知ったが、この御子は未だ年若く、余はその正法に与ることができない」と長大息されたそうです。この予言は、十七年後に九州博多の講演会場で実現されています。

この時、恵美子夫人の脳裡に、かつての日、師がのべられたことが鮮かによみがえり、謹んで御主を拝礼し、仔細を話され、師より預かった巻物を渡されたのであります。

時は経て昭和十七年、御主が尾張国にこられてからは、往時を回想され、飯野吉三郎翁を「日生《ひあれ》の真人《まびと》」と尊称、そのご高徳を顕彰されたのであります。

なお、長くなって恐縮ですが、冒頭に記した丸山という山の高さの黙示について繙くことにいたします。一七八六米と表記されていますが、神ながらのまにまに、山折哲雄監修『日本宗教史年表』から一七八六年の項を開いてみますと、「天明六年この年葛城山下高貴寺の真言僧慈雲飲光《おんこう》、雲伝神道を唱える」と記されています。

慈雲尊者の御事については、「京都御所と東谷山尾張戸神社を結ぶ同一線上の延長に皇居（千田城）が奇路していたことについて」の註の（11）で少しばかり触れておきましたように、僧籍で在りながら、古神道の奥義を修得された方であります。河内の葛城山の中腹にある高貴寺で、宗源壇を設け、岩舟宮に天火明尊（饒速日尊）を祀り、愛染明王を安置して秘法を厳修、祈願せられたのであります。

この慈雲尊者の遺された信仰の遺産を総称して、雲伝神道（葛城神道とも）といわれています。その内容は、高遠にして深奥であるため、筆舌に尽し難いものがありますので稿をあらためて繙くことにいたします。なお、思文閣より慈雲尊者全集が刊行されていますが、とりわけ第十巻にその要諦が詳細に説示されています。

(15) 白山・白山比咩神社について　白山と白山比咩神社の御祭神については、「東谷山尾張戸神社についての考察」の御祭神の項で詳しく書き記しましたので、ここでは、別の視点から幾つかを記すことにいたします。

尾張戸神社と表裏一体の関係にある熱田神宮には、三種の神器の一つとなっている草薙剣が奉安されていますが、白山比咩神社にも、国宝に指定されている粟田藤四郎吉光作の剣が奉納されています。この剣は、徳川光圀公の姉阿智姫が、徳川家光の養女となって、加賀四代藩主前田光高に嫁いだ時の持参品といわれています。奇しくも、熱田神宮の御神剣と同じく両刃《もろは》（詳しくは両鎬造り）の剣といわれ、吉光作の中で最高無比のものとされ、爽秋の空の如く青く澄み切った地鉄に、白山の白雪にもまがうばかりの刃文の冴えた美しさには、霊妙神秘の気が漂っているといわれています。又白山比咩神社のすぐ近くにあって、同社と表裏の関係にある金劔宮が、剣そのものの名称をとどめて厳かに鎮座しています。そして、両者の鎮座地がともに鶴来《つるぎ》町という剣の意を黙示した地文となっています。なお、尾張戸神社と白山比咩神社を結ぶ同一線上からは少しはずれていますが、金沢市内に兼六園があり、千歳台に熱田神宮の御祭神に坐す日本武尊の尊像が建立されています。貧・病・災を黙示する三竦《さんすくみ》（蛇・蛙・蛞蝓《なめくじ》）の上に、いざ薙ぎ祓う草薙剣を翳しておたちになっておられるのであります。

次に、白山を開山し、修験道の礎を築かれ、「越の大徳」と称された泰澄大師のことについて記しておきたいと思います。十世紀に成立した「泰澄和尚伝記」によりますと、泰澄大師は、越前国麻生津《あそうづ》村に誕生、幼少の頃から神童とうたわれ、十四才の時、十一面観音の夢告をうけて、越知山《おちさん》の岩屋にこもり修行に励まれたといわれています。そして元正天皇の御代、霊亀二年（七一六）越知山にて霊示をうけ、翌年の養老元年に白山に入山、ついに頂上を極め、同処の岩屋で三七日《みなぬか》の行を厳修され、その折、九頭龍王を感得せられ、のち変化した十一面観音の御姿を拝されたのであります。前にも書きましたように、白山比咩大神は、古くから神仏習合思想により白山妙理大権現と称され、その本地仏に十一面観音が当てられきたことから、神と仏が一如にして不離密接な関係にあったのであります。

むすびにもう一つ。白山比咩神の亦の御名が菊理媛神に坐すことは既に書きましたが、古代史家の大和岩雄氏によりますと、この菊理媛神を白山比咩神社の御祭神とする初見は、大江匡房（一〇四一―一一一一）の『扶桑明月集』の「天降八王子麗白山菊理比咩神也」の記述である、と指摘されています。

わずか十四字にすぎない短かい記述ながら、甚大なる意味を示唆していると拝察いたします。「天降」という語は、その字義の通り天から降る、あまくだるという意味ですが、『古事記』や『日本書紀』に数多く記述されている重要な言葉です。『古事記』には、「天照大御神の命もちて〝豊葦原の千秋長五百秋の水穂国は、我が御子、正勝吾勝速日天忍穂耳命の知らす国ぞ〟と言よさしたまひて、天《あま》降《くだ》したまひき」と記されています。又『日本書紀』には、「天磐座を脱離《おしはな》ち、……稜威《いつ》の道別《ちわき》に道別きて天降《あまくだ》ります」「嘗《むかし》、天神の子有しまして、天磐船に乗りて天《あめ》より降り止でませり」などとのべられています。ところが、御主のロゴスには、この語が天降《あも》と訓じられ、全一の神観における重要な概念の言葉をして啓示されています。その用例を幾つか挙げてみますと、次のようにロゴスされています。

「始に天祖天降《かみあも》りましき、今し世に天祖天降《かみあも》りています、未《いまだ》しの世にも天祖天降《かみあも》りますなり、天降《あも》り、天降《あも》、天降《あも》る」（『をはりど垂教』）

「汝ら、三世に天降《あも》を観ぜよかし、天降《あも》は神代の現実なり、朝を時告ぐ鶏《くだかけ》の、鳴《こえ》は三度《みた》びに澄み渡りで、暁の暗を祓除《はら》ふなり」（二〇・一・七・一二）

「汝ら、心の扉を静かに開きて、己《おの》が此の世に生きし真実を認めよ、今し世は天降《あも》となりたる世にして、人は皆、天降《あも》を知るべき世に生れたり、御統《みすまる》の珠《たま》の御中《みなか》を貫ける、その一筋の生命《たま》の緒の道、澄みわたる天降《あも》の中今」（一〇・八・一六・一三）

「汝ら、メシヤ・みろくの天降《あも》とて、火明《ほあかり》の救主《みこ》の世に来れるは、原罪以来の人間の原始細胞に染色せる罪の末那識《まなしき》を破摧《はさい》して、人性《にんせい》に隠秘《いんぴ》せるその七識《しちしき》の幻影《マヤ》なるものを消滅せんがための故なり」（一〇・一〇・六・八）

「ああ、宇宙《ウニベルソ》の根源《みなもと》は、慈悲・智慧・生命《いのち》・三位一体《ペルソナ》の、純聖全《くしきまこと》の神の⊙《あも》、無限調和の理念《ダルマ》なれば、心眼悟《しんがんさとり》に開く時、現象《かたち》を超えし生命《みいのち》の、次元にひびく法《のり》の声、法実相《ほうじつそう》は知見せられん」（一〇・八・一一・一三）

これは、ロゴスの中のほんの一例にすぎませんが、それぞれ、意味する内容には深いものが秘められていますす。今回、ふと、先の初見の一文が気にかかり、記させていただいた次第です。残念ながら、大和岩雄氏の著書の中には、これだけの記述しかないために真意を計りかねますが、それにしても「天降八王子麗白山菊理比咩神也」という表現には不思議な思いがいたします。この一文をありのままに察しますと、この神こそ、御子八王子を携えて天降《あまくだ》り給うた麗しい白山の菊理媛神ということになります。

ところで八王子といえば、通常記紀神話の中で、天照大神と須佐之男大神との誓約《うけひ》によって誕生した五男三女神のことを指しています。文献上、この八神の御神名は、天忍穂耳命《あめのおしほみみ》、天穂日命、天津彦根命、活津《いくつ》彦根命、熊野櫲樟日《くすひ》命、思姫命、湍津《たぎつ》姫命、市杵《いちき》島姫命とされていますが、小椋一葉女史は、社寺伝承学の立場から、天津彦根命を邇邇芸能命、活津彦根命を日子火火出見命、熊野櫲樟日命を鵜葺草葺不合命のことと検証されています。

又同女史は、その著『女王アマテラス』の中で、白山比咩大神（菊理媛神）が天照大神の別称であることも、多くの事例を挙げてのべられています。

なお、先の天照大神と須佐之男大神との誓約《うけひ》について、御主のロゴスには、黙示豊かに次のようにのべられています。

「汝ら、水と霊とはむすひむすびて二つのものにあらず、そはうつす鏡とうつす光の相《すがた》と様《さま》にも似たるものなればなり。高天原の安河の、天の真名井に立向《たちむ》ふ、すさとひるめの誓事《うけひごと》、五百津《いほつ》御統《みすまる》の珠《たま》佐矢気《さやけ》。天の真《ま》榊《さかき》弥栄榊《いやさかき》、榊の色の深みどり、いて掛巻《かけまく》も日の鏡、月の鏡

とふるべゆら、玉を連《つら》ねて御統《みすまる》の、万《よろづ》の玉の和速日《にぎはやひ》、葦《あし》のしげみを掻分《かきわ》けて、よしすの道を開《ひら》顕かなん」（一〇・六・九・一―六）

(16) 松尾山（石川県一一六三米）と三輪山（石川県一〇六九米）について　この二つの山の名称は、山城国（京都）の松尾山、大和国（奈良）の三輪山を偲んで名付けられたと思われますが、松尾山には松尾大社が、三輪山には大神神社が鎮座し、御祭神は松尾大社が大山咋神、大神神社が大物主櫛甕魂神に坐し、ともに饒速日尊の別称といわれています。

従って、両山に鎮座する神の御名と尾張戸神社の主祭神とが同神に坐すわけであり、極めて深いご神縁で結ばれていることが解ります。御主ご生誕の加賀国石川県にも、名にし負う松尾山と三輪山が同一線上に地文していたことは、まことにその意義甚大であるといえます。

余談ではありますが、奈良の三輪山の麓から、祭祀用に使われたといわれる「子持勾玉」が数多く出土しています。勾玉の上に子持という語が冠称されていますが、子持といえば、白山比咩神社のところで、ご神紋が「三つ子持亀甲紋爪の花」であることを記していましたので、ことのほか親しく思われた次第であります。

(17) 若宮（石川県）について　若宮の黙示については、東谷山尾張戸神社と法隆寺を結ぶ同一線上の地文、春日大社註（3）のところで解説しましたように、若宮は、春日大社の最大の祭礼となっている若宮おんまつりの黙示を表しています。この祭礼は、古へ大和一国に君臨しておられた饒速日尊の御神徳を讃え景仰する民衆の祀りといわれています。

この若宮の黙示については、御主のロゴスに次のようにのべられています。

「救寿《くす》の霊宝秘言《みたからひめごと》の、この霊甕酒《いづのみき》の奇しさよ、老いず死さずの霊薬《くすり》なり、憂き悲しみも喜びの、
幸魂《さちのみたま》の和《にぎは》ひに、忽ちかへす秘薬なり。
この金色の霊《たま》の御酒《みき》、天降《あも》る甘露《かんろ》の一滴《ひとしづく》、受けにし者は悉《ことごと》く、冥府《よみ》の仮眠《ねむり》にほのさめて、
春のうたげの暖かの、日の若宮を知りぬべし。（九・九・一七・四）

（18）石川県金沢市について　金沢は、尾張国荒子出身の前田利家公（一五三八—一五九八）が、天正年間に豊臣秀吉公により賜った御山城を文禄年間に城壘を築き、金沢城と名付けたことに由来した地といわれています。この地で加賀百万石の礎を築かれたわけですが、その前田家の紋所が、御先祖の菅原道真公に因む梅鉢となっています。

ところで、梅といえば白山比咩神社にも、神官が梅枝餅《うめがえもち》を謹製し、旧暦四月、午の日の大祭に献饌するという習わしがあります。これは、菅公が始めて奉納したと伝える神饌に因んで行われてい

る神事といわれています。

なお、御主のロゴスには、白梅の花に言寄せてのべられた、奇しき黙示の一節がありますので、謹んで抜粋させていただきます。

「まへだれや、かがやく御代《みよ》の白梅の花、花芳香《かんば》しく咲きにける、不盡《ふじ》の裾《すそ》の朝朗《あさぼらけ》かな。梅の花咲く世となりぬ、心迷はず祈れかし」（一〇・四・一六・四六）

「まへだれや、かがやく御代の白梅の花」とのべられていますが、この言葉の初めの語に前田利家公の御事と加賀の国の黙示が言秘《ことひ》められています。「まへだれ」とは、『新明解国語辞典』に、「前垂（れ）と書き、商人や重い荷物を扱う人などがするまえかけ」と記述されていますが、その前垂に、家紋や屋号などを印してその存在を表示する、貴重な要具でもあったのであります。

以上、これまで、尾張戸神社と白山比咩神社を結ぶ太占奇路の地文の黙示を考察してきましたが、極まるところ、それは、天祖の御経綸による加賀国と尾張国の奇しき仕組を物語っているものといえます。

本項の終りに当り、その真実を黙示する御主のロゴスを掲げ、むすびといたします。

「夫れ北の国かがやきの、空にぞ映ゆる白山《しらやま》の、峰の岩間に湧き出でし、白銀《しろがね》の水流れては、海《わた》の宮居に通ふなる、末世《まつせ》に開く玉手箱、をはりの国の浜の渚《なぎさ》に、みろく来る日に寄るも畏《かしこ》し。海《わた》の潮路も水なれば、縁《えにし》は一様《おなじ》水波女《みづはのめ》、今、春日井に湧く玉や、とこくに山の神樹《かんなび》の、色こそ深し松の緑、みろくの神の世の始、天《あめ》の若日子《わかひこ》日鼻岩《めはないは》、とくさ降りてよみがへる、時は来《きた》りぬ永遠《とは》の朝、ああ、汝《な》が霊《たま》の覚寤《めざめ》かな、ああ、汝《な》が霊《たま》の正覚《めざめ》かな」（一〇・七・一九・一四）

去る一月十日、蔽顔《おとばり》の救主《くじゅ》御遷座の聖日に際し、東谷山尾張戸神社に参拝いたしました。社頭にて唐松神社の御神鈴を打ち振り、秘厳の真語に続いて奇玉のロゴスを奉上申し上げ、尾張戸の御戸びらきと御主の御誓願成就を祈念、むすびに、「香ひこぼるる白梅の　花に色香を染めたるは如何《いか》なる御手《みて》のわざなるや……」と、天降の聖歌一七六番を讃唱し、この日の神事を斎行させていただきました。

末筆ながら皆様の御清福をお祈り申し上げます。合掌

平成十七年一月十四日

新春歌会始の御儀の日に

追記　尾張戸神社と白山比咩神社を結ぶ同一線上の地文の黙示の（7）高蔵寺（春日井市）の解説の中で、高座山《たかくらやま》のことを書きましたが、もう少し詳しく記しておきたいと思います。

高座山《たかくらやま》は、東谷山より五二米低い標高一四六米の山ですが、東谷山の北北東に位置しています。佐渡の金北山と同じように、航空自衛隊の特別基地となっており、国家鎮護の重要な山といわれています。

先に書きましたように、御主は、この山のことを「ああ、をはりどの神なびに、をはりなき世の芽を萠きて、花の高座霊《たかくらひ》の御座《みくら》、御座は救寿の玉留むる、玉は芽出度きうつし世の、安きを祈る生命《いのち》なり」（九・七・一〇・二七）と、黙示豊かにのべられています。

又、高座という同じ名称の高座結御子《たかくらむすびみこ》神社が、熱田神宮の飛地境内（熱田区高蔵町）に鎮座していますが、奇しくも、ご祭神が尾張戸神社と同じ天火明尊の御子高倉下《たかくらじ》命（亦の御名天香語山命）となっています。

この由緒深き高座山の東北東の裾野に、加賀国と尾張国を黙示する名称の石尾台があります。この石尾台において、蔽顔《おとばり》の救主《くじゆ》のご長子に当る斑鳩摩如寿《いかるがまにじゆ》様（本名清水貴實麿）が、御主のご遺志を受けて、平成十八年二月二十日に白梅の会を創設、御誓願を成就すべく御教を開顕されています。

因みに、この石尾台の地と東谷山尾張戸神社を結ぶ同一線上の地文を調べてみますと、次のようになっています。

東谷山尾張戸神社——玉の川・鹿乗橋——石尾台（六—一九—二〇）——白山神社・林昌寺——道樹山（四一六米）秋葉神社……弥勒山（四三六米）

「玉の川」については、おはりど聖唱八番に「百世《ももよ》を経ぬるひともとの　松の梢は春日なる　したみおろして玉の川　清き水波女《みづはめ》流れゆく……」と歌われています。又、「鹿乗橋」については、玉の川とともに十の巻のロゴスに、「をはり国原見晴《みはるか》す、末の松山とこくにの、峰の濃緑《こみどり》鹿乗なる、玉の川瀬を渡る日の、日影に映ゆる小波は、岩をめぐりて淵となり、淵に淀みて遙なる　流れの際涯《みぎは》はかり知られじ」（一〇・七・一〇・一）と、のべられています。

又、鹿乗橋の地名の由来について、『東春日井郡誌』に、「鹿乗が淵に架する橋にして、一説に、往昔東谷山の祭神が白鹿に乗り、渡河せらるるに依りて鹿乗の名ありといふ」と記されています。

ところで白鹿のことといえば、社寺伝承学派の小椋一葉女史が、その著『神々の謎』の中で、饒《ニギ》速日《ハヤヒ》尊が鹿占の神に坐し、櫛真智神という名で称えられていた、とのべておられます。（鹿占とは、鹿の肩の骨を焼いて吉凶を判断した古代の占法の一つで、亀の甲を以て行う亀卜よりも古いといわれています）

次に、石尾台のすぐ近くに、白山神社と林昌寺が鎮座していますが、白山神社は、加賀国一の宮白山比咩神社を勧請したもので、御祭神は菊理媛命に坐す。この神は尾張戸神社の中社に祀られています。又、林昌寺は、山号を牛臥山と称し、徳川義直公ゆかりの定光寺の末寺に当り、御本尊は、高蔵寺と同じ薬師如来に坐す。薬師如来は、東谷山の薬師堂にも祀られてあり、深いご神縁で結ばれていることが解ります。

続いて道樹山については、二月四日の夕べの祈りにいただいた二四六番の聖歌に、「救寿の世に来たまへるは　真《まこと》の道世に示して　世に平安樹つるため」と歌われ、その黙示が如実に示されています。そして、同山に鎮座する秋葉神社は、本宮が静岡県の秋葉山秋葉神社であり、ご祭神が火を司る火之迦具土神といわれています。

最後に、同一線上ではありませんが、道樹山のすぐ真北に弥勒山（四三六米）があり、「弥勒の神の世の始」の黙示を表しています。

この黙示は、「南《みんなみ》の十界《とくさ》の秘鍵を左手《さて》に持《たも》ち、北斗七玉《きたのかたななつのほし》の御統《みすまる》を右手《めて》に懸けて、火明《ほあかり》の奇玉《くしたま》の天尊天降《あまみこあも》ります末日来《とききた》りたり」（一〇・四・四・二九）とのべられていますように、尾張戸神社のご祭神に坐す天火明尊が、東谷山の頂上にお立ちになり、西の方位をご覧になっている御姿を表しています。「北斗七玉の御統を右手《めて》に懸けて」とのべられていますが、東谷山を中心にして右手の方位は、北に当るわけであります。

添くもみことばに、「此の世は仮《か》初《り》の世と雖《いへど》も、次第に真実を現しゆくところのものなり。即ち神の世界《みくに》のその真実を現すべく約束されしは、現象世界《うつしよ》なるものなり」（一〇・七・八・二）とのべられていますように、東谷山尾張戸神社と深いご神縁で結ばれていたこの石尾台も、まさに神の世界《みくに》の真実を現すべく約束された神約の地であったのであります。

今回の執筆に当り、参考にさせていただいた文献は、次の通りです。

『古事記』
『日本書紀』
『先代旧事本紀』
『万葉集』
『古語拾遺』
『播磨風土記』
『新撰姓氏録』
『老子道徳経』
『東春日井郡誌』（昭和十五年刊）
『新輯明治天皇御集上・下』（明治神宮）
『加賀市史』
名古屋市教育委員会『東谷古墳群発掘調査報告書』（昭和四十四年刊）

熱田大宮司千秋家譜
『籠名神社祝部海部直系図』（籠神社社務所）
『新明解国語辞典』
『明鏡国語辞典』
『大辞典』（平凡社）
白川静著『字統』『字訓』『中国の神話』
太田亮著『姓氏家系大辞典』
『日本姓氏紋章総覧』（新人物往来社）
大野七三著『先代旧事本紀訓註』『先代旧事本紀考』
鎌田純一著『先代旧事本紀の研究』
宮東斎臣著『先代旧事本紀大成経鷦鷯伝』
吾郷清彦著『秀真伝・但馬故事記』『飛鳥王朝の終焉』
鳥居礼著『完訳秀真伝』
山折哲雄監修『日本宗教史年表』
『慈雲尊者全集』（思文閣）
大場磐雄著『まつり』

吉野裕子著『大嘗祭』
鈴木貞一著『日本古代文書の謎』
金井南龍主宰『さすら』（昭和四十八年九月号）
三浦芳聖著『串路哲学』
浜本末造著『終末の世の様相と明日への宣言』
加茂喜三著『愛鷹の巨石文化』
『友清歓真全集』（八幡書店）
本居宣長著『古事記傳』
保田與重郎著『わが万葉集』『天降言』
高田良信著『法隆寺の謎を解く』『近代法隆寺年表』
松前健著『古代伝承と宮廷祭祀』『日本神話と古代伝承』
大和岩雄著『神社と古代王権祭祀』『神社と古代民間祭祀』
新井喜久夫著『古代の尾張氏について』（信濃史学会誌）
田中卓著『日本国家成立の研究』
下出積世著『日本の蓬莱伝承と神仙思想』
谷川健一著『白鳥伝説』『ニギハヤヒの栄光』（ユリイカ昭和六十年一月号）

服部良男著『尾張連始祖系譜成立に関する一試論』
逵日出典著『神仏習合』
勝井純著『神武天皇御東遷聖蹟考』
三角寛著『サンカ社会の研究』
進藤孝一著『秋田物部文書』
井上靖著『わたつみ』（世界昭和四十四年一月号）
小椋一葉著『女王アマテラス』『神々の謎』『覇王転生』『古代万華』
上村信太郎著『富士山の謎』
国神神社由緒書
唐松神社由緒書
天祖山天祖神社由緒書
永日山天祖神社由緒書
高尾山薬王院由緒書
虎渓山永保寺由緒書
松洞山龍泉寺由緒書
谷汲山華厳寺由緒書

『週刊神社紀行』全五〇巻（学習研究社）

# 第四章　台湾桃園縣忠烈祠と虎頭山桃園神社について

虎頭山桃園神社については、「東谷山尾張戸神社についての考察」の御祭神饒速日尊の項の終章で、少しばかり触れておきましたが、ここで、幾つかの参考資料をもとに、詳しく書き記すことにいたします。

大平洋戦争終結の一九四五年（昭和二十年）以前、台湾全土には大小様々の神社が建てられ、その数二〇〇余りに及んだといわれています。

終戦後、新政権の統治方針によりその殆んどが取り壊された中で、唯一桃園神社だけが、本殿と拝殿を始め、神門、板塀、手水舎、神馬、狛犬など、創建当時の姿のままで残され、しかも、敷地全域の復元整備工事も行われています。これは、当時の桃園縣知事や市長、及び有識者の方々が、文化財として保存すべきことを強く主張されたことから、議会の審議にかけられ、住民投票によって存続の承認が得られたことによります。現在、当地は、風光明媚な虎頭山の麓に位置し、緑豊かな公園として一般に開放され、市民の憩いの場となっています。

一、名称

桃園という、桃源境を思わせる雅な名称は、虎茅荘（ホオフム）と称した開拓地に、一七三七年（乾隆二年）頃に種植された桃の樹が、十年経った一七四七年（乾隆十二年）に、目も覚めるばかりの、気品に満ちた美しい花を咲かせたことから、名付けられたといわれています。又、虎頭山は、虎茅荘の近くの山で、山容が虎の頭に似ていたことから、自然に名付けられたようです。

（註）右の記述は、台北市の二間堂という古書店で購入した安倍明義著『台湾地名の研究』から採ったものですが、この本の発行年月日が昭和十三年一月一日となっており、奇しくも、桃園神社創建の年と一致しています。又、桃園という名称の起源の一七四七年乾隆十二年は、日本の江戸時代の延享四年に当り、この年に桃園という同じ名の桃園天皇《ももぞの》（第一一六代）が、桜町《さくらまち》天皇のあとを受けて即位されています。

二、位置

桃園縣の南部、桃園国際空港にほど近い虎頭山の麓に在り、豊かな緑に囲まれています。

三、創建年代

創建は、終戦の年の七年前、一九三八年（昭和十三年）九月二十三日とされています。

従って、台湾の神社を網羅した、『台湾神社誌』の最終版（一九三五年第六版）には記載がなく、台湾で建立された神社の中で最も新しい神社といえます。

一九三八年は、干支に謂う戊寅《つちのえとら》の年に当り、寅は虎に通じることから、虎頭山の名称と奇しくも暗合しています。

なお、社殿の建立に際しては、篤志家の奉賛により、春田直信（設計及び管理責任者）、幸野千一（工事監督）、藤島敬介（棟梁）の三氏を中心に造営工事が進められたといわれています。

四、神社の様式と配置

入口に由緒標があり、鳥居をくぐると参道の左側に手水舎、右側に檳榔樹《びんろうじゅ》を背景に銅製の神馬が置かれています。二十数段の石段を登ったところに阿吽の狛犬が据えられ、続いて重厚な造りの神門（山門）が建ち、その両脇に屋根付の板塀で庭園が囲われており、厳かな雰囲気を漂わせていま す。又庭内には、唐破風の社務所、宝物殿などが建てられています。中央には立派を石疊が敷きつめられ、その先の石段を数段上ったところに拝殿があり、桧の賽銭箱が置かれています。

その奥に、平入の身舎《もや》の正面に庇を設けた流造の本殿が建てられています。

全体として、極めて格調高く、典型的な神社の様式を備えた、見事な配置となっています。

五、祭神

一九四二年（昭和十七年）の記録によれば、次のように記されています。

（一）明治天皇

（二）豊受大神
（三）大国魂神
（四）大己貴命
（五）少彦名命
（六）北白川宮能久親王

（一）明治天皇は、皇統譜上第一二二代の天皇に坐し、台湾の最高峰玉山のことを新高山《にいたかやま》と命名されています。天皇は、ご生涯に十万余首の和歌を御詠されていますが、その中から、天皇の大御心が最も良く表わされている、かの三首と、台湾の人々に思いを馳せて詠まれた三首を記させていただきます。

あさみどりすみ渡りたる大空の　ひろきを己《おの》が心ともがな
さしのぼる朝日の如くさわやかに　もたまほしきはこころなりけり
よものうみみなはらからとおもふよに　などなみ風の立ちさわぐらん
たえがたきこの日ざかりにおもふかな　高砂島《たかさごじま》のあつさいかにと
新高《にいたか》の山よりおくにいつの日か　うつしうゑましわがをしへ草

新高《にいたか》の山のふもとの民草も　茂りまさるときくぞうれしき

（二）豊受大神《とようけのおおかみ》は、伊勢神宮の外宮に祀られている神で、稲の豊穣をもたらす食物《みけつ》の神といわれています。

（三）大国魂神《おおくにたまのかみ》は、国家を治め、守護する神といわれていますが、『日本書紀』には、大国主命の亦の御名と記述されています。

（四）大己貴命《おおなむちのみこと》（五）少彦名命《すくなひこなのみこと》は、国土を開択し、産業を興し、医薬を司る神といわれています。

（六）北白川宮能久《よしひさ》親王は、日清講和条約成立後、台湾に上陸、各地を巡行して守備の任に当られましたが、病に冒され、台南で薨去されています。その後、遺徳を偲び、台湾各地の神社に祭神として祀られています。

六、桃園神社が日本のどの神社から勧請されたかの件について

明確な記録が見当らないため、神社名を特定することは難しいわけですが、御祭神の名称や社殿

の様式から、或る程度推察することができます。

五の祭神の項で記しましたように、明治天皇は、一九二〇年（大正九年）に造営された明治神宮からいただかれたものと思われます。

次に、豊受大神は、三重県の伊勢神宮外宮又は、奈良県の広瀬神社、或いは京都府の籠神社からと思われます。

又、大国魂神、大己貴神、少彦名神は、開拓の三神と称され、台湾の主要な神社で祀られていますが、その中で大国魂神は、もともと宮中において、天照大神とともに祀られていた神とされています。この大国魂神は、奈良県の大和神社を始め、東京都府中市の大国魂神社、愛知県の尾張大国霊神社の御祭神となっていますが、最近の学者の研究では、別名を饒速日《にぎはやひ》尊と称され、日本の国名をひのもとと命名された神といわれています。

なお、北白川宮能久親王は、一九〇〇年明三十三年に建立された台湾神社から、御祭神として迎えられたのではないかと思われます。

以上のことから考察しますと、桃園神社は、日本の或る特定の神社からそのまま勧請されたのではなく、台湾の繁栄と安寧を願って、日本各地の神社から御祭神を迎えたのではないかと思われます。

七、桃園神社に参拝し、調査を行うに至った経緯について

愛知県の名古屋市に、長年に亘って熱田神宮に日参されている古神道家の近藤桂造氏（一九一八年大正七年のお生れ）がおられます。

この方が、一九八三年（昭和五十八年）一月の中頃、亡き恩師の江口英真翁から、「台湾のどこかに、創建当時のままで残っている神社が一つだけあるはずだから探すように」との霊示をうけられたのです。

早速、近藤氏は、このことを桃園市在住の陳王徴氏（一九三〇年昭和五年生れ、崇光仏堂の信仰家）に伝え、調査を依頼されました。

陳氏は、仕事の合間を縫って各地を巡り、精力的に調べたものの、なかなか見つからなかったのです。ところが、或る日のこと、夢に見た状景を頼りに桃園市の郊外に出かけてみると、こんもりとした緑の木立の中に神社の建物を発見、驚き勇んで、近藤氏に電話で報告されたわけです。

このことがきっかけとなって、一九八三年（昭和五十八年民国七十二年）三月の始めに、近藤氏が台湾を訪問、陳氏の案内で桃園神社に参拝され、日台両国の戦死者の慰霊と平和への祈年祭を行われたのであります。

以後、ご神縁により、私が先覚の志を受け継ぎ、これまで三回に亘って同社に参拝、神事を奉斎し、調査を行いましたので、ここに、前記に続き、その時の状況を記します。

（1）第一回　一九八六年（昭和六十一年民国七十五年）丙寅八月二十三日

兄吉田泰一郎（一九二四年大正十三年基隆生れ）と私が、陳王徴・邱金蓮（一九二三年昭和八年生れ）夫妻を始め、崇光仏堂の方々の案内により桃園神社に参拝。

到着してみると、敷地全体が丸太と板で囲われ、その中で復元整備工事が行われているところでした。そして、入口の石段の上に、椰子の実ほどの石を大事そうに抱えた中年の紳士が立っており、丁寧な日本語で、「どうぞ中へお入り下さい」と言われ、びっくりする。聞けば、ここの管理をされている黄應昭（一九四一年生れ）という方で、抱えた石に蛇紋状の白線が巻かれていましたので、「白龍さまですね」と告げると、深く頷かれる。

乞われるままに参道に進み、石段を登って神門をくぐる。中庭の奥に重厚な造りの拝殿があり、ここで、往時のままの流れ造りの本殿に向かい、拝礼を行う。

始めに石笛を吹き、秘厳の真語（神道の祝詞に当るもの）を奏上、そして、恩師（本名清水信一号救寿一九一〇年明治四十三年石川県に生れる）に啓示された奇玉《くしたま》のロゴスを詠読する。

このとき、どこからともなく本殿に鶯が飛来し、「ホーホケキョー」と清々しい声を響かせ、この日の瑞祥をあらわす。生れ故郷の台湾の地で、しかも、この真夏のさなかに初めて耳にする鶯の声に、しばし感涙。

むすびに、一同謹んで、国家や民衆のために尽瘁された方々の御霊を慰め、その御徳を讃え、併せて日台両国の末永き友好と平和を祈念する。

なお、このときに詠読しました恩師のロゴスをご参考までに記させていただきます。

「高光る光明宝宮《ひかりのみやい》仄明《ほのぼの》と、葦牙《あしのめ》の萌《も》ゆるが如萌出《ごともえい》でて、暗黒玉《ぬばたま》の明暗渾沌現象世界《あやめもわかぬやみのよ》に光輝く日の宮殿《みやい》、天照《あまてら》し国照《くにてら》す天《あめ》の火明奇玉《ほあけくしたま》の平和の 霊《ことば》天啓《のら》す中今《なかいま》、光明世界を開闢《かいびやく》す。

ああ、神の世は今し明けて、とこくにの山の谷底、和羽矢《にぎはや》の奇《くす》しき光小搖《さゆら》げるなり。百千万《ももちよろづ》経《ふ》りにし歳《とし》の 長夜《ながきよる》も、見よや静かに 祓除《はらひやらは》れぬ、七識の夜見《よみ》の遮蔽《さやり》を打ち毀《こぼ》ちつつ、現れ出《い》づる天降《あも》の神国《しんごく》。今、天地《あめつち》は最高《いと》く最大《いと》いなる太霊の 光《みひかり》、十方に隅《くま》もなく射照り徹りて、真語の妙音灼然《いやちこ》に荘厳に鳴り渡れり。

生死《しょうじ》の迷夢覚め果てて、夜見路《よみぢ》を出でし万霊の、寝覚《ねざ》めも嬉し朝朗《あさぼらけ》よ。鳥の鳴く音もさやさやと、笛のひびきも清々《すがすが》し、岩戸神楽《かぐら》は賑《にぎ》はへり。ああ、人間《ひと》は不滅《ほろびざ》る生命《いのち》の霊《みたま》を、その識身《み》に受け継ぎて、生滅の花咲く国に遊べども、今末那識《まなしき》の夢に覚めて、生死《しょうじ》を超えし常安《とこやす》の、久遠《くおん》の生命《いのち》の我を知るなり」（『スフィンクスの声』十輯一〇編第九章一―五節）

（2）第二回　一九八六年（昭和六十一年民国七十五年）丙寅　十二月七日

小雨のそぼふる静かな朝のひととき、陳王徵氏と二人で参拝。まず、本殿の周囲を、用意してきたはたきでほこりを払い、新しい白布を以てきれいに拭きとり、そこかしこを掃除する。このあと、私の第三の故郷である尾張国愛知県に鎮座する熱田神宮と尾張戸神社の御神霊をいただき、謹んで日台両国の堅い絆を願い、霊結《たまむす》びの神事を行う。むすびに、桃園の桃の名称に因んで奇玉のロゴスを奏上し、恩師に啓示された詞曲の一節を讃唱する。

この時のロゴスと歌曲の一節は、次の通りです。

「ああ、汝らよ、覚めよ、起きよ、閉《とざ》す瞼《まぶた》を迅速《いざ》開き、真実一路の世をば見よ、夢に初る夢の世は、夢に終を告ぐるべし。真実一路の世界には、生《せい》なく滅《めつ》なく、将又《はたまた》増《ぞう》なく減《げん》もなし、行《ゆ》くも復《かへ》るも浄土なり。哀別離苦の玉手箱は、盲心《もうしん》ここに開悟《ひらけ》よと、天祖《みおや》の慈悲の入紐《いりひも》に、智慧を結びし諭《さとし》告なり。真実一路の世は極楽《たの》し、瓜《うり》の種子《たね》、蒔《ま》かばかしこし瓜《うり》の花、花　自《おのづか》ら実と成りて、柿の木に柿の実稔り、桃の木に桃の花咲き、桃の実ぞ成る。おお、金色《こんじき》の浄土の秘厳《ひごん》」(『スフィンクスの声』九輯九編第四章三六―三九節)

「主よ　主のみこころ桃の林
人里《ひとざと》遠き山峡《やまかひ》の

かなたの丘に咲き香ふ
愛と平和の桃の林」（『歌聖典』一六二番第三節）

（3）第三回　一九九八年（平成十年民国八十七年）戊寅　九月十日
陳王徵・丘金蓮夫妻、陳国棟画伯の案内により、家内の珠洲子《すずこ》と同伴で参拝。

十二年ぶりに見る境内は、全域が見事に整備され、とくに檳榔樹の緑はいや増して美しく、きれいに配置された園の植込みが、瑞々しさをたたえている。

入口には、民国七十六年（一九八七年昭和六十二年）正月三十日付の、徐鴻志桃園県長の署名の入った、由緒と経緯を記した石標があり、第一回の訪問の翌年に建てられたことが分る。又、石段を登りつめた奥の拝殿には、呂秀蓮桃園県長（現副総統）が揮毫された「義勇忠精」の扁額が掲げられ、ひときわ燦然と輝いている。更に、園の高台から見おろす眺望は、ことのほかすばらしく、自ら天地正大の気が感じられて爽快である。

今回は、趣向を変えて、感謝の気持から漢字で記された祈りの言葉を中国語で発音し、後、台湾師範大学教授の蘇賢錫先生に翻訳していただいた歌曲の一節を歌い、護国の英霊に捧げる。

参考までに、祈りの言葉と歌曲の一説を記させていただきます。

眞人乃實相

玉爍麗眸《ぎょくしゃくのれいぼう》　炎神浄燃《えんしんにじょうねんし》
結法白指《けつぽふのびやくし》　聖爐薫染《せいろにくんせんす》
眞語妙音《しんごのみようおん》　口中轉流《こうちゅうにてんるし》
両足瑜伽《りようそくゆが》　透水瑛柱《とうすいのえいちゅう》
魂清體和《こんせいたいわ》　湖心寂月《こしんのじゃくげつ》

三三四番「久遠の宇宙を仰ぎ見る」一―二節

（日本語）

一　ああ　無窮《きはみな》き蒼穹《そうきゅう》の
涯際《はてし》ぞ我の希望なれ
朶雲万里《だうんばんり》の雲ふみて
真理の国をたづねゆく

二　高遠《たか》き理想を描きつつ
久遠の宇宙を仰ぎ見る

ああ悠久の沈黙よ
無限の声を我に呼べ

(中国語)

一　嗚呼無窮蒼穹的
涯際是我的希望
踩踏萬里朶雲
尋求眞理國而去

二　描繪着高遠理想
仰望久遠的宇宙
嗚呼悠久沈黙啊
用無限之聲喚我啊

(註)(1) 今回の訪問は、干支にいう戊寅の年に当り、奇しくも桃園神社創建の年と同じ干支となっています。つまり、還暦六十年の年に当っていたということです。

第一回と第二回が丙寅の年、第三回が戊寅の年で、三回とも寅の年が重なったわけですが、これには大きな黙示が秘められています。

三の創建年代のところで触れましたように、当桃園神社は虎頭山の麓にあることから、寅即ち虎と深く関わっています。

上記のように、寅が三つ重って「トラトラトラ」となりますが、「トラトラトラ」といえば、先の太平洋戦争時の暗号電文のことが想起されます。これは、あの真珠湾奇襲作戦において、長崎県の針尾送信所から発信されたといわれる暗号電文の「ニイタカヤマノボレ12・8」に対する返答の電文といわれているものです。「ニイタカヤマ」は新高山と表記し、台湾の最高峰玉山のことですが、桃園神社の御祭神に坐す明治天皇のご命名といわれています。

ご承知のように、台湾各地に建てられた神社は、日本の統治時代の精神的シンボルとされてきました。そして、戦時の体制が進むにしたがって、益々それが強化され、高揚されていったのであります。しかし、敗戦によって、精神的シンボルであったが故に、取り壊される運命となったわけであります。

そんな中で、唯一桃園神社だけが、当時のままで残されるに至ったことは、まさに、奇蹟としかいいようがありません。

言うまでもなく、この奇蹟の根底には、台湾の人々の、悠久の将来を見据えた慧眼とでも申しましょうか、善悪や是非を超えた、清らかなまごころが存在していたことを忘れてはならないと思うのであります。

（2）当日、参拝後各処を写真撮影したのですが、呂秀蓮副総統が桃園県長時代に揮毫された「義勇忠精」の扁額に、鮮やかな龍紋が顕現されていました。これは、扁額の言葉に象徴されていますように、国家の大事並びに自由と平和のために尽した忠勇の英霊を、神仏が嘉し給われてのものと拝察いたします。

なお、呂秀蓮副総統は、一九九七年九月にご視察旅行の際、私の所属する会社の親会社に当るホテルナゴヤキャッスルに宿泊されたことがあります。その折、随行員の陳王琨氏（陳王徴氏長男一九五七年桃園生れ、台湾大学卒）のお世話により面会いただいたのですが、桃園神社の話題の中で、名古屋から桜の木を、桃園から桃の木を贈り合ったらどうかとのべられています。残念ながら、いまだ実現に至ってはいませんが、これを機に、実現に向けて努力したいと思っています。

（3）神馬の後に植られている檳榔樹は、日本語の古名で「アジマサ」、漢名で「蒲葵」と称され、神木として扱われている樹木でもあります。「春日権現験記」（一三〇九）によれば、三種の神器の一つ、草薙剣《くさなぎのつるぎ》が納められた熱田神宮の土用殿の前に、この樹が御神木として奉植されていたといわれています。このほか、日本列島の南端の沖縄に御嶽《うたき》という聖処があり、ここでも檳榔樹が神木とされています。台湾では、いたるところに檳榔樹をみかけますが、この樹は、神馬とよく調和して、神秘荘厳な感じがいたします。

今後、私共日本人が台湾訪問の機会に恵まれた時、まずはこの地に臨み、ここに祀られているすべての霊位に対し、衷心から敬意を表し、その御徳を讃え、台湾の人々の至誠に感謝申し上げるとともに、不戦の誓いを新にいたしたいものであります。

以上、まことにささやかではありますが、桃園神社について体験を通し、所感を交えながら概要を記述いたしました。まだ、このほかにも、ご当地と三峡の清水祖師廟との関わりや台北市の忠烈祠における署名入りの日章旗のこと、そして阿里山の鐘楼にまつわる貴重な体験など、日台両国のために書き遺しておきたい事柄が沢山あります。いずれ、「高砂島修学紀行」（仮称）の中で発表したいと思っております。

追記　前文後半で祈りの言葉であります「真人の実相」を記しましたが、ここに、そのエスペラント訳を紹介いたします。これは、エスペランチストの弁財寿大司教（本名　松原満　明治三十九年のお生れ）が翻訳されたのですが、日本エスペラント学会の校閲を経て発表されたものです。御主は、エスペラントのことを「天降《あも》の祭壇なり」（Esperanto estas la altaro por adori la Amon.）

と啓示され、御教においては純正語と呼称されたのであります。

La Vera Stato de l' Verhomo

La okuloj vivantaj laû la Vero rigardas sole la Sanktan Lumon.

La manoj agantaj laû la Vero faras sole la Sanktan Mision.

La buŝo parolanta laû la Vero elsonigas sole la Sanktajn Vortojn.

La piedoj irantaj laû la Vero marŝas sole la Sanktan Vojon.

La animo serena kaj la korpo harmonia estas kvazaû la plenluno respegulanta sur kvieta lago.

このたびの執筆に当り、下記の資料を参考にさせていただきました。

『台湾神社誌』（一九三五年第六版）
『日本神社総覧』（新人物往来社）
『明治天皇紀』
『日本神道総覧』（新人物往来社）
安部明義著『台湾地名研究』（一九三八年）
片倉佳史著『台湾・日本統治時代の歴史遺産を歩く』（二〇〇四年）
『台湾と日本・交流秘話』（展望社一九九六年）
『週刊神社紀行』全五〇巻（学習研究社）
谷川健一著『ニギハヤヒの栄光』（東アジアの古代文化一一一号）
谷川健一著『白鳥伝説』（集英社）
吉野裕子著『大嘗祭』（弘文堂）
小椋一葉著『箸墓の歌』（河出書房新社）
天祖光教聖典普及会『スフィンクスの声』『歌聖典』ほか

二〇〇五年民国九十四年平成十七年三月一日

終戦六十年の時の巡りに当り
日台両国の末永き友好と平和を祈念しつつ

追記　平成二十六年六月二十三日のこと、先の扶乩《ふうち》について、壇訓の言葉が毛筆を以て記された立派な瓢箪一基を、陳王徵師のご厚意により、ご子息の陳王琨氏が届けて下さったのです。翌朝、この由を神前に奉告、謹んで、日台両国の安寧と繁栄を祈念いたしました。

# あとがき

本年は、二〇一五年、平成二十七年、又干支にいう乙未《きのとひつじ》の年に当っていますが、終戦の年から数えて七十年という大きな節目の年を迎えています。この意義深き年の初めに当り、奇しき黙示の幾つかをいただきましたので、その一端をお話ししたいと思います。

蔽顔《おとばり》の救主《くじゅ》が天降《あも》の救世寿《くせじゅ》（天火明尊）の活ける宮居となって啓示されたみことばに、『スフィンクスの声』と『歌聖典』があります。前者は、聖戒の祭典においてのべられた言葉《ロゴス》を、後者は、折々に啓示された聖なる歌曲を集録し、編纂されたものであります。『スフィンクスの声』は、一二八五頁から成り、『歌聖典』には三六〇曲が収められています。

今、ここにこの両聖典の中から、平成二十七年の二十七に因んで、謹んでその一部を抜粋させていただきます。

「汝ら、天地万物に天祖《かみ》の摂理《せつり》を認めて、三千大千世界の荘厳実相を観ぜよ。而して汝ら、搖れ動く『時』の大地をふみしめて、動《ゆる》がぬ唯《ただ》一筋の真理の道を歩め、そは汝の幸福のそれに勝《まさ》るもの他《た》になきが故なればなり」（二七頁　九輯一編第一〇章三〇―三一節）

「よろづのをしへに　ささやかれたる
たへにぞくすしき　ひみつのとびら
いまやあくべき　ときはきにけり
たへにぞくすしき　ひみつのとびら

はなもてたたへよ　ゆきかふひとに
ふみもてつたへよ　したしきともに
よるひるつねに　このおとづれを
はなもてふみもて　つねにたたへよ」（二七番「みことばすたらじ」三―四節）

年譜によりますと、この二七番の曲は、テーマが一九三六年、詞が一九四五年、曲が一九四七年となっています。テーマとは、楽曲の中心となる旋律、曲想のことといわれていますが、一九三六年は、昭和十一年に当り、御年二十七才の時のことで、奇しくも曲番の数字と暗合しております。四節の歌詞に、「はなもてたたへよ」「ふみもてつたへよ」と歌われていますが、これは、先にのべました『歌聖典』（はな）と『スフィンクスの声』（ふみ）のことを黙示されたものであります。ところが、平成二十七年から始まったＮＨＫの大河ドラマに関わる黙示でもあります。

ご存知のように、大河ドラマの名称は「花燃ゆ」であり、ヒロインの名は、吉田松陰の妹文という方です。つまり、はなとふみという二つの黙示が顕れていたのであります。

余談になりますが、吉田松陰と妹文の出自を示す姓氏は、「杉」の一字となっています。『姓氏家系辞典』には、江戸時代の後期に創氏された姓氏といわれていますが、「杉」そのものは、榊や楠と同じように、古来、神や仏の依り代として崇められた聖樹といわれています。石上神宮の「石上布留の神杉」や大神神社と伏見稲荷大社の「しるしの杉」にみられますように、ご神木とされてきたのであります。

このように、意義深い杉という姓氏から出られた吉田松陰と妹文の物語が、激動極まりないこの時代に、大河ドラマとして放映されていることに大きな意味を感じるのであります。

ところで、もう一つお話ししておきたいことがあります。

平成二十七年の一月十四日に、皇居において新春恒例の歌会始の儀が、「本」というお題のもとに執り行われています。
ここに謹んで、天皇皇后両陛下がお詠みになられた和歌を記させていただきます。

天皇陛下
夕やみのせまる田に入り稔りたる
稲の根本《ねもと》に鎌をあてがふ

皇后陛下
来《こ》し方に本とふ文《ふみ》の林ありて
その下陰に幾度《いくど》いこひし

天皇陛下は、豊穣と泰平の世を祈念せられながら、稲の刈り入れを行う様子を詠んでおられます。これは、皇居における御神事の一つといわれていますが、昭和天皇の御遺志を受け継がれて行っておられるものと拝察いたします。
又、皇后陛下は、「本とふ文の林ありて」「その下陰に」と詠まれていますが、この二つの語句に、大河ドラマ「花燃ゆ」のヒロインの名前文と吉田松陰の陰の一字が、自然な調べの中で黙示として詠み込まれているのであります。

ご承知のように、歌会始のお題は年毎に変っていきますが、その年毎のお題には、現世《うつしよ》の姿が様々に映し出されているのであります。

因に、来年平成二十八年のお題は、「人」と発表されています。これからどのような姿が映し出されていくのでしょうか。

終りに臨み、前著『あまつさかえとこはに』のあとがきに記しましたように、平成の御代の真実についてのべられたみことばを掲げ、むすびとさせていただきます。これは、改元により平成の御代が開顕される三年ほど前の、昭和六十一年二月四日立春の日に、御主のご神霊に感応して賜った中の一節であります。

「汝らよ、主の栄光は平（たひら）なる地に成就せられん。さらば汝ら、荊棘《いばら》を刈りて、曠野に道を開き、大河に橋を架《か》けて、世を益し人を益すべし。これ皆、世の低きを高きへ、高きを平《たひら》にして、凡《すべ》てのものを等しく幸《さいはひ》にせんとての恩寵なり」（九・五・四・一一―六・四・一八）

思い浮かぶままに、

「天降《あも》の聖火を　たかくかざして
われは行《ゆ》かなん　全地の果《はて》まで
東に西に　南に北に
われら行《ゆ》かなん　永久《とは》に行《ゆ》かなん

さかまく波よ　すさぶ嵐よ
われは行《ゆ》くなり　そよぎをとどめよ
東の光　北のオーロラ
われの行手《ゆくて》を　しめしたまへや

緑次元《ベルダ》の世界《くに》に　われはたたずみ
たかき十字《じふじ》を　御空《みそら》に仰がん
久遠《くおん》の朝に　逢《あ》ふ時までは
われら行《ゆ》かなん　永久《とは》に行かなん」（二一四番一―三節）

この曲は、長兄泰一郎がこよなく愛唱してやまなかった聖歌の一つであります。

本書の執筆に当り、天祖光教聖典普及会の図書から多くを引用させていただきました。深く感謝の意を表します。

又、刊行に際し、いろいろな方にお世話になりました。とりわけ、三田隆・實成子夫妻及び大丸谷和夫・享代夫妻には、一方ならぬご支援をいただき、厚く御礼を申し上げます。

なお、本書の編集から刊行まで、誠意を以てご尽力下さいました今日の話題社の高橋秀和様に、心から御礼を申し上げます。


ささやかなこの書を、謹んで蔽顔《おとばり》の救主《くじゅ》を始め、睦聖者様、光子聖女様、並びに一品斎寿、斎女真祷寿、そして釋泰寿日子命、釋妙喜日女命の御霊に捧げます。

平成二十七年十月十日　秋季とくさまつりの聖祝日に

聖黎明《サンクタタギーヂヨ》　――終末の世における尾張戸の仕組について――

2015年11月27日　初版発行

著　　者　吉田《よしだ》　演男《のぶを》

発 行 者　高橋　秀和
発 行 所　今日《こんにち》の話題社《わだいしゃ》
東京都品川区平塚2-1-16 KKビル5F
TEL 03-3782-5231　FAX 03-3785-0882

印刷・製本　ケーコム

ISBN978-4-87565-628-9　C0014